臺灣歷史與文化 研究輯刊

十七編

第 2 冊

清代臺灣儒學之研究（下）

李建德 著

花木蘭文化事業有限公司

國家圖書館出版品預行編目資料

清代臺灣儒學之研究（下）／李建德 著—初版—新北市：花木蘭文化事業有限公司，2020〔民 109〕

目 2+216 面；19×26 公分

（臺灣歷史與文化研究輯刊十七編；第 2 冊）

ISBN 978-986-518-066-9（精裝）

1. 儒學 2. 清代 3. 臺灣

733.08   109000543

ISBN-978-986-518-066-9

9 789865 180669

臺灣歷史與文化研究輯刊

十七編　第 二 冊   ISBN：978-986-518-066-9

清代臺灣儒學之研究（下）

作　　者　李建德
總 編 輯　杜潔祥
副總編輯　楊嘉樂
編　　輯　許郁翎、張雅淋　美術編輯　陳逸婷
出　　版　花木蘭文化事業有限公司
發 行 人　高小娟
聯絡地址　235 新北市中和區中安街七二號十三樓
　　　　　電話：02-2923-1455／傳眞：02-2923-1452
網　　址　http://www.huamulan.tw 信箱 hml810518@gmail.com
印　　刷　普羅文化出版廣告事業
初　　版　2020 年 3 月
全書字數　403944 字
定　　價　十七編 11 冊（精裝）台幣 22,000 元

清代臺灣儒學之研究（下）

李建德　著

目次

上 冊

第一章 緒 論 ··· 1
　第一節　研究動機與問題意識 ·························· 3
　第二節　前賢時哲之文獻與研究成果述評 ············ 7
　第三節　研究範圍 ······································· 33
　第四節　研究方法 ······································· 34
第二章 清領時期臺灣官方儒學設施與教學內容··· 37
　第一節　清領時期之欽定儒學政策 ·················· 37
　第二節　府、縣、廳各級儒學的設置 ··············· 56
　第三節　官設書院及其學規、教學進程 ············· 73
　第四節　官設義學與社學 ···························· 103
　第五節　「同化」原住民之教學內容 ··············· 113
　第六節　小結 ··· 125
第三章 清領時期臺灣民間儒學設施與教學內容· 127
　第一節　臺灣民間捐建書院及其教學內容 ········· 127
　第二節　臺灣民間之文昌祠祀結社 ················· 163
　第三節　臺灣之惜字亭及其敬字觀 ················· 183
　第四節　臺灣各式旌表及其價值觀 ················· 202
　第五節　小結 ··· 223

下 冊

第四章 清領時期獎掖儒學之賢宦與重要科第
　　　　人物 ·· 225
　第一節　獎掖儒學之行政官員 ······················ 225
　第二節　弘揚儒學之教育官員 ······················ 247
　第三節　臺灣重要進士、舉人事蹟述評··········· 253
　第四節　各地域之儒林人物與仕紳行述 ············ 272
　第五節　小結 ··· 288
第五章 清領時期臺灣儒者之思想與儒學發展
　　　　特色 ·· 291
　第一節　清領時期臺灣文獻記載之儒者思想 ······ 291
　第二節　清領時期臺灣詩文承載之儒者情懷 ······ 347
　第三節　清領時期臺灣儒學發展之特色·········· 376

第六章 結 論 ………………………………………… 403
　第一節　本研究之成果 ………………………… 404
　第二節　本研究之局限與發現之問題 ………… 410
　第三節　本研究之發展性 ……………………… 416

徵引文獻 …………………………………………… 417

表目次
　表 1：清領時期臺灣官方儒學設置資料表 ……… 56
　表 2-1：清領時期臺灣官設書院資料表 ………… 73
　表 2-2-1：臺灣府義學、社學統計表 …………… 104
　表 2-2-2：臺灣縣義學、社學統計表 …………… 104
　表 2-2-3：鳳山縣義學、社學統計表 …………… 106
　表 2-2-4：諸羅縣義學、社學統計表 …………… 108
　表 2-2-5：彰化縣義學、社學統計表 …………… 109
　表 2-2-6：淡水廳義學、社學統計表 …………… 110
　表 2-2-7：恆春縣義學、社學統計表 …………… 111
　表 2-2-8：苗栗縣義學、社學統計表 …………… 112
　表 2-2-9：澎湖廳義學、社學統計表 …………… 112
　表 2-2-10：臺東直隸州義學、社學統計表 ……… 112
　表 2-2-11：埔裏社廳義學、社學統計表 ………… 113
　表 2-2-12：宜蘭縣義學、社學統計表 ………… 113
　表 3：清領時期臺灣民間捐建書院資料表 ……… 128
　表 3-1：清領時期臺灣民間興建文昌祠資料一覽表
　　　　 ………………………………………… 163
　表 4：清領時期臺灣進士資料表 ……………… 254
　表 5：清領時期各帝在位期間興建書院表 ……… 388
　表 6：清領時期臺灣各行政區進士人數表 ……… 396

圖目次
　圖 1：清領時期各帝在位期間臺灣興建書院比率圖
　　　　 ………………………………………… 388
　圖 2：清領時期臺灣各行政區進士人數比率圖 … 396

第四章 清領時期獎掖儒學之賢宦與重要科第人物

　　臺灣儒學在清領時期之發展，在硬體設施方面，包括本書在第二章分析的官設教育機構——「儒學」、官方興辦之書院與設置的義學、社學，亦有第三章分析的民間自發成立之書院、文昌祠、惜字亭，並加上旌表牌坊與祠廟等項。然而，倘若沒有人為的提倡、推動，則上揭硬體設施，根本難以出現、存續。因此，本章即著重於該層面，透過文獻研究及現地調查雙管齊下的方式，對清領時期在臺灣儒學發展上，具有獎掖之功的行政官員、教育官員及重要科第人物、儒林仕紳之事蹟進行述評。

第一節　獎掖儒學之行政官員

　　清領時期的臺灣，從康熙二十三年（1684，甲子）初始設置的「一府三縣」（臺灣府、臺灣縣、諸羅縣、鳳山縣）、雍正元年（1723，癸卯）的「一府四縣」（增設彰化縣）、雍正五年（1727，丁未）的「一府四縣一廳」（增設澎湖廳）、雍正九年（1731，辛亥）的「一府四縣二廳」（增設淡水廳），再到乾隆五十二年（1787，丁未）改諸羅縣為嘉義縣，嘉慶十七年（1812，壬申）的「一府四縣三廳」（增設噶瑪蘭廳），進而到光緒元年（1875，乙亥）的「二府八縣四廳」（臺北府下轄宜蘭縣、基隆廳、淡水縣、新竹縣；臺灣府下轄臺灣縣、嘉義縣、鳳山縣、彰化縣、澎湖廳、恆春縣、卑南廳、埔裏社廳），直到光緒十三年（1887，丁亥）建省，成為「一省三府一直隸州十一縣三廳」（臺北府下轄宜蘭縣、基隆廳、淡水縣、新竹縣；臺灣府下轄臺灣縣、彰化縣、

埔裏社廳、苗栗縣、雲林縣；臺南府下轄嘉義縣、安平縣、鳳山縣、澎湖廳、恆春縣，另將卑南廳升格爲臺東直隸州），各年代的行政區域，都有不同的發展。

　　雖然行政區劃有別，臺灣也曾盛傳「三年官，兩年滿」或者「作官清廉，食飯攪鹽」的俗語，諷刺部分清領時期的治臺官員，具有貪腐、收賄的弊端。但若從推動儒學發展的層面而言，吾人亦不能否認，各地皆曾出現戮力獎掖的行政官員，足堪目爲「賢宦」。以下，茲以文獻研究與現地調查的雙重管道，並輔以時代先後，對這些行政官員進行述評。

一、清領初期

　　本書指涉之清領初期，係自康熙二十三年設治開始，迄雍正十三年（1735，乙卯）逝世，乾隆繼位的康、雍二帝在位期間，共計五十二年。

（一）蔣毓英

　　據《臺灣府志》卷二、卷十，《重修臺灣縣志》卷九，《重修福建臺灣府志》卷十五及《重修臺灣府志》卷二、卷十等文獻記載，蔣毓英字集公，浙江諸暨（今浙江省諸暨市）人，原籍奉天錦州（今遼寧省錦州市），廩生出身。康熙二十三年，由泉州知府調爲首任臺灣知府。在任期間，蔣氏導民以孝弟之義，並置學田於臺灣縣文賢里，復與分巡臺廈兵備道周昌等人，將鄭氏時期所建聖廟改爲臺灣府儒學（今臺南市孔子廟）所在地。且蔣氏爲振興文教，捐俸創立義學（即鎮北坊書院），又設社學於臺灣縣東安坊及鳳山縣土墼埕，延師課督。民眾感其政績，於康熙二十八年（1689，己巳）蔣氏升任江南按察使時，建生祠於其所設鎮北坊書院中，並有〈臺灣郡侯蔣公去思碑記〉頌德傳世。後入祀臺灣府學聖廟名宦祠。〔註1〕

（二）沈朝聘

　　據《臺灣府志》卷三、卷十及《續修臺灣府志》卷三等文獻記載，沈朝

〔註1〕〔清〕高拱乾纂輯：《臺灣府志》（臺北：臺灣銀行經濟研究室，1960年7月），頁32、頁260；〔清〕王必昌纂輯：《重修臺灣縣志》（臺北：臺灣銀行經濟研究室，1961年11月），頁336；〔清〕劉良璧纂輯：《重修福建臺灣府志》（臺北：臺灣銀行經濟研究室，1961年3月），頁423；〔清〕周元文纂輯：《重修臺灣府志》（臺北：臺灣銀行經濟研究室，1960年7月），頁35～37、頁359～360；臺南市中西區臺南孔子廟現地調查所得資料（現地調查日期：2012年10月21日）。

聘號省軒，遼東鐵嶺（今遼寧省鐵嶺市）人，康熙二十三年任首任臺灣知縣。沈氏蒞任時，即於縣治東安坊（今臺南市東區）建臺灣縣學聖廟，後因丁憂去官，時人立碑頌其德。〔註2〕

（三）季麒光

據《重修臺灣府志》卷三、《續修臺灣府志》卷三、《重修福建臺灣府志》卷十三等文獻記載，季麒光字聖昭，江南無錫（今江蘇省無錫市）人，康熙十五年（1676，丙辰）進士，康熙二十三年任首任諸羅知縣。季氏蒞任時，「首課儒童，拔尤者而禮之；親爲辨難，士被其容光者，如坐春風。」惜翌年即丁憂去官，未能有更大治績。而季氏除獎掖儒學發展外，在任職期間，尚能優禮在當時諸羅縣治附近設帳授學的沈光文（1612～1688），並與沈氏等人共結「東吟社」，對臺灣古典文學之發展，亦有一定程度之貢獻。〔註3〕

（四）楊芳聲

據《臺灣府志》卷三、《鳳山縣志》卷二、《重修福建臺灣府志》卷十三、《重修鳳山縣志》卷八等文獻記載，楊芳聲，直隸萬全左衛（今河北省懷安縣）人，歲貢生出身，康熙二十三年任首任鳳山知縣。楊氏蒞任時，即於縣治興隆莊（今高雄市左營區）建鳳山縣學聖廟。秩滿，陞任戶部江南司主事。〔註4〕

（五）高拱乾

據周元文《重修臺灣府志》卷二、《重修福建臺灣府志》卷十三等文獻記載，高拱乾字九臨，陝西榆林衛（今陝西省榆林市）人，廕生出身，康熙三十一年（1692，壬申）任分巡臺廈兵備道兼理學政，康熙三十四年（1695，乙亥），建書院於鎮北坊，同年任滿，陞任浙江按察使。〔註5〕

〔註2〕《臺灣府志》，頁32、頁260～261；〔清〕余文儀纂修：《續修臺灣府志》（臺北：臺灣銀行經濟研究室，1962年4月），頁179。

〔註3〕〔清〕范咸纂輯：《重修臺灣府志》（臺北：臺灣銀行經濟研究室，1961年11月），頁137；《續修臺灣府志》，頁179；《重修福建臺灣府志》，頁372。

〔註4〕《臺灣府志》，頁32；〔清〕陳文達編纂：《鳳山縣志》（臺北：臺灣銀行經濟研究室，1961年11月），頁14；《重修福建臺灣府志》，頁367；〔清〕王瑛曾編纂：《重修鳳山縣志》（臺北：臺灣銀行經濟研究室，1962年12月），頁240。

〔註5〕〔清〕周元文纂輯：《重修臺灣府志》，頁36；《重修福建臺灣府志》，頁352～353。

（六）靳治揚

據《續修臺灣府志》卷三、《重修福建臺灣府志》卷十三、《臺灣通志·列傳·政績》等文獻記載，靳治揚字毛南，漢軍鑲黃旗人，廩生出身，康熙三十四年任臺灣知府，在任期間留意教化，設置社學教導原住民兒童。秩滿，陞任廣東肇高廉羅道，後入祀臺灣府學聖廟名宦祠。〔註6〕

（七）李中素

據周元文《重修臺灣府志》卷二、《重修福建臺灣府志》卷十三、范咸《重修臺灣府志》卷三等文獻記載，李中素（？～1697）字鵠山，湖廣麻城（今湖北省麻城市）人，貢生出身，康熙三十四年（1695，乙亥）任臺灣知縣，並代理府儒學教授，教導生員以孝弟為先，後因積勞成疾，卒於任內。〔註7〕

（八）衛台揆

據《重修臺灣府志》卷二、《續修臺灣府志》卷三、《重修福建臺灣府志》卷十三、《續修臺灣縣志》卷二及卷三等文獻記載，衛台揆號南村，山西曲沃（今山西省曲沃縣）人，廩生出身，康熙四十年（1701，辛巳）任臺灣知府，每月親課生員並評定文章優劣，又於康熙四十五年（1706，丙戌）建臺灣府義學（即崇文書院）於府治前東南方，並置學田以供膏火之需，同年秩滿，陞任廣東鹽法道，以疾乞歸。〔註8〕

（九）孫元衡

據《重修臺灣府志》卷二、《重修福建臺灣府志》卷十一等文獻記載，孫元衡字湘南，江南桐城（今安徽省安慶市）人，康熙四十五年（1706，丙戌）以臺灣海防同知署理諸羅知縣時，於縣治西門內建諸羅縣學聖廟大成殿及櫺星門，並設義學於縣治，置縣義學田產於善化里灣裏溪旁。秩滿，遷山東東

〔註6〕《續修臺灣府志》，頁180；《重修福建臺灣府志》，頁354、頁423；〔清〕薛紹元總纂：《臺灣通志》（臺北：臺灣銀行經濟研究室，1962年5月），頁486～487；臺南市中西區臺南孔子廟現地調查所得資料（現地調查日期：2012年10月21日）。

〔註7〕周元文：《重修臺灣府志》，頁68；《重修福建臺灣府志》，頁360、頁424；范咸：《重修臺灣府志》，頁137～138。

〔註8〕周元文：《重修臺灣府志》，頁36；《續修臺灣府志》，頁181；《重修福建臺灣府志》，頁354、頁424；〔清〕謝金鑾、鄭兼才合纂：《續修臺灣縣志》（臺北：臺灣銀行經濟研究室，1962年6月），頁133～134、頁165。

昌知府。〔註9〕

（十）宋永清

據《重修臺灣府志》卷二、《續修臺灣府志》卷三、《重修福建臺灣府志》卷十一、卷十三及《重修鳳山縣志》卷六、卷八等文獻記載，宋永清號澄菴，漢軍正紅旗人，原籍山東萊陽（今山東省萊陽市），監生出身，康熙四十三年（1704，甲申）任鳳山知縣時，曾重建縣學聖廟，並創設義塾。康熙四十七年（1708，戊子）以鳳山知縣署理諸羅知縣時，建縣學聖廟崇聖祠及東、西兩廡。康熙四十八年（1709，己丑），又分置鳳山縣學、義學田產於興隆莊硫磺水、龍目井，並於翌年建義學於縣學聖廟左側，每逢月課，更以自身薪資捐助，獎掖生員向學；公暇之時，亦召集師生，講論制藝之法。故鳳山縣學風、文教之盛，宋氏實有開創之功。秩滿後，陞任直隸延慶知府。〔註10〕

（十一）王仕俊

據周元文《重修臺灣府志》卷二、《重修福建臺灣府志》卷十三、范咸《重修臺灣府志》卷三、《續修臺灣縣志》卷二等文獻記載，王仕俊（？～1707）又作王士俊，號竹庵，漢軍鑲紅旗人，監生出身，康熙四十三年（1704，甲申）任臺灣知縣，康熙四十五年（1706，丙戌）建臺灣縣義學於府治東方，延師課士。後因積勞成疾，卒於任內。〔註11〕

（十二）周元文

據《重修臺灣府志》卷二、《續修臺灣府志》卷三、《重修福建臺灣府志》卷十三等文獻記載，周元文號洛書，漢軍正黃旗人，監生出身，康熙四十六年（1707，丁亥）任臺灣知府，建府學聖廟名宦、鄉賢二祠，並置府義學田產於諸羅縣蘆竹後，以贍寒微之士。後於康熙五十一年（1712，壬辰）陞任湖廣辰沅靖道。〔註12〕

〔註9〕周元文：《重修臺灣府志》，頁35～37；《重修福建臺灣府志》，頁335。

〔註10〕周元文：《重修臺灣府志》，頁36～37、頁71；《續修臺灣府志》，頁188；《重修福建臺灣府志》，頁330～331、頁367；〔清〕王瑛曾編纂：《重修鳳山縣志》（臺北：臺灣銀行經濟研究室，1962年12月），頁157、頁181、頁183、頁241。

〔註11〕周元文：《重修臺灣府志》，頁36；《重修福建臺灣府志》，頁360；范咸：《重修臺灣府志》，頁139；《續修臺灣縣志》，頁104。

〔註12〕周元文：《重修臺灣府志》，頁37；《續修臺灣府志》，頁182；《重修福建臺灣府志》，頁354、頁425。

（十三）陳璸

據周元文《重修臺灣府志》卷十、《重修福建臺灣府志》卷十一、卷十三及《續修臺灣縣志》卷二、卷三等文獻記載，陳璸（1656～1718）字文煥，廣東海康（今廣東省雷州市）人，康熙三十三年（1694，甲戌）進士。康熙四十一年（1702，壬午）任臺灣知縣，翌年始建縣學聖廟明倫堂，並訂月課之期，公暇即考課諸生制藝，並以立品行、敦人倫為先，入夜親自外出巡行，若聽聞讀書、紡織之聲，即給予重賞，臺灣縣文風遂大振。康熙四十九年（1710，庚寅）任分巡臺廈兵備道並兼理學政，以育才作士為務，歲、科兩試所選拔者，皆孤寒士子，又立四坊社學，供給津貼，延師教習，復置府儒學田三處於鳳山縣魰港莊（今高雄火車站一帶）、荊榛林及臺灣縣二贊行，每逢月課、季試，必親臨命題、閱卷，進而選刻佳製名篇，鼓勵學子，使臺灣士人篤學力行，於辛卯年取得二人鄉試中舉之卓異成績；康熙五十一年（1712，壬辰）復重修府學聖廟並創立齋舍，又在學宮左側建朱子祠及大魁樓，並於康熙五十四年（1715，乙未）重建縣學聖廟崇聖祠，復創齋舍於兩旁。士民頌其德政，為之建生祠。後入祀臺灣府學聖廟名宦祠，其神像則供奉於鷲嶺北極殿大上帝廟，可能是原與高拱乾一併受郡城士民供奉於府學聖廟文昌閣中之神像。〔註13〕

（十四）周鍾瑄

據《重修福建臺灣府志》卷十一、卷十三、《續修臺灣縣志》卷二等文獻記載，周鍾瑄（1671～1763）字宣子，貴州貴筑（今貴州省貴陽市）人，康熙三十五年（1696，丙子）舉人，康熙五十三年（1714，甲午）任諸羅知縣，翌年增建縣學聖廟之東西兩廡、戟門、明倫堂及名宦、鄉賢、文昌三祠，使聖廟體製完備。鄉人頌其惠政，今日嘉義城隍廟中，仍奉祀其神像。康熙六十一年（1722，壬寅）任臺灣知縣，翌年修葺縣學聖廟及諸生學舍，費用皆由自身薪俸支出，亦可見其恤民惠政之一斑。〔註14〕

〔註13〕周元文：《重修臺灣府志》，頁345～347；《重修福建臺灣府志》，頁329～330、頁360；《續修臺灣縣志》，頁103～104、頁146、頁173；臺南市中西區臺南孔子廟、臺南市中西區鷲嶺北極殿大上帝廟現地調查所得資料（現地調查日期：2012年10月21日）。

〔註14〕《重修福建臺灣府志》，頁331、頁373；《續修臺灣縣志》，頁105、頁149；嘉義市西區嘉義城隍廟現地調查所得資料（現地調查日期：2015年7月2日）。

（十五）陳大輦

據《重修福建臺灣府志》卷十三、范咸《重修臺灣府志》卷三等文獻記載，陳大輦（？～1724）字子京，湖廣江夏（今湖北省武漢市）人，康熙四十五年（1706，丙戌）進士，康熙六十一年（1722，壬寅）任分巡臺廈兵備道，在任期間，校士公允，選拔貧寒而有才行之士，又重修海東書院、訂定課士章程，獲陳氏選拔者而登賢書者數人。後於雍正二年（1724，甲辰）積勞成疾，卒於任內，入祀府學聖廟名宦祠。〔註15〕

（十六）楊毓健

據《重修福建臺灣府志》卷十三、《鳳山縣采訪冊》庚部等文獻記載，楊毓健字力人，湖廣長陽（今湖北省宜昌市）人，貢生出身，康熙六十一年（1722，壬寅）任臺灣海防同知，並以本職攝理鳳山知縣，雍正元年（1723，癸卯）回任原職。楊氏任職鳳山知縣期間，惜士愛民，以文行勉勵士子，又修義塾、請廣本籍取進縣學員額，皆有助於儒學之發展。離任之際，舉人謝希元、貢生施世榜等士民，為之立〈楊邑侯去思碑〉於縣治天后宮右壁，現置於高雄市左營區新下街 7 巷 4 號興隆淨寺內。〔註16〕

（十七）張鎬

據《續修臺灣府志》卷三、卷八及《彰化縣志》卷三、卷四等文獻記載，張鎬，漢軍正黃旗人，廩生出身，雍正四年（1726，丙午）任彰化知縣，始建彰化縣學聖廟於縣治東北，後於雍正六年（1728，戊申）離任。〔註17〕

（十八）夏之芳

據《重修福建臺灣府志》卷十三、《重修臺灣縣志》卷九等文獻記載，夏之芳字筠莊，江南高郵州（今江蘇省高郵市）人，雍正元年（1723，癸卯）恩科進士，雍正六年（1728，戊申）任首位實際兼理臺灣學政之巡臺御史，

〔註15〕《重修福建臺灣府志》，頁 353、頁 431；范咸：《重修臺灣府志》，頁 140；臺南市中西區臺南孔子廟現地調查所得資料（現地調查日期：2012 年 10 月 21 日）。

〔註16〕《重修福建臺灣府志》，頁 356；〔清〕盧德嘉纂輯：《鳳山縣采訪冊》（臺北：臺灣銀行經濟研究室，1960 年 8 月），頁 257、頁 383～384；何培夫主編：《臺灣地區現存碑碣圖誌：高雄市・高雄縣篇》（臺北：國立中央圖書館臺灣分館，1995 年 6 月），頁 174～175。

〔註17〕《續修臺灣府志》，頁 168、頁 342；〔清〕周璽纂輯：《彰化縣志》（臺北：臺灣銀行經濟研究室，1962 年 11 月），頁 76、頁 113。

並留任一年。夏氏在任期間，以振興文教爲務，於歲、科兩試校士公正詳明，
並取優秀試卷編成《海天玉尺編》二卷，係清領時期臺灣「試卷範本」刊刻
之第二人，廣受當時士子歡迎。〔註 18〕

（十九）林天木

據《重修福建臺灣府志》卷十三、《重修臺灣縣志》卷九等文獻記載，林
天木（1684～1735）字毓川，廣東潮陽（今廣東省汕頭市）人，雍正元年（1723，
癸卯）恩科進士，雍正十一年（1733，癸丑）任巡臺御史兼理學政，並留任
一年。林氏以宋儒爲立身典範，巡臺期間，主歲、科二試，取士以品行爲先，
生童試卷雖繁多，皆親自評閱，不假他人。〔註 19〕

二、清領中期

本書指涉之清領中期，係自乾隆繼位翌年（1736，丙辰）改元開始，迄
嘉慶二十五年（1821，庚辰）逝世，道光繼位的乾、嘉二帝在位期間，共計
八十六年。

（一）陸鵬

據《重修福建臺灣府志》卷十三、《澎湖紀略》卷三等文獻記載，陸鵬（？
～1744）字西溟，浙江海鹽（今浙江省嘉興市）人，康熙五十六年（1717，
丁酉）舉人，初任奉化縣儒學教諭，雍正十一年（1733，癸丑）任諸羅知縣，
因丁憂而去職。乾隆八年（1743，癸亥）任澎湖通判，以勸學爲首務，然當
時澎湖並未設學，故陸氏運用昔日任職奉化之教學法，每逢月朔，必召集諸
生於媽宮公所，除課其制藝外，並崇尚品行，非僅講究詞章者流。惜任期未
滿，翌年即於任內病故。〔註 20〕

（二）楊二酉

據《重修福建臺灣府志》卷十三、范咸《重修臺灣府志》卷三等文獻記

〔註 18〕 《重修福建臺灣府志》，頁 351；《重修臺灣縣志》，頁 269、頁 345。案：在夏
氏之前，陳璸曾將康熙四十九、五十年臺灣一府三縣參加歲、科試之優秀試
卷，刊刻爲《臺廈試牘》。今日雖未能見其書，然陳氏序文尚保留於別集之中，
見〔清〕陳璸撰：《陳清端公文集》，收入黃哲永、吳福助主編：《全臺文》（臺
中：文听閣圖書公司，2007 年 7 月），第一冊，頁 124。

〔註 19〕 《重修福建臺灣府志》，頁 351；《重修臺灣縣志》，頁 269、頁 346。

〔註 20〕 《重修福建臺灣府志》，頁 373；〔清〕胡建偉纂輯：《澎湖紀略》（臺北：臺灣
銀行經濟研究室，1961 年 7 月），頁 69、頁 74。

載，楊二酉（1705～1780）字學山，山西太原（今山西省太原市）人，雍正十一年（1733，癸丑）進士，入翰林院，乾隆四年（1739，己未）任巡臺御史兼理學政，主歲、科兩試，並留任一年，將校士所得佳製，輯爲《梯瀛集》刊行。楊氏於巡臺御史任內，又奏建海東書院，對清領時期臺灣儒學之發展，有其力焉。〔註21〕

（三）張湄

據《重修福建臺灣府志》卷十三、范咸《重修臺灣府志》卷三等文獻記載，張湄字鷺洲，浙江錢塘（今浙江省杭州市）人，雍正十一年（1733，癸丑）進士，入翰林院，乾隆六年（1741，辛酉）任巡臺御史兼理學政，並留任一年。張氏巡臺期間，校士公正，革除科場積弊，嚴查「冒籍」士子，曾主歲、科兩試，並親自詳閱海東書院之月課，並將校士所得佳製試牘，輯爲《珊枝集》刊行。〔註22〕

（四）曾曰瑛

據《彰化縣志》卷三、卷四及《淡水廳志》卷九等文獻記載，曾曰瑛（1708～1754）字芸田，江西南昌（今江西省南昌市）人，監生出身。乾隆十一年（1746，丙寅）任淡水同知，巡視各鄉時，設旌善、懲惡二簿，記錄善行、惡舉者之姓名，並施以獎懲，使士習、民風日漸向善；同年，以本職攝理彰化知縣，因當時彰化設治已二十餘年，然轄內尚無書院，遂捐俸設白沙書院於縣學聖廟左側，並手訂規條，復撥田租爲師生束脩、膏火之經費。故彰化縣學風之盛，實濫觴於曾氏。乾隆十八年（1753，癸酉）調任臺灣知府，因苦旱禱雨而病卒。〔註23〕

（五）陳玉友

據《續修臺灣府志》卷三、《淡水廳志》卷九等文獻記載，陳玉友（1704～1754）字瓊度，順天府文安縣（今河北省廊坊市）人，雍正八年（1730，庚戌）進士，乾隆十三年（1748，戊辰）任淡水同知，乾隆十七年（1752，壬申）由臺灣海防同知陞任臺灣知府，並於任內改建崇文書院，倡捐膏火培

〔註21〕《重修福建臺灣府志》，頁352；范咸：《重修臺灣府志》，頁102、頁142。
〔註22〕《重修福建臺灣府志》，頁352；范咸：《重修臺灣府志》，頁102、頁142。
〔註23〕《彰化縣志》，頁101、頁143；〔清〕陳培桂纂：《淡水廳志》（臺北：臺灣銀行經濟研究室，1963年8月），頁257。

育生徒，使臺郡人文蔚起。〔註24〕

（六）蔣允焄

據《臺南市志》卷七《人物志》所載，蔣允焄字為光，貴州貴筑（今貴州省貴陽市）人，乾隆二年（1737，丁巳）進士，乾隆二十八年（1763，癸未）任臺灣知府，乾隆三十四年（1769，己丑）陞任福建分巡臺灣兵備道。蔣氏在任期間，建南湖書院於法華寺旁；又清整士籍、推廣文教，遂使臺郡學風大振。此外，蔣氏常於民間祠廟宣講崇功報德之義，導民成俗，亦有功於儒學發展。〔註25〕

（七）張世珍

據《彰化縣志》卷三、卷四、卷十二記載，張世珍字雪堂，陝西臨潼（今陝西省西安市）人，乾隆七年（1742，壬戌）進士。乾隆二十三年（1758，戊寅）任彰化知縣，在任期間重修縣學聖廟，興建泮池，並修繕學署、書院及明倫堂。〔註26〕

（八）譚垣

據《鳳山縣采訪冊》庚部、壬部記載，譚垣字牧亭，江西龍南縣（今江西省贛州市）人，乾隆十三年（1739，戊辰）進士。乾隆二十九年（1764，甲申）任鳳山知縣，曾捐俸建書院，以供講學。乾隆三十二年（1767，丁亥）任滿，因頗有政聲，士民詣郡城上書陳情挽留未果，遂立〈大邑侯譚公德政碑文〉於縣治天后宮左壁，現存於高雄市左營區新下街 7 巷 4 號興隆淨寺內。〔註27〕

（九）張珽

據《續修臺灣縣志》卷二記載，張珽號鶴山，陝西涇陽縣（今陝西省咸陽市）人，乾隆三年（1738，戊午）舉人。乾隆三十一年（1766，丙戌）任福建分巡臺灣道兼理學政，翌年加兵備道銜，歲、科二試所取，多為有才之士。又於道署西側建考棚三十餘楹，並編《臺陽試牘》，在衡文造士、杜絕科

〔註24〕《續修臺灣府志》，頁 189；《淡水廳志》，頁 257～258。

〔註25〕黃典權、葉英、賴建銘纂修：《臺南市志》卷七《人物志》（臺南：臺南市政府，1979 年 2 月），頁 217～218。

〔註26〕《彰化縣志》，頁 103、頁 113、頁 447～448。

〔註27〕《鳳山縣采訪冊》，頁 257、頁 381～383；《臺灣地區現存碑碣圖誌：高雄市·高雄縣篇》，頁 178～179。

場弊端等方面，有其功焉。〔註28〕

（十）胡建偉

據《澎湖續編》卷上記載，胡建偉名健，以字行，廣東三水（今廣東省佛山市）人，學者稱其勉亭先生。乾隆四年（1739，己未）進士，乾隆三十一年（1766，丙戌）任澎湖通判，因當地未設廳學，遂在當地貢生許應元等人請願下，捐資創設文石書院，並手訂學約十條，親試月課。胡氏復勸澎湖各地廣設義塾，並獎助相關經費，每逢下鄉訪視，輒赴義塾校正書籍句讀，並勸導、獎勵蒙童向學。澎湖文教、儒風之始，胡氏實為權輿。乾隆三十八年（1773，癸巳）任臺灣北路理番兼海防同知時，胡氏又於郡城二府口建澎瀛書院，作為澎籍士人赴郡治考試的寄居寓所。迄同知任滿去職時，澎湖士民立位祀於文石書院。但今日由文石書院改建的澎湖孔子廟中，已不再供奉胡氏之神位，較為可惜。〔註29〕

（十一）朱景英

據《續修臺灣縣志》卷二記載，朱景英字幼芝，湖南武陵（今湖南省常德市）人，乾隆十五年（1760，庚午）鄉試解元。乾隆三十四年（1769，己丑）任臺灣海防同知；乾隆三十九年（1774，甲午）移任北路理番同知。朱氏駐臺任內，雅愛文士，若士人通《十三經》者，朱氏除親加獎賞外，亦必稟於學道憲而加以拔擢，有闡幽微之功。〔註30〕

（十二）奇寵格

據《續修臺灣縣志》卷二記載，奇寵格，滿州鑲白旗人，雍正四年（1726，丙午）舉人，乾隆三十年（1765，乙酉）、乾隆三十六年（1771，辛卯）兩任福建分巡臺灣兵備道兼理學政。任內不喜浮華，興學重士，每逢海東書院月課，必親臨講堂命題課士，竟日危坐，毫無倦容，歲、科取士，皆取優秀學子，臺郡士民譽其為政績僅次陳璸之賢宦。乾隆三十九年（1774，甲午）秩滿，調福建糧驛道。〔註31〕

〔註28〕　《續修臺灣縣志》，頁 127。
〔註29〕　〔清〕蔣鏞撰：《澎湖續編》（臺北：臺灣銀行經濟研究室，1961 年 8 月），頁 18～19、頁 21；澎湖縣馬公市孔子廟現地調查所得資料（現地調查日期：2015 年 8 月 1 日）。
〔註30〕　《續修臺灣縣志》，頁 137、頁 140～141。
〔註31〕　《續修臺灣縣志》，頁 126～127。

（十三）蔣元樞

據《臺南市志》卷七《人物志》所載，蔣元樞（1738～1781）字仲升，江蘇常熟（今江蘇省蘇州市）人，祖廷錫、父溥、兄檙，均登進士第。乾隆二十四年（1759，己卯）舉人，乾隆四十年（1775，乙未）任臺灣知府，翌年以本職護理分巡臺廈兵備道兼理學政。任內增立澎湖士子應試字號，歲、科皆取進一人，復修葺府學聖廟，使學宮禮樂祭器咸備。離任時，士民爲其立生祠於郡治，後改爲三官廟。今日永康鹽行禹帝宮中，仍供奉蔣氏神像，頌其德焉。〔註32〕

（十四）孫景燧

據《彰化縣志》卷三及章甫《半崧集簡編》所收〈重修崇文書院文昌閣記〉等文獻記載，孫景燧（？～1786）字秋汀，浙江嘉興（今浙江省嘉興市）人，乾隆二十六年（1761，辛巳）進士，乾隆四十九年（1784，甲辰）任臺灣知府，於崇文書院親課生員，乾隆五十一年（1786，丙午）復重修崇文書院文昌閣，與諸生論文其中，時稱盛事。惜同年即遭逢林爽文事變，因拒降而遇害，後入祀昭忠祠。〔註33〕

（十五）楊廷理

據《噶瑪蘭志略》卷七、卷八、卷十及《噶瑪蘭廳志》卷二、卷四等文獻記載，楊廷理（1747～1813）字雙梧，廣西馬平（今廣西壯族自治區柳州市）人。乾隆四十二年（1777，丁酉）拔貢，乾隆五十一年（1786，丙午）任臺灣南路海防兼理番同知，時臺灣知府孫景燧因林爽文事變殉難，楊氏以本職攝理知府，因佐福康安平定民變，於乾隆五十六年（1791，辛亥）陞按察使銜分巡臺灣兵備道。嘉慶十一年（1806，丙寅）因蔡牽之亂而受命重任臺灣知府，陞見奏對開墾蛤仔難（今宜蘭）事務，後又親赴是地視察、勸諭士民。嘉慶十七年（1812，壬申）設噶瑪蘭廳，楊氏任首任通判，於是時設仰山書院於廳治，然旋補福建建寧知府。蘭人頌其善政，立像於縣治昭應宮內奉祀，並與翟淦、陳蒸並稱「開蘭三大老」，今日宜蘭設治紀念館內，亦同

〔註32〕《臺南市志》卷七《人物志》，頁219；臺南市中西區開基三官廟現地調查所得資料（現地調查日期：2014年5月19日）、臺南市永康區鹽行禹帝宮現地調查所得資料（現地調查日期：2014年11月9日）。

〔註33〕《彰化縣志》，頁106～107；〔清〕章甫撰：《半崧集簡編》（臺北：臺灣銀行經濟研究室，1964年5月），頁69。

樣供奉三大老之雕像，而臺南市中西區主祀開漳聖王麾下將領倪總管的總趕宮內，則供奉其長生祿位。〔註34〕

（十六）萬鍾傑

據《續修臺灣縣志》卷二記載，萬鍾傑號荔村，雲南昆明（今雲南省昆明市）人，拔貢生出身。乾隆五十三年（1788，戊申）任福建分巡臺灣兵備道，未抵任旋擢福建按察使，並以其職任臺灣道兼理學政，係首任按察使銜分巡臺灣兵備道。萬氏蒞任主歲、科二試時，曾發生粵人為閩籍生童僱代赴試之事，除按律治罪外，並褫革說情者之生員身分，對儒學發展之誠實風氣，有裨益焉。〔註35〕

（十七）胡應魁

據《彰化縣志》卷三、《淡水廳志》卷九等文獻記載，胡應魁（？～1808）字岳青，江蘇丹陽（今江蘇省鎮江市）人，乾隆四十九年（1784，甲辰）進士。嘉慶元年（1796，丙辰）任彰化知縣，衡文公允，於書院親自按月課士，以育才為要務，所拔擢者，皆實學之士。嘉慶八年（1803，癸亥）遷淡水同知，同年積勞成疾，卒於任內。〔註36〕

（十八）韓蜚聲

據《澎湖續編》卷上記載，韓蜚聲號鵝湖，江西鉛山（今江西省上饒市）人，監生出身。嘉慶二年（1797，戊午）任澎湖通判，任內捐俸重修文石書院，以「居官興學，大是好事。此一方士子之秀而文者，即吾子弟也，忍令無教育處？」正色對妻子責問。書院竣工後，又延師資、捐膏火，培植生徒，使澎湖文風復振。後積勞成疾，卒於任內。士民哀之，立位於文石書院，與胡建偉一併奉祀。惜今日澎湖孔子廟中，同樣未見韓氏牌位。〔註37〕

〔註34〕〔清〕柯培元撰：《噶瑪蘭志略》（臺北：臺灣銀行經濟研究室，1961年1月），頁65、頁70、頁87；〔清〕陳淑均纂，李祺生續輯：《噶瑪蘭廳志》（臺北：臺灣銀行經濟研究室，1963年3月），頁67、頁144；宜蘭縣宜蘭市昭應宮現地調查所得資料（現地調查日期：2013年4月27日）、宜蘭設治紀念館現地調查所得資料（現地調查日期：2014年11月25日）；臺南市中西區總趕宮現地調查所得資料（現地調查日期：2014年11月11日）案：「總趕宮」，一說係泉、漳二籍先民對「總管宮」發音不同所造成之訛誤。

〔註35〕《續修臺灣縣志》，頁125、頁128。

〔註36〕《彰化縣志》，頁104～105；《淡水廳志》，頁260。

〔註37〕《澎湖續編》，頁19～20、頁22；澎湖縣馬公市孔子廟現地調查所得資料（現地調查日期：2015年8月1日）。

（十九）薛志亮

據《彰化縣志》卷三、《淡水廳志》卷九等文獻記載，薛志亮（？～1813）號耘廬，江蘇江陰（今江蘇省無錫市）人，乾隆五十八年（1793，癸丑）進士。嘉慶十一年（1806，丙寅）任臺灣知縣，頗得民心。嘉慶十三年（1808，戊辰）擢臺灣北路理番同知，在任期間，因應士紳之請，倡建鹿港文祠、武廟，由陳士陶、蘇雲從分理其事。嘉慶十八年（1813，癸酉）調任淡水同知，因積勞成疾，卒於任內，後入祀淡水廳德政祠。〔註38〕

（二十）楊桂森

據《彰化縣志》卷四、卷十二等文獻記載，楊桂森字蓉初，雲南石屏州（今雲南省石屏縣）人，嘉慶四年（1799，己未）進士，翰林散館後，初授南平知縣。嘉慶十五年（1810，庚午）任彰化知縣。翌年重修縣學聖廟，並始制禮樂器、招佾生，教以釋奠樂舞。復手定白沙書院學規，導民成俗。在任期間，原計畫設主靜書院，以供寒士就學，因乞終養去官而中輟。〔註39〕

（廿一）吳性誠

據《彰化縣志》卷三及《鳳山縣采訪冊》壬部〈鳳儀書院木碑記〉等文獻記載，吳性誠號樸庵，湖北黃安（今湖北省黃岡市）人，以廩貢生援例捐得縣丞。嘉慶十七年（1812，壬申）任護理澎湖通判，嘉慶十九年（1814，甲戌）任護理鳳山知縣，接受候選儒學訓導張廷欽建議，於鳳山縣新治捐俸倡建鳳儀書院。嘉慶二十一年（1816，丙子）署理彰化知縣，課士獨具慧眼，取中者後多登第而入翰林，並捐俸資助境內赴鄉、會二試之寒士。且因縣治文昌祠、白沙書院舊制狹隘，學署亦毀於林爽文事變而未建，遂倡修之。道光四年（1824，甲申）擢淡水同知，未幾，以病乞歸，抵家甫一月即卒。〔註40〕

三、清領晚期

本書指涉之清領晚期，係自道光繼位翌年（1821，辛巳）改元開始，迄光緒二十一年（1895，乙未）割讓臺灣為止，共計七十四年。

〔註38〕《彰化縣志》，頁105～106；《淡水廳志》，頁260。
〔註39〕《彰化縣志》，頁114、頁143～146、頁449～451。
〔註40〕《彰化縣志》，頁105；《鳳山縣采訪冊》，頁343～344。

（一）姚瑩

據《噶瑪蘭廳志》卷二、《臺灣通志・列傳・政績》等文獻記載，姚瑩（1785～1853）字石甫，安徽桐城（今安徽省安慶市）人，嘉慶十三年（1808，戊辰）進士，歷任福建平和、龍溪知縣，政聲頗佳，嘉慶二十四年（1819，己卯）調任臺灣知縣。道光元年（1821，辛巳）任署理噶瑪蘭通判，亦傳治績。後因丁憂暫居郡治，為同籍知府方傳穟延為幕賓，屢諮詢開發噶瑪蘭相關事務。道光十八年（1838，戊戌）任按察使銜分巡臺灣兵備道兼理學政，時臺灣文風未盛，姚氏遂重訂海東書院規約，並時與諸生講論課藝，考核名實，使士習丕振。後因鴉片戰爭而遭褫職逮京訊問，士民憤然罷市。幸署理閩浙總督劉鴻翔上奏平反而起用。咸豐八年（1858，戊午）任湖北武昌鹽法道，陞廣西按察使，卒於任內。〔註41〕

（二）蔣鏞

據《澎湖續編》卷上、《澎湖廳志》卷六等文獻記載，蔣鏞字懌荸，湖北黃梅（今湖北省黃岡市）人，嘉慶七年（1802，壬戌）進士，道光元年（1821，辛巳）借補澎湖通判。在任期間，以栽培士子為務，因文石書院年久失修，遂自任山長，以束脩充修理工費，時與傑出士人論文唱和，親若家人。道光九年（1829，己丑）任滿，道光十一年（1831，辛卯）再度回任澎湖通判，道光十六年（1836，丙申）去任。蔣氏任職澎湖通判前後十餘年，並與生員蔡廷蘭、陳大業纂輯《澎湖續編》，補胡建偉《澎湖紀略》之不足。離任後，士民立位祀於文石書院東側。但今日澎湖孔子廟同樣未加奉祀。〔註42〕

（三）鄧傳安

據《彰化縣志》卷三、卷四、卷十二等文獻記載，鄧傳安（1764～？）字鹿耕，江西浮梁（今江西省景德鎮市）人，嘉慶十年（1805，乙丑）進士，道光元年（1821，辛巳）任臺灣府北路理番同知，為政以興學為先，蒞任未久，召境內士子課試，每逢月課親評等第，激勵士子向學，又捐資建文開書院，祀朱子及海外寓賢沈光文、徐孚遠、盧若騰、王忠孝、沈佺期、辜朝薦、郭貞一、藍鼎元等八人，鹿港當地文風遂益加興盛。道光八年（1828，戊子）

〔註41〕　《噶瑪蘭廳志》，頁68～69；《臺灣通志》，頁485。

〔註42〕　《澎湖續編》，頁17～18；〔清〕林豪纂修：《澎湖廳志》（臺北：臺灣銀行經濟研究室，1964年6月），頁225～226；澎湖縣馬公市孔子廟現地調查所得資料（現地調查日期：2015年8月1日）。

陞任臺灣知府,亦於崇文書院五子祠增祀上揭八位海外寓賢,道光十年(1830,庚寅)並以本職署理按察使銜分巡臺灣兵備道。今日鹿港文開書院正殿,尚供奉鄧氏牌位,而由日據時期鹿港街長宿舍改置的鹿港鎮史館,也在 2013 年成立「鹿耕講堂」,並定期邀請國內外學者、民間文史工作者進行專題演講,亦以紀念鄧氏提倡文教、學風而命名。〔註43〕

(四)全卜年

據《噶瑪蘭廳志》卷二記載,全卜年(1780～1848)號硯南,山西平陸(今山西省運城市)人,嘉慶十六年(1811,辛未)進士,道光十一年(1831,辛卯)任噶瑪蘭通判。由於噶瑪蘭設治較晚,且嘉慶二十二年(1817,丁丑)移彰化縣儒學訓導駐淡水廳,並兼管噶瑪蘭學務之故,蘭地生童向附淡水廳學,科試取進一名,全氏認為蘭地設治以來,人文尚無起色,係以遠道跋涉、路費維艱之外緣因素而成,提議就仰山書院經費內按名補貼,遂使生童踴躍赴試。其後,又循澎湖例,直接於噶瑪蘭廳治開考。道光十五年(1835,乙未)調任臺灣海防同知,道光二十一年(1841,辛丑)陞任臺灣知府,道光二十七年(1847,丁未)以本職護理按察使銜分巡臺灣兵備道,以老病辭任而不得,終因積勞成疾,卒於任內。筆者在宜蘭縣宜蘭市五穀廟進行現地調查與深度訪談時,即於該廟右龕正中發現一塊長生祿位,除登載「賜進士出身陞任臺防分府噶瑪蘭撫民理番分府全印卜年太公之長生祿位」外,亦與按察使銜分巡臺灣兵備道兼理學政熊一本及翟淦、陳燕、王文棨、董正官等幾任噶瑪蘭廳賢宦合祀。〔註44〕

(五)周凱

據《澎湖廳志》卷六記載,周凱(1779～1837)字仲禮,浙江富陽(今浙江省杭州市)人,嘉慶十六年(1811,辛未)進士,道光十年(1830,庚寅)任福建興泉永道,駐守廈門,宗程、朱之學,時有政聲。道光十二年(1832,壬辰)澎湖大饑,周氏奉諭查賑。是時,澎湖文風未振,生員蔡廷蘭呈〈請急賑歌〉四首以明災情,大受賞識。周氏更憐蔡廷蘭見聞未廣,遂教以作文、

〔註43〕《彰化縣志》,頁 75、頁 143、頁 412～415;彰化縣鹿港鎮文開書院現地調查所得資料(現地調查日期:2015 年 11 月 7 日);彰化縣鹿港鎮鹿耕講堂現地調查所得資料(現地調查日期:2015 年 2 月 4 日)。

〔註44〕《噶瑪蘭廳志》,頁 69;宜蘭縣宜蘭市五穀廟現地調查及深度訪談所得資料(現地調查日期:2016 年 12 月 8 日)。

讀書之法，使之文名大噪。道光十七年（1837，丁酉）任按察使銜分巡臺灣兵備道兼理學政，又聘蔡廷蘭主講崇文書院，使嫻熟舉業之法，後果於道光二十四年（1844，甲辰）成進士。周氏任職臺灣時，親赴噶瑪蘭視察，深入險阻，返回郡治後，即上書福建巡撫奏報見聞，詳陳利弊，惜同年七月即以疾卒於任內，未能親見所獎掖之後進登第。〔註45〕

（六）婁雲

據《淡水廳志》卷五、卷八、卷九等文獻記載，婁雲字秋槎，浙江山陰（今浙江省紹興市）人，監生出身。道光十六年（1836，丙申）任淡水同知，在任期間，續修廳治明志書院，獎掖英才。又於道光十七年（1837，丁酉）議建文甲書院於艋舺街（今臺北市萬華區），惜未果行即去任。〔註46〕

（七）曹謹

據《清史稿》卷四七八本傳，《淡水廳志》卷五、卷八、卷九及《鳳山縣采訪冊》庚部等文獻記載，曹謹初名瑾，字懷璞，後改名謹，字懷樸，河南河內（今河南省沁陽市）人，嘉慶十二年（1807，丁卯）解元，大挑直隸知縣。道光十七年（1837，丁酉）任鳳山知縣，蒞任之初，興水利、築圳溝，翌年竣工，使旱田可得灌溉之利，臺灣知府熊一本奉分巡臺灣兵備道姚瑩之命勘之，表其功於福建巡撫，遂將該圳命名為「曹公圳」。道光二十一年（1841，辛丑）陞淡水同知，士民立祠於鳳儀書院東側。今日高雄市鳳山區尚有「曹公廟」、曹公路、曹公國民小學，皆頌其德也。曹氏於淡水同知任內，每月朔、望必赴廳學聖廟明倫堂宣講聖諭，又刊行《孝經》及小學諸書，交付蒙塾讀誦，獎以花紅，若能兼熟《易經》、朱《注》者，曹氏更是獎賞有加。道光二十三年（1843，癸卯）又續建婁雲任內未成之艋舺街文甲書院，遂使淡水廳文風益盛。道光二十六年（1846，丙午）任滿，晉秩以海疆知府任用，乞病歸，數年後卒。〔註47〕

（八）王廷幹

據《澎湖廳志》卷六、《鳳山縣采訪冊》戊部等文獻記載，王廷幹（？～1853）字子楨，山東安邱（今山東省濰坊市）人，道光二十年（1840，庚子）

〔註45〕《澎湖廳志》，頁224～225。

〔註46〕《淡水廳志》，頁139、頁211、頁261。

〔註47〕趙爾巽等撰：《清史稿》（北京：中華書局，1977年12月），第四三冊，頁13062～13063；《淡水廳志》，頁139、頁211、頁261；《鳳山縣采訪冊》，頁258。

進士。道光二十二年（1842，壬寅）署理澎湖通判，因文石書院經費並不寬裕，遂自任山長，將束脩轉供生員膏火之需。王氏工制藝，每逢月課，必親自作文，供生員仿效。當時澎湖士人赴省垣榕城鄉試，長途跋涉，所費不貲，王氏遂倡捐賓興經費，諸生大受感發，文風振起。道光二十四年（1844，甲辰）調任署理臺灣海防同知，咸豐三年（1853，癸丑）署理鳳山知縣，遭會黨林恭事變而殉職。澎湖士民聞之，立位祀於文石書院。然今日澎湖孔子廟中，同樣未見王氏牌位。〔註48〕

（九）鄧元資

據《澎湖廳志》卷六、《臺灣通志・列傳・政績》等文獻記載，鄧元資，江西新城（今江西省撫州市）人，道光二十一年（1841，辛丑）恩科進士，道光二十四年（1844，甲辰）署理澎湖通判。在任期間，鄧氏留心文教，每月親課諸生制藝，並嚴加甄別，又捐俸、倡捐，作爲生童赴歲、科二試之經費，後因丁憂去職。〔註49〕

（十）徐宗幹

據《清史稿》卷四二六本傳及《重修臺灣省通志》卷九《人物志・人物傳篇》等記載，徐宗幹（1796～1866）字伯楨，江蘇通州（今江蘇省南通市）人，嘉慶二十五年（1820，庚辰）進士，道光二十八年（1848，戊申）繼姚瑩任按察使銜分巡臺灣兵備道兼理學政，甫涖任，即以循名核實、振興文教爲務，並將諸生佳作刊行爲《瀛洲校士錄》。同治元年（1862，壬戌）陞任福建巡撫，同治五年（1866，丙寅）卒，諡清惠。〔註50〕

（十一）曹士桂

據《淡水廳志》卷九及《宦海日記校注》記載，曹士桂（1800～1848）字丹年、號馥堂，雲南文山（今雲南省文山市）人，道光二年（1822，壬午）舉人，並以大挑知縣籤分江西。道光二十五年（1845，乙巳）陞臺灣府北路

〔註48〕《澎湖廳志》，頁 226；《鳳山縣采訪冊》，頁 196；澎湖縣馬公市孔子廟現地調查所得資料（現地調查日期：2015 年 8 月 1 日）。

〔註49〕《澎湖廳志》，頁 226～227；《臺灣通志》，頁 441。

〔註50〕《清史稿》，第四十冊，頁 12248～12249；黃典權等編纂：《重修臺灣省通志》卷九《人物志・人物傳篇》（南投：臺灣省文獻委員會，1998 年 6 月），頁 180；〔清〕徐宗幹撰：《瀛洲校士錄》，收入黃哲永、吳福助主編：《全臺文》（臺中：文听閣圖書公司，2007 年 7 月），第六冊，頁 126～201。

理番鹿仔港海防捕盜同知，道光二十七年（1847，丁未）署理淡水同知，任職期間以栽培士子為務，每逢月課，必絕旁人干請，親赴課藝。惜僅九月即因積勞成疾，卒於任內，受士民入祀廳治德政祠。〔註51〕

（十二）董正官

據《臺灣通志・列傳・政績》等文獻記載，董正官（？～1853）字訓之，雲南太和（今雲南省大理市）人，道光十三年（1833，癸巳）進士，以知縣即用。道光二十九年（1849，己酉）任噶瑪蘭通判。在任期間，親任仰山書院山長，每月親自課士，勸以敦品勵學，後因咸豐三年（1853，癸丑）吳磋等人作亂，董氏親率兵剿之，甫抵大陂口（今宜蘭縣礁溪鄉龍潭村）中伏殉職。事聞，士民設「賜進士出身特授噶瑪蘭海防分府諱正官號鈞伯董大老爺之神位」，祀於廳治五穀廟，而筆者進行現地調查時，廟中已將董氏與其上級長官熊一本及翟淦、陳蒸、仝卜年、王文棨等曾擔任噶瑪蘭廳通判的賢宦功德祿位合併為一塊「總牌」，並供奉於右龕正中。〔註52〕

（十三）林桂芬

據《苗栗縣志》卷九、卷十二及《重修臺灣省通志》卷六《文教志・學校教育篇》等文獻記載，林桂芬，廣東番禺（今廣東省廣州市）人，監生出身，光緒十四年（1888，戊子）以臺灣府經歷署理首任苗栗知縣，並應廩生謝維岳等人所請，創設英才書院於文昌祠內，振起學風，並將苗栗縣轄內之番社租銀，提撥英才書院作為膏火費用。在任三年，為甫設治之苗栗縣城奠定基礎。〔註53〕

（十四）吳大廷

據《重修臺灣省通志》卷九《人物志・人物傳篇》及《臺灣歷史人物小傳：明清暨日據時期》等文獻記載，吳大廷（1824～1877）字桐雲，湖南沅陵（今湖南省懷化市）人，咸豐五年（1855，乙卯）舉人，同治五年（1866，

〔註51〕 《淡水廳志》，頁261；〈曹士桂墓碑碑文〉，收入〔清〕曹士桂撰，雲南省文物普查辦公室編：《宦海日記校注》（昆明：雲南人民出版社，1988年8月），頁243。

〔註52〕 《臺灣通志》，頁452；宜蘭縣宜蘭市五穀廟現地調查所得資料（現地調查日期：2016年12月8日）。

〔註53〕 〔清〕沈茂蔭纂輯：《苗栗縣志》（臺北：臺灣銀行經濟研究室，1962年12月），頁149～150、頁187；李雄揮、程大學、司琦編纂：《重修臺灣省通志》卷六《文教志・學校教育篇》（南投：臺灣省文獻委員會，1993年4月），頁132。

丙寅）任按察使銜分巡臺灣兵備道兼理學政。吳氏蒞任後，親自拜訪名重一時的進士施士洁，邀其主講海東書院，又於書院新增課詩之期，親自指點生員，使郡城生員作詩功力大進。此外，又以單獨面試之法，黜落制藝文理不符者，使文章抄襲之風小減。同治六年（1867，丁卯），吳氏憫舉報節孝之過程繁瑣，設局採訪存歿節孝婦女，計得二百五十人，並爲其破例奏請旌表，對於儒學價值觀的形塑，亦有其力焉。後因與上級長官不合，而於同治七年（1868，戊辰）請辭。光緒三年（1877，丁丑）卒，贈太僕寺卿。〔註54〕

（十五）興廉

據《臺灣通志·列傳·政績》記載，興廉字宜泉，漢軍鑲黃旗人，舉人出身，咸豐八年（1858，戊午）任臺灣府北路理番鹿仔港海防捕盜同知，在任三年，親課諸生，頗有政聲。同治二年（1863，癸亥）重任該職，在任三年，協助平定戴潮春事變及善後事宜，士民、商旅皆蒙其惠。〔註55〕

（十六）嚴金清

據《淡水廳志》卷五、卷八記載，嚴金清字紫卿，江蘇金匱（今江蘇省無錫市）人，監生出身。同治五年（1866，丙寅）署理淡水同知，甫蒞任，即撥款命儒學訓導鄭秉經赴廣東購置聖廟禮、樂祭器，並命嫻熟音樂的潘春蔭教導樂、舞生，使淡水廳學風日增。同治六年（1867，丁卯），嚴氏於竹塹城增設義塾，並與轄內鄉紳協商，責成設置明善堂、義倉、義塾，作爲宣講聖諭、敷揚文教之所，惜未及施行，嚴氏即去職。〔註56〕

（十七）孫壽銘

據《臺灣通志·列傳·政績》記載，孫壽銘號少坪，江蘇太倉州（今江蘇省蘇州市）人，舉人出身，同治八年（1869，己巳）任臺灣府北路理番鹿仔港海防捕盜同知，聘舉人蔡德芳掌教文開書院，每逢月課之期，必親自拔擢傑出士子，並加以面試，使書院內諸生制藝文理頗有可觀之處。同治九年（1870，庚午）調任臺灣府海防兼南路理番同知，後因丁憂回籍。起復之後，歷任臺灣府海防兼南路理番同知，並以本職署理臺灣知府，光緒五年（1879，

〔註54〕《重修臺灣省通志》卷九《人物志·人物傳篇》，頁185～186；郭啓傳撰：〈吳大廷傳〉，收入張子文、郭啓傳、林偉洲：《臺灣歷史人物小傳：明清暨日據時期》（臺北：國家圖書館，2003年12月），頁129。
〔註55〕《臺灣通志》，頁434。
〔註56〕《淡水廳志》，頁141、頁213。

己卯）再任臺灣府北路理番鹿仔港海防捕盜同知。在任期間，公暇即與文開書院諸生講學其中，並特別表揚經明行修之人，且每月親赴南投藍田書院、寓鰲（今臺中市清水區）鰲山書院，不辭勞苦，對於境內各地學風之提振，頗具貢獻。迄孫氏逝世，鹿港士民立位祀之於文開書院後堂。而在筆者進行現地調查所得資料中，「清臺灣鹿港同知太倉孫公壽銘神位」已被移至文開書院正殿右龕，與廣州知府藍鼎元、彰化知縣朱山一併奉祀。〔註57〕

（十八）方祖蔭

據《新竹縣采訪冊》卷五〈創建試院碑〉、〈重修明志書院碑〉及《重修臺灣省通志》卷九《人物志・人物傳篇》記載，方祖蔭字樾亭，安徽桐城（今安徽省安慶市）人，監生出身。光緒十一年（1885，乙酉）以補授埔裏撫民通判署理新竹知縣兼攝苗栗知縣。方氏禮遇士人甚厚，因舉行縣試時，見縣署過於擁擠，難以防範舞弊事端，遂捐俸倡建試院於縣署南方，在任三年，舉行兩次縣試，取士頗佳。且當時明志書院年久失修，遂再捐俸倡修，復其舊觀，使士人讀書其中，無困窘之態。且對碩學、高行之士人，方氏亦極力獎掖，不僅厚其資給，且親課文理，又增置千金，設培英社，作爲童生月課獎賞之來源。後於光緒十六年（1890，庚寅）陞臺北府撫民理番同知。逝世後，竹塹士民立位祀於德政祠內。〔註58〕

（十九）羅大佑

據《重修臺灣省通志》卷九《人物志・人物傳篇》所載，羅大佑（1846～1889）號穀臣，江西德化（今江西省九江市）人，同治十年（1871，辛未）進士。光緒十四年（1888，戊子）任署理臺南知府。翌年二月舉行府試，羅氏抱病校士，每入場即兀坐終日，當面監視應試生童，使科場舞弊諸端絕跡。惜同年四月，即卒於任內。〔註59〕

（二十）程起鶚

據《臺灣通志・列傳・政績》記載，程起鶚字挺生，浙江山陰（今浙江省紹興市）人，監生出身。光緒九年（1883，癸未）任臺灣知府，光緒十五

〔註57〕《臺灣通志》，頁433；彰化縣鹿港鎮文開書院現地調查所得資料（現地調查日期：2015年11月7日）。

〔註58〕〔清〕陳朝龍撰：《新竹縣采訪冊》（臺北：臺灣銀行經濟研究室，1958年10月），頁177～181；《重修臺灣省通志》卷九《人物志・人物傳篇》，頁198。

〔註59〕《重修臺灣省通志》卷九《人物志・人物傳篇》，頁200～201。

年（1889，己丑）調任新設之臺灣知府，移駐臺中。翌年，中部水患，程氏命人開墾新圳、豁免租稅，並撥租田作為書院膏火費用，獎掖士子。光緒十七年（1891，辛卯）四月，甫以本職護理按察使銜分巡臺灣兵備道，同年七月即卒於任內。〔註60〕

（廿一）沈受謙

據《臺南市志》卷七《人物志》記載，沈受謙字牧卿，浙江蕭山（今浙江省紹興市）人，同治七年（1868，戊辰）進士，光緒十年（1884，甲申）任臺灣知縣，因該縣舊有之引心書院已荒廢，遂於赤嵌樓址設立蓬壺書院。置山長一人，並提供諸生豐厚膏火。繼而建文昌祠、五子祠，使文教建築整體化。光緒十三年（1887，丁亥）陞福建永春知州。〔註61〕

此外，部分清領時期的武官，對於臺灣儒學之發展，亦有一定程度的貢獻。如施琅先上〈陳臺灣棄留利害疏〉，使康熙帝打消廷議決定，正式在臺灣設官管轄，方有後續儒學之發展，又於康熙二十二年（1683，癸亥）設書院於西定坊，為臺灣第一座官設書院，該書院雖早已不可考，然就臺灣儒學之歷時性視角而言，施氏之奏疏、興學，皆有其濫觴之功。〔註62〕因此，施氏入祀府學聖廟名宦祠之舉動，實非連橫在《雅言》書中所謂「施琅入聖廟，夫子莞爾笑；顏淵喟然歎：『吾道何不肖！』子路慍見曰：『此人來更妙；夫子行三軍，可使割馬料。』」〔註63〕之譏所能誣矣。又如康熙二十九年（1690，庚午）文舉人出身的臺灣北路參將阮蔡文，任職期間，或捐資助建學宮，或親自訪視在社學就讀的原住民學童，凡能背誦《四書》者，即以銀、布獎勵，並講解人倫大義之道，亦有功於儒學啟蒙教育。〔註64〕而臺灣鎮總兵吳光亮於光緒三年（1877，丁丑）起，陸續在五城、埔裏（今南投縣埔里鎮）、卑南（今臺東縣臺東市）、大莊、成廣澳（今臺東縣成功鎮）、璞石閣（今花蓮縣玉里鎮）、車城、新街等地設置義塾，延師講學〔註65〕；福建陸路提督羅大春亦於光緒元年（1875，乙亥）捐資五百圓，以其孳息在蘇澳設置義學，並議

〔註60〕《臺灣通志》，頁492～493。
〔註61〕《臺南市志》卷七《人物志》，頁246。
〔註62〕〔清〕施琅：〈陳臺灣棄留利害疏〉，收入范咸：《重修臺灣府志》，頁609；《臺灣府志》，頁33。
〔註63〕連橫撰：《雅言》（臺北：臺灣銀行經濟研究室，1963年2月），頁25。
〔註64〕《諸羅縣志》，頁134。
〔註65〕《臺灣歷史人物小傳：明清暨日據時期》，頁133～134。

訂條款、章程，以按察使銜分巡臺灣兵備道夏獻綸所建蘇澳晉安宮旁房屋作爲講學之教室。〔註 66〕則吳、羅二人對於東臺灣部分地區的儒學啓蒙教育，亦有一定程度之貢獻，皆不宜加以忽視，是故一併附述於此。

第二節　弘揚儒學之教育官員

　　除地方行政官員之外，清領時期，各府、縣亦設有教育官員——府設儒學教授，以儒學訓導佐之；縣設儒學教諭，亦以儒學訓導佐之。據《欽定大清會典》卷十〈吏部・文選司四〉「密其迴避」注記載「教職只令迴避本府，其一府、縣設兩教官者，同宗近支迴避同任。」〔註 67〕《欽定大清會典事例》卷四十七〈吏部・漢員銓選〉亦載「教職原係專用本省，止迴避本府。」〔註 68〕而《清史稿・職官志・儒學》則記載「府教授（正七品）、訓導（從八品）。州學正（正八品）、訓導。縣教諭（正八品）、訓導，俱各一人。教授、學正、教諭，掌訓迪學校生徒，課藝業勤惰，評品行優劣，以聽於學政。訓導佐之。（例用本省人，同府、州者否。）」〔註 69〕因此，派駐臺灣的教育官員，通常皆由福建各州、府出身者蒞任，迄至臺灣設省之後，始有部分由臺灣本土出身者爲之。在弘揚儒學、作士育才方面，無論是閩省各州、府籍之教官，抑或臺灣本土培育之教官，皆有其貢獻。以下，茲據清修志書、戰後志書文獻所載，對有功於臺灣儒學發展之教育官員臚列並撮要說明其貢獻所在。

一、府儒學教授

（一）林謙光

　　據《臺灣府志》卷三、周元文《重修臺灣府志》卷三等文獻記載，林謙光字芝嵋，福建長樂（今福建省福州市）人，康熙十一年（1672，壬子）副

〔註 66〕〈羅大春蘇澳興學碑記〉，收入何培夫主編：《臺灣地區現存碑碣圖誌：宜蘭縣・基隆市篇》（臺北：國立中央圖書館臺灣分館，1999 年 6 月），頁 168～169；宜蘭縣蘇澳鎮晉安宮現地調查所得資料（現地調查日期：2016 年 12 月 8 日）。

〔註 67〕〔清〕崑岡等修，吳樹梅等纂：《欽定大清會典》，收入續修四庫全書編纂委員會編：《續修四庫全書》（上海：上海古籍出版社，2002 年 4 月），史部政書類，第七九四冊，第七九四冊，頁 112。

〔註 68〕〔清〕崑岡等修，劉啓瑞等撰：《欽定大清會典事例》，收入《續修四庫全書》，史部政書類，第七九八冊，頁 702。

〔註 69〕趙爾巽等撰：《清史稿》（北京：中華書局，1976 年 7 月），第十二冊，頁 3358。

貢生，康熙二十六年（1687，丁卯）任首任臺灣府儒學教授，在任期間，以篤學勵行期勉諸生，且文辭純雅，誨人不倦，康熙三十年（1691，辛未）秩滿，陞任浙江桐鄉知縣。〔註70〕

（二）林慶旺

據《臺灣府志》卷三、周元文《重修臺灣府志》卷三及《重修臺灣省通志》卷九《人物志・人物傳篇》等文獻記載，林慶旺字于曾，福建晉江（今福建省泉州市）人，原於南明唐王隆武二年（1646）登賢書，入清後，於順治三年（1646，丙戌）考授福州府儒學教授，康熙三十四年（1695，乙亥）調任臺灣府儒學教授。在任期間，考心專講藝語，克振斯文。林氏任職福州、臺灣兩府儒學教授，長達四十餘年，訓士有方，整肅學規，每逢月課，講學以端正士行為先，故受長官重視而挽留，遂長任教職。臺灣教職秩滿，陞任山西屯留知縣，履任三年，以年老致仕。〔註71〕

（三）丁蓮

據《臺灣通志・列傳・政績》引《泉州府志》記載，丁蓮字青若，福建晉江（今福建省泉州市）人，其父丁天禧，為崇禎十三年（1640）武進士。丁蓮少孤而力學，攻《易經》，康熙五十二年（1713，癸巳）恩科成進士。初任興化府儒學教授，福建巡撫陳璸延攬主講福州鰲峰書院，以白鹿洞學規教導士人，多有成就。後調任臺灣府儒學教授，在任期間，倡明經術，啟化諸生。秩滿，調任江蘇儀徵知縣，未抵任而卒。〔註72〕

（四）董文駒

據《續修臺灣縣志》卷三記載，董文駒字道實，福建閩縣（今福建省福州市）人，乾隆三十一年（1766，丙戌）進士。乾隆三十六年（1771，辛卯）任臺灣府儒學教授。董氏以學行著稱，在任期間，時以忠孝大節勸勉諸生。董氏雖嚴於考課，但並不苛待生童，必盛供具待之。若遇風雨，則將課期延後，既不使學子奔波，亦不懈怠職司。每得佳製，則優賞作者而加以鼓舞。在與學子論文方面，董氏雖嚴於文章作法，但仍和氣可親。又曾在任期間兼掌海東書院，每逢月課，必嚴加考察，不留情面，但仍悉數發給生童膏火，

〔註70〕《臺灣府志》，頁62；周元文《重修臺灣府志》，頁71。
〔註71〕《臺灣府志》，頁62；周元文《重修臺灣府志》，頁71；《重修臺灣省通志》卷九《人物志・人物傳篇》，頁111。
〔註72〕《臺灣通志》，頁463。

不准他人剝削，遂成爲郡城寒士仰仗之文宗。〔註73〕

（五）許德樹

據《重修臺灣省通志》卷九《人物志・人物傳篇》記載，許德樹字大滋，福建侯官（今福建省福州市）人，道光六年（1826，丙戌）進士，以知縣歸班銓選，補漳州府儒學教授。道光十三年（1833，癸巳）任臺灣府儒學教授。甫蒞任，適逢張丙事變初平，民心未安，許氏遂透過修葺聖廟並整理祭器、樂器的舉措，藉以端正士習。在任期間，受按察使銜分巡臺灣兵備道兼理學政劉鴻翔邀請，兼任海東書院講席，遂重訂學規，親課諸生制藝。秩滿，調任漳州府。〔註74〕

二、府儒學訓導

（一）袁弘仁

據《重修福建臺灣府志》卷十三記載，袁弘仁字醇一，建陽（今福建省南平市）人，廩貢生出身，雍正十二年（1734，甲寅）任首任臺灣府儒學訓導，在任期間，曾捐資重修府學聖廟中的朱子祠，並建築草亭，召集諸生講學其中；又因臺灣位處海外，當時印刷業尙需倚靠廈門等地，故士子取得書籍較爲困難，遂捐俸購置古今書籍九百餘本於學宮，方便學子閱讀。乾隆三年（1738，戊午）陞任山東鉅野縣丞。行前，曾獻「正學昌明」匾於府學聖廟朱子祠，其落款自署「十七世外嫡裔孫古潭袁弘仁」，可見對朱子學之正統及一己身分之肯認。而此匾現仍保存於臺南孔廟文昌閣一樓。〔註75〕

（二）張忠侯

據《臺灣通志・列傳・政績》及《重修臺灣省通志》卷九《人物志・人物傳》等文獻記載，張忠侯字思補，淡水八里坌（今新北市八里區）人，光緒五年（1879，己卯）舉人，大挑二等，授臺灣府儒學教諭，諸生以經史、典章叩問，皆爲其講述原委始末，並授以精粹之理，後因丁憂去職。光緒十六年（1890，庚寅）又署理臺灣府儒學訓導。張氏曾主掌臺北府學海書院，

〔註73〕《續修臺灣縣志》，頁179、頁186。
〔註74〕《重修臺灣省通志》卷九《人物志・人物傳篇》，頁174。
〔註75〕《續修臺灣府志》，頁186；《重修福建臺灣府志》，頁360。案：《續修臺灣府志》稱六百餘本，《重修福建臺灣府志》則稱九百餘本。臺南市孔子廟文昌閣現地調查所得資料（現地調查日期：2014年11月9日）。

品德、學養皆爲鄉人所重。且張氏祖上世代經商之淵源，遂能靈活改革學租制度，學海書院因而產生孳息獲利，使諸生膏火無憂。〔註76〕

三、縣儒學教諭

（一）黃賜英

據《臺灣府志》卷二、卷三及周元文《重修臺灣府志》卷二、卷三等文獻記載，黃賜英，福建晉江（今福建省泉州市）人，康熙二年（1663，癸卯）舉人，康熙二十六年（1687，丁卯）任首任鳳山縣儒學教諭。爲人好學不倦、文辭蒼蔚，黃氏蒞任甫值鳳山設縣未久，文風不盛，遂力倡之，以培育人才爲己任，時進諸生考課，爲鳳山士人所宗，又置鳳山縣學學田於鳳山縣赤山莊（今高雄市鳳山區），以供師生膏火費用。康熙三十年（1691，辛未）陞任直隸樂平知縣。〔註77〕

（二）陳志友

據周元文《重修臺灣府志》卷三記載，陳志友，福建長樂（今福建省福州市）人，歲貢生出身。康熙二十六年（1687，丁卯）任首任諸羅縣儒學教諭，在任期間，教人以德行爲先。三十年（1691，辛未）秩滿，陞任雲南蒙自知縣。〔註78〕

（三）陳道銓

據《臺灣府志》卷三記載，陳道銓，福建長泰（今福建省漳州市）人，歲貢生出身。康熙三十四年（1695，乙亥）任臺灣縣儒學教諭，在任期間，倡建縣學聖廟兩廡，並製先賢、先儒牌位，使廟學較具規模。秩滿陞任河南嵩縣知縣。〔註79〕

（四）陸登選

據周元文《重修臺灣府志》卷三、卷十等文獻記載，陸登選，福建甌寧（今福建省建甌市）人，康熙二十六年（1687，丁卯）舉人，任長樂縣儒學教諭。康熙四十二年（1703，癸未）受首任提督福建學政沈涵考核爲文品足式、全省學官第一，康熙四十三年（1704，甲申）由福建巡撫梅鋗特別調任

〔註76〕《臺灣通志》，頁362；《重修臺灣省通志》卷九《人物志・人物傳篇》，頁448。
〔註77〕《臺灣府志》，頁34、頁62；周元文：《重修臺灣府志》，頁37、頁71。
〔註78〕周元文：《重修臺灣府志》，頁71。
〔註79〕《臺灣府志》，頁62。

臺灣縣儒學教諭。在任期間，時集諸生講明程、朱之道及制藝關鍵，每逢月課，則親自衡文。又力請臺灣知縣修整縣學聖廟，康熙四十四年（1705，乙酉）遂有縣籍生員王茂立登賢書，距臺灣縣首位舉人陳夢球（？～1700）中舉年份，已十二年之久。康熙四十七年（1708，戊子）陞任浙江分水知縣，陳文達等人撰有〈臺灣縣儒學廣文陸夫子去思碑〉，頌其德焉。〔註80〕

（五）謝金鑾

據《臺灣通志‧列傳‧政績》記載，謝金鑾（1757～1820）字巨廷，福建侯官（今福建省福州市）人，乾隆五十三年（1788，戊申）舉人，嘉慶六年（1801，辛酉）大挑二等，以邵武縣儒學教諭試用，後調任安溪縣儒學教諭。謝氏少孤且貧，事母至孝，又好讀宋儒言行錄及朱子《近思錄》。嘉慶九年（1804，甲子）任嘉義縣儒學教諭，任期未滿，遭逢蔡牽作亂，謝氏遂為知縣陳述防禦之策。於學署壁間親書教士規約，總兵武隆阿見之，歎為通儒，引為平生友。又因蔡牽及其餘黨朱濆屢窺尚未設官治理之蛤仔難（今宜蘭縣），欲佔為基地，謝氏遂著《蛤仔難紀略》，詳明其中利害，以書上任職少詹事之同鄉梁上國，奏聞，使朝廷設噶瑪蘭廳，則謝氏雖未直接設教蘭邑，但宜蘭文風之起，亦與謝氏著書、奏聞之舉，有一定程度之連結。嘉慶十一年（1806，丙寅）又受臺灣知縣薛志亮之請，與同樣主張於蛤仔難設官治理的臺灣縣儒學教諭鄭兼才合作，編纂《續修臺灣縣志》八卷。秩滿，補南平縣儒學教諭，先移彰化縣儒學教諭，後又調安溪縣儒學教諭。調任之前，撰《教諭語》四篇以贈諸生，內容質實，有卑近砭俗之言，臺灣士林奉為圭臬。謝氏任職期間，以栽培士人為務，故受諸生親近。然謝氏家貧而生身廉介，諸生餽金不受，因而出現載米置其庭中而隱名自去的現象，迄謝氏逝世，臺灣各地生員聞之，更集資賻之，可見對謝氏學行、人品之敬重。〔註81〕

（六）楊克彰

據《重修臺灣省通志》卷九《人物志‧人物傳篇》記載，楊克彰（1836～1896）字信夫，淡水佳臘莊（今臺北市萬華區）人，為「關渡先生」黃敬（？～1888）入門弟子，光緒元年（1875，乙亥）恩貢生出身。楊氏得其師法，亦以治《易》聞名，然數次參加鄉試皆不第，遂絕意仕進，於鄉里設「培

〔註80〕周元文：《重修臺灣府志》，頁 71、頁 360～361。
〔註81〕《臺灣通志》，頁 454～456。

蘭軒」教學。遠自新竹、宜蘭等地之士子，皆慕名前來受教，且弟子中式、入庠者，達五百餘人，對北臺灣文風之影響，有其力焉。其後，楊氏受聘擔任臺北府登瀛、學海二書院之監督，又於光緒十四年（1888，戊子）署理臺南府儒學訓導，其後調任署理苗栗縣儒學訓導。乙未割臺之際，楊氏正於臺灣府儒學教授任內，先赴梧棲避難，後又倉皇西渡，但因未及攜老母同行，遂時東向流涕，因而再度回臺，奉養其母至壽終。後因守制期間悲傷過度，數月後亦逝。〔註82〕

（七）周長庚

據《臺灣通志‧列傳‧政績》及《重修臺灣省通志》卷九《人物志‧人物傳篇》等文獻記載，周長庚（1847～1892）字莘仲，福建侯官（今福建省福州市）人，同治元年（1862，壬戌）舉人，選任建陽縣儒學教諭。光緒十年（1884，甲申）署理彰化縣儒學教諭。光緒十三年（1887，丁亥）因臺灣新近建省，彰化改隸新臺灣府，周氏遂實授彰化縣儒學教諭。任職期間，優禮士人，若士人遭人以言語中傷，必為之向長官據理力爭，無所畏懼。周氏又喜接待士大夫，講經世、詞章之學，八閩士人有著名者至臺，必先赴彰化見之，使南北二地，幾乎無士人不知「周老師」之名。〔註83〕

四、縣儒學訓導

（一）陳元恕

據《續修臺灣縣志》卷三記載，陳元恕字敬莽，福建永安（今福建省三明市）人，廩貢生出身。乾隆二十七年（1762，壬午）任臺灣縣儒學訓導。在任期間，勤於授業，嚴加考課，激勵諸生向學。當時，彰化縣籍而寓居臺灣縣的富紳楊志申捐出田租，豐裕縣學經費，陳氏受此事鼓勵，益發積極，遂訂定章程，對於就學生員的飯食、獎賞，皆比照海東、崇文二書院，復使縣內學風更加蓬勃。〔註84〕

（二）王世茂

據《重修福建臺灣府志》卷十三及《重修臺灣省通志》卷九《人物志‧

〔註82〕 《重修臺灣省通志》卷九《人物志‧人物傳篇》，頁453。
〔註83〕 《臺灣通志》，頁451；《重修臺灣省通志》，頁199～200。
〔註84〕 《續修臺灣縣志》，頁185～186。

人物傳篇》等文獻記載，王世茂（？～1743）字松汝，福建晉江（今福建省泉州市）人，恩貢生出身，曾任長汀縣儒學訓導，興學教士，有賢聲焉。乾隆六年（1741，辛酉）調任鳳山縣儒學訓導，在任期間，愛士如子，每逢月課，嚴加批閱諸生制藝，且性廉介，堅拒贄餽。後卒於任內，家貧未能歸葬，諸生爭相賻之，並祀之於縣學。〔註85〕

（三）吳金鑑

據《臺灣通志・列傳・政績》記載，吳金鑑字齡獻，福建浦城（今福建省南平市）人，優貢生出身，曾任南靖縣儒學訓導。乾隆三十一年（1766，丙戌）調任諸羅縣儒學訓導。在任期間，以栽培士子爲務，當地諸生爲其立「敦崇名教」碑於縣學。〔註86〕

第三節　臺灣重要進士、舉人事蹟述評

臺灣自康熙二十三年（1684，甲子）正式設治立學起，迄光緒二十一年（1895，乙未）割讓日本止，212年間，透過各級官設教育機構與民間興學書院的栽培，並經鄉試、會試、殿試等多重考驗，產生爲數不少的科第人物。由於本書指涉的範圍，係與儒學發展相關的文試。因此，武進士、武舉人等，皆不在本書的統計之內。經過諸多前行文獻的統計，臺灣在清領時期成進士者三十一人，始於康熙三十三年（1694，甲戌），終於光緒二十年（1894，甲午）；登賢書者近三百人，始於康熙二十六年（1687，丁卯），同樣終於光緒二十年。這些進士、舉人或在中國其他各省奉獻心力、竭忠任事，或返回臺灣作育多士、化民導俗，皆值得吾人肯定。以下，茲就其中較具代表性的進士、舉人，透過文獻研究及現地調查的雙重進路，加以述評。

一、進士

臺灣在清領時期中式之進士，筆者依據《臺灣通志》、《清朝進士題名錄》等文獻所載加以統計，共有三十一人。茲將其籍貫與成進士之年代、名次，製成下表，以便閱讀。並就名單中，擇其重要者，論述於次。

〔註85〕《重修福建臺灣府志》，頁372；《重修臺灣省通志》卷九《人物志・人物傳篇》，頁146。
〔註86〕《臺灣通志》，頁458。

表 4：清領時期臺灣進士資料表

序號	姓名	成進士之籍貫	中式年與名次	說明	文獻出處
一	陳夢球	漢軍正白旗	康熙三十三年 二甲三十一名	陳永華之子	《清朝進士題名錄》，頁 240。
二	王克捷	祖籍泉州府晉江縣；以臺灣府諸羅縣身分應試	乾隆二十二年 三甲四十三名	有寄籍嫌疑	《清朝進士題名錄》，頁 536。
三	莊文進	祖籍泉州府晉江縣；以臺灣府鳳山縣身分應試	乾隆三十一年 三甲七十一名	中式後旋回歸本籍 有冒籍嫌疑	《清朝進士題名錄》，頁 576。
四	鄭用錫	臺灣府淡水廳	道光三年 三甲一〇九名	首位本土進士，有開臺進士之稱	《清朝進士題名錄》，頁 836。
五	曾維楨	臺灣府彰化縣	道光六年 二甲六十八名	開彰進士 開臺翰林	《清朝進士題名錄》，頁 843。
六	黃驤雲	臺灣府臺灣縣	道光九年 二甲七十二名	首位客家籍進士，後移居淡水廳頭份莊。	《清朝進士題名錄》，頁 856。
七	郭望安	臺灣府嘉義縣〔註87〕	道光十五年 三甲七十一名	有寄籍之虞	《清朝進士題名錄》，頁 894。
八	蔡廷蘭	臺灣府澎湖廳	道光二十五年 二甲六十一名	開澎進士	《清朝進士題名錄》，頁 949。
九	施瓊芳	臺灣府臺灣縣	道光二十五年 三甲八十四名	與施士洁為父子雙進士	《清朝進士題名錄》，頁 953。
十	楊士芳	臺灣府噶瑪蘭廳	同治七年 三甲一一八名	開蘭進士	《清朝進士題名錄》，頁 1075。
十一	張維垣	臺灣府臺灣縣	同治十年 二甲一一八名	原居鳳山縣港西里（屏東長治），後遷居淡水廳頭份莊。〔註88〕	《清朝進士題名錄》，頁 1084。

〔註87〕 案：吳德功〈紀郭望安〉稱「郭望安者，泉人也，學問純粹，渡臺應童子試，……再試不第，……時值考試之期，光侯勸望安應考；……不肯應試，欲待來春回泉也。……強令再試為之，報名應考。一試而捷泮水，再試而捷鹿鳴，三試而捷南宮，欽點主事，衣錦榮歸。」則郭氏應該也有來臺寄籍之可能性存在。見氏撰：《瑞桃齋文稿》，收入黃哲永、吳福助主編：《全臺文》（臺中：文听閣圖書公司，2007 年 7 月），第十七冊，頁 126。

〔註88〕 查詢自全臺詩‧智慧型全臺詩知識庫網站（網址：http://140.133.9.112/twpx/b/b02.htm，最後查詢日期：2016 年 10 月 21 日）。

十二	蔡鴻章	臺灣府彰化縣	同治十年 未經殿試	同治七年 四十五名 有寄籍之虞	《清朝進士題名錄》，頁 1092。
十三	陳望曾	臺灣府臺灣縣	同治十三年 三甲六十九名		《清朝進士題名錄》，頁 1103。
十四	蔡德芳	臺灣府彰化縣	同治十三年 三甲七十九名		《清朝進士題名錄》，頁 1103。
十五	施炳修	臺灣府彰化縣	同治十三年 三甲二百名		《清朝進士題名錄》，頁 1108。
十六	施士洁	臺灣府臺灣縣	光緒二年 三甲二名	施瓊芳之子 父子雙進士	《清朝進士題名錄》，頁 1123。
十七	黃裳華	臺灣府臺灣縣	光緒三年 二甲九十三名	光緒二年會試279名，於翌年補行殿試。	《清朝進士題名錄》，頁 1139、頁 1149。
十八	黃登瀛	臺灣府嘉義縣	光緒三年 三甲三十三名		《清朝進士題名錄》，頁 1142。
十九	丁壽泉	臺灣府彰化縣	光緒六年 三甲四十八名	補行殿試	《清朝進士題名錄》，頁 1160、頁 1170。
二十	葉題雁	臺灣府臺灣縣	光緒六年 三甲六十名	曾參與乙未公車上書	《清朝進士題名錄》，頁 1161。
廿一	張覲光	臺灣府臺灣縣	光緒六年 三甲一〇八名		《清朝進士題名錄》，頁 1162。
廿二	江昶榮	臺灣府臺灣縣	光緒九年 二甲一三七名	清法戰爭爆發，遲赴任四川即用知縣，遭革職返臺，乙未憂憤而死。〔註89〕	《清朝進士題名錄》，頁 1182。
廿三	林啓東	臺灣府嘉義縣	光緒十二年 二甲一〇一名	曾掌教崇文、羅山等二書院。〔註90〕	《清朝進士題名錄》，頁 1191。

〔註89〕查詢自全臺詩・智慧型全臺詩知識庫網站（網址：http://140.133.9.112/twpx/b/b02.htm，最後查詢日期：2016 年 10 月 21 日）。
〔註90〕查詢自全臺詩・智慧型全臺詩知識庫網站（網址：http://140.133.9.112/twpx/b/b02.htm，最後查詢日期：2016 年 10 月 21 日）。

廿四	徐德欽	臺灣府嘉義縣	光緒十二年三甲二名	曾主講玉峰書院。〔註91〕	《清朝進士題名錄》，頁1193。
廿五	蔡壽星	臺灣府彰化縣	光緒十二年三甲六十四名	泉州府晉江縣石獅，寄籍彰化縣。乙未後杜門不出。	《清朝進士題名錄》，頁1195。
廿六	邱逢甲	臺灣府彰化縣	光緒十五年三甲九十六名	乙未西渡中國講學不輟	《清朝進士題名錄》，頁1212。
廿七	許南英	臺南府安平縣	光緒十六年三甲六十一名		《清朝進士題名錄》，頁1230。
廿八	陳登元	臺北府淡水縣	光緒十八年三甲五十名	今桃園市境內唯一進士乙未後數年，西渡中國原鄉。	《清朝進士題名錄》，頁1248。
廿九	施之東	臺灣府彰化縣	光緒二十年二甲八十三名		《清朝進士題名錄》，頁1262。
三十	李清琦	臺灣府彰化縣	光緒二十年二甲一〇五名	曾參與乙未公車上書	《清朝進士題名錄》，頁1263。
卅一	蕭逢源	臺南府鳳山縣	光緒二十年三甲六十名	乙未西渡中國浙江任官	《清朝進士題名錄》，頁1266。

資料來源：筆者據《臺灣通志》、《清朝進士題名錄》等書進行整理，並自行製表而成。

　　透過上表，吾人當可得知，清領時期的臺灣，共產生了三十一位文進士，但這些進士之中，部分有冒籍、寄籍之疑慮，而部分前行文獻指出，在光緒二十一年（1895，乙未）割臺之後，黃彥鴻（光緒二十四年〔1898，戊戌〕）、陳濬芝（光緒二十四年〔1898，戊戌〕）、汪春源（光緒二十九年〔1903，癸卯〕）亦陸續成進士，但因三人成進士之年限，皆已在光緒二十一年之後，故僅能說這三位進士的原鄉為臺灣，但並不能視為清領時期的臺灣進士。

（一）陳夢球

　　據《重修臺灣府志》卷八、《聖祖仁皇帝實錄》卷一九四、《重纂福建通志》卷二二九及《清朝進士題名錄》等文獻記載，陳夢球字二受，是臺灣進

〔註91〕 查詢自全臺詩・智慧型全臺詩知識庫網站（網址：http://140.133.9.112/twpx/b/b02.htm，最後查詢日期：2016年10月21日）。

入清領時期的第一位進士。陳氏為陳永華（1634～1680）次子，治《易經》，康熙三十三年（1694，甲戌），以漢軍正白旗籍成進士，為二甲第三十一名，聖祖以「此忠義陳永華子也」語諸大臣，授翰林編修。陳氏登第後，曾奉命運米赴高麗賑饑，並巡視直隸至福建之各省海道險要，又隨駕南巡、任湖廣鄉試正考官，後擢翰林侍講並命視學山西，惜未任而卒。〔註92〕

有關陳氏以旗籍應試之原因，係施琅率軍攻臺時，夢球長兄夢煒奉命赴澎湖上降表，故陳氏兄弟被編入漢軍正白旗籍。而綜觀陳夢球一家，其祖父陳鼎曾為署理同安縣學訓導，其父永華建議鄭經立聖廟、設學校、延儒者、制考課，而其自身則任鄉試掄才之大宗師，祖孫三代皆為儒學發展作出一定的貢獻。此外，《清朝進士題名錄》引用《詞林輯略》卷二校勘時，該書將陳氏記為「福建同安籍，侯官人」，則陳氏在鄭克塽投降後迄成進士之前的十年期間，可能係遷往福州侯官居住，未以臺灣作為活動範圍，故亦未被視為臺灣本土產生的進士。

（二）王克捷

據《臺灣通志・選舉》、《臺南縣志》卷八《人物志》及《清朝進士題名錄》等文獻記載，王克捷字必昌，祖籍福建省泉州府晉江縣，隨父商霖定居諸羅縣。乾隆十八年（1753，癸酉）以臺灣府諸羅縣籍登賢書，乾隆二十二年（1757，丁丑）成進士，為三甲第四十三名，係第一位非以旗籍錄取的臺灣進士。然而，在科舉制度中，王氏中舉、登第，有「寄籍」的疑慮，因此，經常未被界定為臺灣本土產生的進士。此外，王氏博學多聞，曾受命總輯《重修臺灣縣志》之任務，唯〈重修臺灣縣志姓氏〉係以「德化縣乙丑科進士截選知縣王必昌」稱之，則王氏可能係先以臺灣籍領鄉薦、成進士，因受魯鼎梅邀請，赴德化與修州志，而魯氏蒞任臺灣知縣後，議修志書，遂又延請王氏總其成，故以「德化縣」稱之。然乾隆廿二年歲次丁丑，乙丑則為乾隆十年（1745），或為手民之誤。又屏東縣屏東市慈鳳宮有一方「海濱砥柱」匾，

〔註92〕周元文《重修臺灣府志》，頁259；《重纂福建通志》卷二二九〈人物・國朝泉州府列傳・同安縣〉，收入〔清〕陳壽祺等撰：《福建通志》（臺北：華文書局股份有限公司，1968年10月），第九冊，頁4167；〔清〕馬齊等奉敕修：《聖祖仁皇帝實錄（二）》卷一九四〈康熙三十八年七月至八月〉云：「己丑，……以翰林院編修陳夢球為湖廣鄉試正考官。」收入《清實錄》（北京：中華書局，1985年9月），第五冊，頁1052；江慶柏編著：《清朝進士題名錄》（北京：中華書局，2007年6月），上冊，頁240、頁245。

爲王克捷所獻，落款處題爲「丁丑科開臺進士王克捷敬題」，頗有耐人尋味之處。〔註93〕

（三）莊文進

據《重修鳳山縣志》卷九、《臺灣通志‧選舉》、《清朝進士題名錄》等文獻記載，莊文進，祖籍福建省泉州府晉江縣，乾隆二十一年（1756，丙子）以臺灣府鳳山縣籍登賢書，乾隆三十一年（1766，丙戌）成進士，爲三甲第七十一名，爲清領時期鳳山縣首位進士，後曾任福寧府儒學教授。若以廣義角度而言，莊氏可被稱爲「開鳳進士」，然而，莊氏進士及第後，即回歸原籍晉江，故亦有「冒籍」之疑慮，未被視爲臺灣本土產生的進士。〔註94〕

（四）鄭用錫

據《彰化縣志》卷八，《淡水廳志》卷八、卷九，《臺灣通志‧選舉》及《清朝進士題名錄》等文獻記載，鄭用錫（1788～1858）字在中，祖籍福建省泉州府同安縣，祖父國唐、父崇和於乾隆四十年（1775，乙未）由金門遷至淡水廳後壠（今苗栗縣後龍鎮），後因避分類械鬥，遂再於嘉慶十一年（1806，乙丑）遷至廳治竹塹（今新竹市）。其父崇和，監生出身。鄭氏幼承庭訓，又得竹塹士人王士俊啓蒙，長於治《易》，爲彰化縣學廩生出身，於嘉慶二十三年（1818，戊寅）恩科以臺灣府淡水廳籍登賢書，道光三年（1823，癸未）成進士，爲三甲第一〇九名，候選知縣。由於鄭氏未有冒籍、寄籍等行爲，遂被視爲臺灣本土在清領時期培養的第一位進士，故有「開臺進士」、「開臺黃甲」之稱。鄭用錫後雖捐得京官，籤分兵部武選司，補授禮部鑄印局員林郎，但因不諳官場逢迎，遂辭官歸養，並於淡水廳治北門口興建自宅進士第，其旗桿座現仍保存於進士第旁之鄭氏家廟外。在科第之外，鄭氏曾於嘉慶二十一年（1816，丙子）倡建淡水廳聖廟，又曾於道光九年（1829，己丑）至道光十四年（1834，甲午）、咸豐二年（1852，壬子）至咸豐八年（1858，戊午）兩度擔任明志書院山長，對於北臺灣的儒學發展，有一定程度的貢獻

〔註93〕《臺灣通志》，頁393、頁396；廖漢臣、沈耀初纂修：《臺南縣志》卷八《人物志》（臺南縣新營市：臺南縣政府，1980年6月），頁80～81；《清朝進士題名錄》，上冊，頁536；屏東縣屏東市慈鳳宮現地調查所得資料（現地調查日期：2012年11月9日）。

〔註94〕《重修鳳山縣志》，頁245；《臺灣通志》，頁393、頁396；《清朝進士題名錄》，上冊，頁576。

與影響。〔註95〕

（五）曾維楨

據《彰化縣志》卷八、《臺灣通志·選舉》、《清朝進士題名錄》、《詞林輯略》卷六等文獻記載，曾維楨字雲松，祖籍福建省泉州府晉江縣，先世遷至彰化縣白沙坑莊（今彰化縣花壇鄉文德村），臺灣府學附學生出身，嘉慶二十三年（1818，戊寅）恩科登賢書第三名，道光六年（1826，丙戌）以臺灣府臺灣縣籍成進士，為二甲第六十八名，任翰林院庶吉士，道光十年（1830，庚寅）散館，改任湖南澧州石門知縣，後曾任湖南衡陽、湖北巴陵知縣，任內振興學校、廉潔愛民。曾氏是清領時期第一位彰化縣籍進士，亦是任職翰林院者第一人，故有「開彰進士」、「開臺翰林」之譽。曾氏登第後，其事功雖皆在中國內陸，但其故居附近的白沙坑文德宮內，現今仍保存曾氏用品之翻拍照片，而白沙坑每年元宵節「迎燈排」的民俗活動，在地方傳說中，亦與曾氏密切相關。〔註96〕

（六）黃驤雲

據《淡水廳志》卷八、卷九、《臺灣通志·選舉》、《清朝進士題名錄》等文獻記載，黃驤雲，祖籍廣東省嘉應州鎮平縣，為由文轉武的署理艋舺營參將黃清泰之子。先世渡海來臺，初居鳳山縣瀰濃莊（今高雄市美濃區），後移居淡水廳中港頭份莊（今苗栗縣頭份市）。黃氏昔日讀書閩垣鼇峰書院，於嘉慶二十四年（1819，己卯）以臺灣府淡水廳籍登賢書，道光九年（1829，己丑）以臺灣府臺灣縣籍成進士，為二甲第七十二名，籤分工部營繕司郎中，也是清領時期第一位客家籍進士。黃氏曾於道光十二年（1832，壬辰）返鄉省親，適逢張丙事變發生，遂親赴各莊勸諭，俟事平後，補任都水司主事。道光十七年（1837，丁酉）任順天鄉試同考官，取士得人。長子廷祜，道光二十六年（1846，丙午）登賢書，官侯官縣儒學教諭；四子延祚，咸豐五年（1855，乙卯）登賢書，官晉江縣儒學教諭，父子兩代，事功雖未著於臺灣，

〔註95〕《彰化縣志》，頁232、頁234；《淡水廳志》，頁243、頁270～271；《臺灣通志》，頁393、頁398；《清朝進士題名錄》，中冊，頁836；新竹市北區進士第及鄭氏家廟現地調查所得資料（現地調查日期：2014年3月11日）。

〔註96〕《彰化縣志》，頁232、頁234；《臺灣通志》，頁393、頁398；《清朝進士題名錄》，中冊，頁843；〔清〕朱汝珍輯：《詞林輯略》（臺北：明文書局，1985年5月），頁325；彰化縣花壇鄉文德宮現地調查所得資料（現地調查日期：2015年3月15日）。

但仍曾在儒學教育方面,對中國的直隸、福建兩地,產生一定程度的影響。
〔註97〕

(七)蔡廷蘭

　　據《澎湖廳志》卷四、卷七,《臺灣通志·選舉》、《清朝進士題名錄》
及《重修臺灣省通志》卷九《人物志·人物傳篇》等文獻記載,蔡廷蘭(1801
～1859)初名崇文、字仲章,後改名廷蘭,周凱字之曰香祖,祖籍福建省同
安縣金門嶼,先世遷居澎湖廳雙頭跨社(今澎湖縣馬公市興仁里)。蔡氏聰
慧能文,十三歲即補府學弟子員,曾受澎湖通判蔣鏞延爲編纂《澎湖續編》
之助手,采訪風土民情甚夥。道光十二年(1832,壬辰),澎湖大饑,時任
興泉永道的周凱奉命勘災並施賑,蔡氏上〈請急賑歌〉四首,得周氏教以讀
書法,並加以揄揚,蔡氏名聲大顯,遂於道光十四年(1834,甲午)受聘主
講臺灣縣引心書院。越明年,蔡氏赴秋闈歸途,於金門遭逢颶風,船隻漂至
越南,受越人禮遇護送歸國,並將見聞撰爲《海南雜著》一書。後於道光十
七年(1837,丁酉)受時任按察使銜分巡臺灣兵備道兼理學政的周凱知遇,
以臺灣府學廩生拔貢,旋登賢書,並得臺灣知府熊一本聘任,主講臺灣府崇
文書院,並兼任臺灣縣引心及澎湖廳文石等二書院講席,學者稱之爲秋園先
生。道光二十五年(1845,乙巳)恩科成進士,爲二甲第六十一名,以即用
知縣籤分江西,後曾兩度擔任峽江知縣,在任期間助修郡治章山書院,又於
咸豐二年(1852,壬子)任江西鄉試同考官,後於咸豐六年(1856,丙辰)
署理豐城知縣,頗有政績,後因募團練抵抗太平軍有功,得江西巡撫耆齡保
舉,升任贛州同知,卒於任內。蔡氏是澎湖在清領時期的唯一一位進士,有
「開澎進士」之稱,其進士第故居經修復後,已由澎湖縣文化局開放外界參
觀。此外,對於周凱的知遇、教導之恩,蔡氏莫敢或忘,當周氏卒於兵備道
任內,其弟子林樹梅倡議刊刻周氏遺著《內自訟齋文集》,蔡氏聞之,不僅
捐資助印,亦作書予同門施瓊芳等人,邀施氏等同門一起參與,可見其爲人
之一斑。〔註98〕

〔註97〕　《淡水廳志》,頁244、頁271;《臺灣通志》,頁393、頁398;《清朝進士題
　　　　名錄》,中冊,頁856。

〔註98〕　《澎湖廳志》,頁126、頁237～239;《臺灣通志》,頁393;《清朝進士題名
　　　　錄》,中冊,頁949;《重修臺灣省通志》卷九《人物志·人物傳篇》,頁429;
　　　　澎湖縣馬公市蔡廷蘭進士第現地調查所得資料(現地調查日期:2015 年 8
　　　　月 1 日)。

（八）施瓊芳

　　據《臺灣通志・選舉》、《清朝進士題名錄》、《臺南市志》卷七《人物志》等文獻記載，施瓊芳（1815～1868）初名龍文，臺灣府治人，祖籍福建省泉州府晉江縣，為臺灣府學廩生出身，道光十七年（1837，丁酉）拔貢，旋登賢書，道光二十五年（1845，乙巳）恩科成進士，為三甲第八十四名，籤分工部主事，後補江蘇知縣，未赴任而乞終養，遂回鄉，後受時任按察使銜分巡臺灣兵備道兼理學政吳大廷之聘，出任海東書院山長，擅宋儒性理之學。〔註99〕

（九）楊士芳

　　據《淡水廳志》卷八、《臺灣通志・選舉》、《清朝進士題名錄》等文獻記載，楊士芳（1826～1903）字蘭如，臺灣府噶瑪蘭廳人，臺灣府學生出身，同治元年（1862，壬戌）恩科補行辛酉（咸豐十一年〔1861〕）正科登賢書，同治七年（1868，戊辰）成進士，為三甲第一一八名，欽點浙江省即用知縣，並加五品同知銜，是清領時期宜蘭地區的唯一一位進士。楊氏因丁憂而未赴任，回籍後，立旗桿座於擺厘（今宜蘭縣宜蘭市進士里）祖居前方，後又建進士第於廳治北門內，並與舉人黃纘緒、李望洋等人共同倡建縣學聖廟，光緒八年（1882，壬午）任宜蘭縣仰山書院祭酒，乙未割臺後，雖受命出任宜蘭廳參事，但復與李望洋等人共同創立碧霞宮，奉祀岳飛，傳衍漢民族之文化與價值觀。在楊氏的進士第中，今日仍由後人保存其畫像，以及「宣講聖諭、善書」這種民間在推廣儒學社會教育活動時，所供奉之「南天文衡聖帝翊漢天尊牌位」聖位牌。〔註100〕

（十）蔡德芳

　　據《臺灣通志・選舉》、《清朝進士題名錄》及《重修臺灣省通志》卷九

〔註99〕　《臺灣通志》，頁393；《清朝進士題名錄》，中冊，頁953；《臺南市志》卷七《人物志》，頁286～287。

〔註100〕　《淡水廳志》，頁244、頁246；《臺灣通志》，頁393、頁400；《清朝進士題名錄》，中冊，頁1075；宜蘭縣宜蘭市碧霞宮現地調查所得資料（現地調查日期：2013年4月27日）；宜蘭縣宜蘭市楊士芳進士旗桿座現地調查所得資料（現地調查日期：2014年4月8日）；宜蘭縣宜蘭市楊士芳進士第現地調查所得資料（現地調查日期：2014年10月21日）；宜蘭縣宜蘭市楊士芳家族女性匿名後人深度訪談所得資料（深度訪談日期：2016年12月8日）。

《人物志‧人物傳篇》等文獻記載，蔡德芳號香鄰，臺灣府彰化縣鹿港人，咸豐九年（1859，己未）恩科補行戊午（咸豐八年〔1858〕）正科以臺灣府彰化縣籍登賢書，同治十三年（1874，甲戌）成進士，爲三甲第七十九名，授廣東新興知縣。蔡氏曾主講鹿港文開書院，並於光緒五年（1879，己卯）任廣東鄉試同考官，返鄉後，一度掌教彰化白沙書院及藍田書院、鰲山書院。後遭逢乙未割臺，舉家西渡，卒於泉州。〔註101〕

（十一）施士洁

據《清朝進士題名錄》及《臺南市志》卷七《人物志》等文獻記載，施士洁（1853～1922）字應嘉，進士施瓊芳子，縣府院試皆爲案首，奪「小三元」，光緒二年（1876，丙子）恩科以臺灣府臺灣縣籍成進士，爲三甲第二名，授內閣中書。施氏與其父爲清領時期臺灣唯一的「父子雙進士」，且二人稟性相近，不喜仕進，歸鄉後，曾先後掌教彰化白沙書院及臺南崇文、海東二書院，培養出許南英、邱逢甲、汪春源等後進，後應邀任臺灣巡撫唐景崧幕僚，遂因乙未割臺而攜眷西渡，終病逝於廈門鼓浪嶼。〔註102〕

（十二）丁壽泉

據《臺灣通志‧選舉》、《清朝進士題名錄》及《重修臺灣省通志》卷九《人物志‧人物傳篇》等文獻記載，丁壽泉（1846～1886）字子浚，臺灣府彰化縣鹿港人，同治十二年（1873，癸酉）登賢書，光緒六年（1880，庚辰）成進士，爲三甲第四十八名，授廣東即用知縣，因家事而未赴任。後一度掌教彰化白沙書院，也曾參與縣內節孝、貞烈婦女事蹟之采訪，於儒學發展及名教價值觀兩方面，有其力焉，而其位於鹿港的故居，則成爲現今臺灣少數對外開放的進士第。〔註103〕

〔註101〕 《臺灣通志》，頁 394、頁 400；《清朝進士題名錄》，中冊，頁 1103；《重修臺灣省通志》卷九《人物志‧人物傳篇》，頁 194。
〔註102〕 《清朝進士題名錄》，中冊，頁 1123；《臺南市志》卷七《人物志》，頁 287。
〔註103〕 《臺灣通志》，頁 394；《清朝進士題名錄》，中冊，頁 1160；《重修臺灣省通志》卷九《人物志‧人物傳篇》，頁 446；彰化縣鹿港鎮丁壽泉進士第現地調查所得資料（現地調查日期：2012 年 9 月 5 日）案：目前臺灣現存進士第共有四座。對外開放參觀的進士第，僅有丁壽泉及蔡廷蘭兩處；楊士芳進士第目前仍有後人居住，若欲前往，應以不打擾居民生活並保持禮貌與尊重爲原則，且在得到楊氏後人允許後，始進入參觀；至於鄭用錫進士第則年久失修，並未對外開放。

（十三）張覲光

據《臺灣通志・選舉》、《清朝進士題名錄》及《臺灣歷史人物小傳：明清暨日據時期》等文獻記載，張覲光，祖籍廣東省潮州府大埔縣，先世遷至嘉義縣斗六堡虎尾溪，光緒元年（1875，乙亥）以嘉義籍登賢書，光緒六年（1880，庚辰）以臺灣府臺灣縣籍成進士，爲三甲第一〇八名，籤分吏部主事，後曾任浙江烏程知縣，爲今日雲林縣境內在清領時期的唯一一位進士。〔註104〕

（十四）徐德欽

據《臺灣通志・選舉》、《清朝進士題名錄》及《臺灣歷史人物小傳：明清暨日據時期》等文獻記載，徐德欽（1853～1889）字仞千，祖籍廣東省嘉應府鎮平縣，祖父輝中始渡海來臺，寄籍他里霧街埔姜莊（今雲林縣褒忠鄉），光緒年間，始移居嘉義縣。光緒十一年（1885，乙酉）以臺灣府嘉義縣籍登賢書，光緒十二年（1886，丙戌）成進士，爲三甲第二名，補用工部屯田司主事。同年返鄉，受聘主講嘉義縣治玉峰書院，並興縣學，其執事牌、進士匾，現仍保存於嘉義市史蹟資料館內。〔註105〕

（十五）陳登元

據《臺灣通志・選舉》、《清朝進士題名錄》及《臺灣歷史人物小傳：明清暨日據時期》等文獻記載，陳登元（1840～？）字君聘，祖籍福建省漳州府漳浦縣，淡水廳紅毛港沙崙（今桃園市大園區沙崙里）人，淡水廳附學生出身，光緒二年（1876，丙子）登賢書，光緒十八年（1892，壬辰）補行殿試，以臺北府淡水縣籍成進士，爲三甲第五十名，欽點即用知縣，籤分山東。陳氏曾於光緒十三年（1887，丁亥）受知於劉銘傳，任西學堂講習，遂於成進士後，未赴山東任職而返鄉，並任西學堂監督，至劉氏去職方卸任。乙未割臺之際，陳氏曾募鄉勇拒之，後因唐景崧出奔而宣告失敗。陳氏西渡不及，受任保良局局長，由於曾遭日籍官員羞辱，遂伺機西渡原籍，隱居廈門，屢不受臺灣總督兒玉源太郎（1852～1906）之聘請，終卒於廈門。〔註106〕

〔註104〕《臺灣通志》，頁 394；《清朝進士題名錄》，中冊，頁 1162；《臺灣歷史人物小傳：明清暨日據時期》，頁 435。

〔註105〕《臺灣通志》，頁 394、頁 402；《清朝進士題名錄》，中冊，頁 1193；《臺灣歷史人物小傳：明清暨日據時期》，頁 373～374；嘉義市史蹟資料館現地調查所得資料（現地調查日期：2015 年 7 月 1 日）。

〔註106〕《臺灣通志》，頁 394、頁 402；《清朝進士題名錄》，中冊，頁 1248。

（十六）邱逢甲

據《臺灣通志・選舉》、《清朝進士題名錄》及《重修臺灣省通志》卷九《人物志・人物傳篇》等文獻記載，邱逢甲（1864～1912）字仙根，祖籍廣東省嘉應府鎮平縣，先世渡海來臺，定居彰化縣東勢角街（今臺中市東勢區），因其父邱龍章受聘任教各地，邱氏在各種志書、文獻上的籍貫，遂有淡水廳苗栗堡銅鑼灣（今苗栗縣銅鑼鄉竹灣村）、彰化縣翁子社（今臺中市豐原區翁子里）等不同記載。邱氏幼年讀書於彰化縣岸裡社三角仔莊筱雲山莊，師承舉人吳子光。光緒十四年（1888，戊子）登賢書，光緒十五年（1889，己丑）以臺灣府彰化縣籍成進士，為三甲第九十六名，籤分工部虞衡司主事。邱氏返臺後，曾先後主講臺中宏文、臺南崇文、嘉義羅山等書院。乙未割臺之際，倡議成立「臺灣民主國」，率軍防守新竹、臺中地區，後因臺北失守，知大勢已去，遂西渡原籍，其旗桿座今日仍存放於臺中市豐原區公老坪山上。〔註107〕

二、舉人

（一）卓肇昌

據《重修鳳山縣志》卷九、《鳳山縣采訪冊》庚部、《臺灣通志・選舉》、《重修臺灣省通志》卷九《人物志・人物傳篇》等文獻記載，卓肇昌字思克，鳳山縣人，其父夢采為縣學庠生。卓氏幼承庭訓，於知人論世之法具有己見，廣受鳳山縣師儒器重，後於乾隆五年（1740，庚申）拔貢，乾隆十五年（1750，庚午）登賢書，並在乾隆二十八年（1763，癸未）參與編纂《重修鳳山縣志》，任職參閱。由於卓氏中式後，曾在縣治龜山上的書院任教，對文教、士習、民風等方面，皆頗有貢獻，因此，在左營、梓官一帶，遂出現卓氏逝世後，赴任梓官中崙城隍的傳說，而今日左營舊城城隍廟及鳳邑城隍廟中，仍保存卓氏所撰警世聯語「為善必昌，為善不昌，祖宗必有餘殃，殃盡必昌；作惡必亡，作惡不亡，祖宗必有餘德，德盡必亡」，充分體現從《易・繫辭》及《太平經》以來的祖宗承負觀念。〔註108〕

〔註107〕《臺灣通志》，頁394、頁402；《清朝進士題名錄》，中冊，頁1212；《重修臺灣省通志》卷九《人物志・人物傳篇》，頁456；臺中市豐原區公老坪邱逢甲進士旗桿座現地調查所得資料（現地調查日期：2014年7月3日）。

〔註108〕《重修鳳山縣志》，頁244、頁247、頁255、頁438；《鳳山縣采訪冊》，頁263～264；《臺灣通志》，頁396；《重修臺灣省通志》卷九《人物志・人物傳

（二）辛齊光

據《澎湖續編・人物紀》、《澎湖廳志》卷七、《臺灣通志・選舉》、《重修臺灣省通志》卷九《人物志・人物傳篇》等文獻記載，辛齊光（1746～1821）字愧賢，澎湖廳奎璧澳湖西社（今澎湖縣湖西鄉）人。嘉慶六年（1801，辛酉）由臺灣府學選為歲貢生，後於嘉慶十八年（1813，癸酉）登賢書，屬於增額錄取的「欽賜舉人」，亦是清領時期澎湖地區首位舉人。辛氏曾捐資修葺廳治文石書院及郡城試寓考棚，並建敬聖亭，也曾任文石書院講席，且能周濟貧病，將儒家工夫落實在日常生活，力行善舉，就儒者日用踐履方面而言，具有一定的代表性。〔註109〕

（三）郭成金

據《淡水廳志》卷八、卷九，《臺灣通志・選舉》、《重修臺灣省通志》卷九《人物志・人物傳篇》及《臺灣歷史人物小傳：明清暨日據時期》等文獻記載，郭成金（1780～1836）字甄相，淡水廳治人，祖籍福建省泉州府南安縣，其父始遷居竹塹。郭氏幼年聰慧而膽識過人，得淡水同知袁秉義賞識，後取進彰化縣學，遞升至廩膳生，後於嘉慶二十四年（1819，己卯）登賢書，與鄭用錫並稱。然而，二人於道光三年（1823，癸未）同赴春闈，鄭氏及第而郭氏名落孫山，遂以振興廳治文教為己任，受聘為明志書院講席，並成為首位竹塹本地出身的明志書院山長。道光十六年（1836，丙申）以大挑二等選為連江縣儒學教諭，然尚未赴任即逝世。〔註110〕

　　篇》，頁411；高雄市梓官區中崙城隍廟、高雄市左營區舊城城隍廟現地調查所得資料（現地調查日期：2015年6月16日），高雄市鳳山區鳳邑城隍廟現地調查所得資料（現地調查日期：2013年4月14日、2017年1月14日）。

〔註109〕《澎湖續編》，頁25；《澎湖廳志》，頁236；《臺灣通志》，頁398；《重修臺灣省通志》卷九《人物志・人物傳篇》，頁421。

〔註110〕《淡水廳志》，頁244、頁270、頁272；《臺灣通志》，頁398；《重修臺灣省通志》卷九《人物志・人物傳篇》，頁423；《臺灣歷史人物小傳：明清暨日據時期》，頁472。案：鄭、郭同赴春闈而僅一人中式的原因，係因該年臺灣參加會試之舉人已達十一人，故有一錄取之保障名額，而鄭氏即為中選者。有關臺灣參加會試之保障名額者，係乾隆三年巡臺御史諾穆布上奏，請求比照鄉試往例，在會試中設置臺灣的保障名額。經禮部議覆，若「將來臺郡士子來京會試，果至十名以上之多，禮部再行奏聞，請欽定中額，以示鼓勵。」參《重修福建臺灣府志》，頁518～519；〔清〕崑岡等修，劉啓瑞等纂：《欽定大清會典事例》，收入續修四庫全書編纂委員會編：《續修四庫全書》（上海：上海古籍出版社，2002年4月），史部政書類，第八〇三冊，頁501。

（四）陳肇興

據《臺灣通志・選舉》、《重修臺灣省通志》卷九《人物志・人物傳篇》及《臺灣歷史人物小傳：明清暨日據時期》等文獻記載，陳肇興（1831～1866）字伯康，彰化縣治人，祖籍福建省漳州府平和縣。陳氏曾於縣治白沙書院師承鹿港籍拔貢生廖春波，後於咸豐三年（1853，癸丑）入彰化縣學，進次遞補廩膳生，咸豐九年（1859，己未）恩科補行戊午（咸豐八年〔1858〕）正科登賢書。同治元年（1862，壬戌）戴潮春事變爆發，陳氏拒絕其拉攏，遯跡山區，並招募鄉勇抵抗，又將戴案經過賦詩，輯爲《咄咄吟》一書。迄戴案平定，陳氏返鄉設帳教學，培養出名士吳德功等人。今日在四張犁（今臺中市北屯區四民里）文昌祠中，尚可見陳氏所撰楹聯。〔註111〕

（五）陳維英

據《淡水廳志》卷八、《臺灣通志・選舉》、《重修臺灣省通志》卷九《人物志・人物傳篇》、《臺北市志》卷九《人物志・賢德篇》及《臺灣歷史人物小傳：明清暨日據時期》等文獻記載，陳維英（1811～1869）字碩芝，淡水廳大隆同莊（今臺北市大同區）人，祖籍福建省泉州府同安縣。陳氏年少時，曾受長兄陳維藻（？～1837，附生出身，道光五年〔1825，乙酉〕舉人）教導。及長，錄取臺灣府學，並成爲主講明志書院之拔貢生鄭用鑑門人，後因成績優異、救其兄維藻棺柩於烈焰等事蹟，而由姚瑩錄取爲優行生，旋補廩膳生。道光二十五年（1845，乙巳）先援例捐任閩縣儒學教諭，捐俸重修該縣節孝祠，未久辭歸返鄉。陳氏返鄉期間，曾應聘於噶瑪蘭廳治之仰山書院擔任山長，獨具慧眼，栽培羅東堡竹林莊（今宜蘭縣羅東鎮竹林里）出身的生員李春波（1833～1893）。數年後，陳氏於咸豐元年（1851，辛亥）受徐宗幹舉爲孝廉方正。且陳氏及其弟子李春波、李望洋等三人，皆於咸豐九年（1859，己未）恩科補行戊午（咸豐八年〔1858〕）正科登賢書，一時傳爲美談，而陳氏則被授官內閣中書。陳氏因先後執教於噶瑪蘭仰山、艋舺學海、竹塹明志等三書院，作育英才無數，如潘成清、連日春等人，皆其掌教學海書院時之門人，陳霞林、陳樹藍、張書紳等人，亦先後從陳氏遊，而上揭眾人皆陸續登賢書，故陳氏受時人以「老師」尊之，其位於今日大同區延平北路四段的居所「陳悅記祖宅」，則被稱作「老師府」，現仍保存福建巡撫劉鴻

〔註111〕《臺灣通志》，頁 400；《重修臺灣省通志》卷九《人物志・人物傳篇》，頁 436；《臺灣歷史人物小傳：明清暨日據時期》，頁 541。

翱在陳氏任職閩縣儒學教諭期間所立之「外翰」匾；而陳氏在福建及北臺灣等地躬身執教、弘揚儒風的行為，更在 2008 年入祀臺北孔廟弘道祠，成為清領時期臺灣本土儒者於戰後入祀聖廟的第一人。〔註 112〕

（六）林鳳池

據《雲林縣采訪冊・沙連堡》、《臺灣通志・選舉》、《重修臺灣省通志》卷九《人物志・人物傳篇》及《臺灣歷史人物小傳：明清暨日據時期》等文獻記載，林鳳池（1819～1867）字文翰，彰化縣沙連堡大坪頂（今南投縣鹿谷鄉初坑村）人，祖籍福建省漳州府龍溪縣。林氏為彰化縣學附學生出身，咸豐五年（1855，乙卯）登賢書，咸豐八年（1858，戊午）例授內閣中書，加侍讀銜、軍功即補廣東分府。同治元年（1862，壬戌）招募鄉勇抵抗戴潮春黨人，戴案平定後，受時任按察使銜分巡臺灣兵備道兼理學政的丁曰健保奏，補用通判。然而，林氏在候任時，即於同治六年（1867，丁卯）猝死於天津會館中。林氏在中舉後，曾於咸豐十一年（1861，辛酉）捐資參與社寮聖蹟亭的建造，又號召「郁郁社」、「謙謙社」等文社同人及林杞埔當地仕紳，於同治元年出資倡建文昌祠，對於清領中晚期竹山、鹿谷一帶的儒風、文教發展，具有一定程度的影響。〔註 113〕

（七）吳子光

據《淡水廳志》卷八、《苗栗縣志》卷十四、《臺灣通志・選舉》、《重修臺灣省通志》卷九《人物志・人物傳篇》及《臺灣歷史人物小傳：明清暨日據時期》等文獻記載，吳子光（1819～1883）字芸閣，祖籍廣東省嘉應州梅縣，祖父曾於乾隆年間遷臺致富，後返回原鄉定居。吳氏曾於道光十七年首次來臺，與岸裡社三角仔莊（今臺中市神岡區三角里）首富呂世芳結識，後再於道光二十二年（1842，壬寅）與父、兄自原鄉遷臺定居於淡水廳銅鑼灣

〔註 112〕《淡水廳志》，頁 244、頁 246；《臺灣通志》，頁 400；《重修臺灣省通志》卷九《人物志・人物傳篇》，頁 428；王國璠編纂：《臺北市志》卷九《人物志・賢德篇》（臺北：臺北市政府，1988 年 9 月），頁 10～13；《臺灣歷史人物小傳：明清暨日據時期》，頁 538～539；臺北市大同區陳悅記祖宅現地調查所得資料（現地調查日期：2014 年 6 月 16 日）；臺北市大同區臺北孔廟現地調查所得資料（現地調查日期：2016 年 3 月 26 日）。

〔註 113〕《雲林縣采訪冊》，頁 164；《臺灣通志》，頁 400；《重修臺灣省通志》卷九《人物志・人物傳篇》，頁 440；《臺灣歷史人物小傳：明清暨日據時期》，頁 278；南投縣鹿谷鄉林鳳池舉人墓現地調查所得資料（現地調查日期：2014 年 4 月 16 日）。

（今苗栗縣銅鑼鄉），並於岸裡社授課，遂經常居於岸裡社。道光二十八年（1848，戊申）又受時任按察使銜分巡臺灣兵備道兼理學政徐宗幹賞識，錄取爲臺灣府學生，後遞升爲府學廩膳生。其後，再於同治四年（1865，乙丑）補行甲子（同治三年〔1864〕）正科以臺灣籍登賢書。同治八年（1869，己巳）受淡水同知陳培桂邀請，與修《淡水廳志》，迄光緒二年（1876，丙子）始絕心舉業，正式受聘於呂家文英書院，並先後培養出邱逢甲、呂汝修等進士、舉人，對於清領晚期中臺灣的儒學、文風發展，有一定程度的影響力。〔註114〕

（八）李騰芳

據《臺灣通志・選舉》、《新修桃園縣志・人物志》等文獻記載，李騰芳（1814～1879）本名有慶，字香閣，祖籍福建省漳州府詔安縣，先世輾轉遷居淡水廳大料崁（今桃園市大溪區），經商致富。李氏於咸豐六年（1856，丙辰）考取臺灣府學附學生，咸豐九年（1859，己未）捐得例貢生，後於同治四年（1865，乙丑）補行甲子（同治三年〔1864〕）正科登賢書，三年後會試未中，再捐得內閣中書銜，在當時的桃園地區，具有舉足輕重的影響力，如本書第三章〈清領時期臺灣民間儒學設施與教學內容〉第二節〈臺灣民間之文昌祠祀結社〉第廿一目「桃仔園街文昌祠」，即由李騰芳等人倡建。李氏爲清領時期大溪地區唯一舉人，曾在地方義塾執教，對文風影響頗鉅，而李氏位於大溪月眉里之宅第，則於1985年由內政部公告爲二級古蹟。李氏古宅近日雖因維修而暫停對外開放，但其宅第外，現仍保存李氏登賢書後所立之旗桿座。〔註115〕

（九）劉獻廷

據《淡水廳志》卷八、《臺灣通志・選舉》、《苗栗縣志》卷十四、《苗栗市志》、《臺灣歷史人物小傳：明清暨日據時期》等文獻記載，劉獻廷字集璜，淡水廳公館下三莊尖山（今苗栗縣公館鄉尖山村）人，祖籍廣東省嘉應州平遠縣。祖父渡海來臺，定居今日臺中市南區一帶，其父始遷居貓裏尖山，並

〔註114〕《淡水廳志》，頁246；《苗栗縣志》，頁203；《臺灣通志》，頁401；《重修臺灣省通志》卷九《人物志・人物傳篇》，頁445；《臺灣歷史人物小傳：明清暨日據時期》，頁130。

〔註115〕《臺灣通志》，頁401；賴澤涵總編纂：《新修桃園縣志》（桃園縣桃園市：桃園縣政府，2010年9月），頁177～179；桃園市大溪區李騰芳古宅現地調查所得資料（現地調查日期：2016年12月3日）。

於當地墾殖發家。劉氏於道光十四年（1834，甲午）登賢書，係今日苗栗縣於清領時期中舉之第一人。劉氏生性急公好義，曾捐修水圳、重設義渡、勸阻械鬥，足見儒者民胞物與之風範。長子金錫早逝，其配偶賴四娘守節獲旌表立坊；次子劉翰（榜名劉禎），亦於道光二十年（1840，庚子）恩科登賢書，父子雙舉人，蔚為美談。〔註116〕

（十）陳學光

據《淡水廳志》卷八、《臺灣通志・選舉》、《新埔鎮誌》等文獻記載，陳學光，淡水廳貓裏街（今苗栗縣苗栗市）人，祖籍廣東省嘉應州蕉嶺縣。陳氏原居石岡仔，家貧苦讀，於道光十五年（1835，乙未）鄉試落第返鄉途中，經新埔街（今新竹縣新埔鎮），夜宿林有明家中，林氏執禮頗恭，兩人相談甚歡，陳氏遂於次年應聘至新埔莊坐館授課。經過三年，陳氏於道光十九年（1839，己亥）登賢書，感神靈護佑之恩，遂倡議建造文昌祠於新埔街，並獻匾於大墩犁頭店街文昌祠。迄新埔街文昌祠竣工後，亦於其中設塾，稱為「文明書院」，並擔任第一任塾師。〔註117〕

（十一）黃纘緒

據《淡水廳志》卷八、《臺灣通志・選舉》、《臺灣歷史人物小傳：明清暨日據時期》等文獻記載，黃纘緒（1817～1893）字紹芳，祖籍福建省漳州府漳浦縣，先世由淡水廳芝蘭堡遷居噶瑪蘭廳治北門。黃氏幼年喪怙恃，由嫂嫂張氏撫養，雖生活貧苦，然黃氏天資聰穎，於姚瑩任噶瑪蘭通判時，得其賞識而留署肄業，以己食食之，以子衣衣之，迄學成後，始返家。黃氏於道光二十年（1840，庚子）考取臺灣府學附生，旋於同年恩科登賢書，為宜蘭地區第一位舉人，有「開蘭舉人」之稱。黃氏返鄉後，即擔任廳治仰山書院教授，培育英才多人，並參與《噶瑪蘭廳誌》之編纂。其後，黃氏曾陸續參加七次春闈，皆不售，遂於同治九年（1870，庚午）應聘任侯官縣儒學教諭，光緒元年（1875，乙亥）又任福建鄉試同考官。黃氏曾與楊士芳、李望洋等人發起於廳治建立聖廟，對於境內儒學發展，有一定程度的影響。而黃氏原

〔註116〕　《淡水廳志》，頁244、頁245；《臺灣通志》，頁399；《苗栗縣志》，頁202；
　　　　　黃鼎松總編輯：《苗栗市誌》（苗栗縣苗栗市：苗栗縣苗栗市公所，1998年2
　　　　　月），頁850～853；《臺灣歷史人物小傳：明清暨日據時期》，頁685。
〔註117〕　《淡水廳志》，頁245；《臺灣通志》，頁399；范木沼總編輯：《新埔鎮誌》（新
　　　　　竹縣新埔鎮：新竹縣新埔鎮公所，1997年7月），頁322、頁386～392。

位於今宜蘭市新民街友愛百貨公司停車場現址的故居，始建於光緒三年（1877，丁丑），也因年久失修及都市更新之故，拆建移置國立傳統藝術中心。〔註118〕

（十二）李望洋

　　據《淡水廳志》卷八、《臺灣通志・選舉》、《臺灣歷史人物小傳：明清暨日據時期》等文獻記載，李望洋（1829～1903）字子觀，噶瑪蘭廳頭圍保頂埔莊（今宜蘭縣頭城鎮頂埔里）人，祖籍福建省漳州府南靖縣。李氏幼承祖母鄭氏讀書，但因家道中落，遂從堂叔家中就學，其後，又於仰山書院入陳維英門下。咸豐四年（1854，）錄取為淡水廳學附生，並於咸豐九年（1859，己未）恩科補行戊午（咸豐八年〔1858〕）正科與其師陳維英、同門李春波登同榜賢書。李氏中式後，曾與楊士芳等人，共同建請將噶瑪蘭廳學籍自淡水廳析出，單獨設學，並與楊氏倡修仰山書院及五夫子祠，今日宜蘭市文昌宮中，仍供奉當時留下的宋代五夫子神位；又與楊士芳、黃纘緒等人，共同發起倡建聖廟。其後，李氏於同治十年（1871，辛未）以大挑一等籤分甘肅試用知縣，先後歷任甘肅渭源、安化、慶陽等縣，光緒二年（1876，丙子）陞補蘭州府河州知州，光緒五年（1879，己卯）解任，翌年調為署理狄道州知州。光緒十七年（1891，辛卯）帶官回籍，並兼任仰山書院山長。乙未割臺之後，李氏受聘為宜蘭支廳參事，佩發紳章，並參與「揚文會」，對存續儒、道祠廟及旌獎義行善舉等方面，有其建議。此外，李氏於甘肅任官期間，曾參與「飛鸞問政」，故在返鄉後，發起倡建新民堂，又與楊士芳共同倡請碧霞宮，二廟皆成為清領末期、日據時期宜蘭縣傳播、存續漢文化與儒家價值觀的重要場所，今日的新民堂內，仍懸掛李氏父子敬獻的楹聯，而碧霞宮也保存李、楊二人的畫像，頌其德焉。〔註119〕

〔註118〕《淡水廳志》，頁245；《臺灣通志》，頁399；《臺灣歷史人物小傳：明清暨日據時期》，頁612；宜蘭縣宜蘭市新、舊孔廟現地調查所得資料（現地調查日期：2016年8月28日）；宜蘭縣五結鄉國立傳統藝術中心黃舉人宅現地調查所得資料（現地調查日期：2015年）。

〔註119〕《淡水廳志》，頁245；《臺灣通志》，頁400；《臺灣歷史人物小傳：明清暨日據時期》，頁177～178；宜蘭縣宜蘭市碧霞宮現地調查所得資料（現地調查日期：2013年4月27日）；宜蘭縣宜蘭市新民堂現地調查所得資料（現地調查日期：2014年4月8日）；宜蘭縣宜蘭市新、舊孔廟現地調查所得資料（現地調查日期：2016年8月28日）。

（十三）連日春

據《臺灣通志・選舉》、《基隆市志・人物篇》等文獻記載，連日春（1827～1887）又名旭椿，字藹如，三貂頂雙溪（今新北市雙溪區）人，祖籍福建省漳州府長泰縣，先世遷居九份坑（今新北市雙溪區）。連氏幼年曾師承舉人陳維英，後於光緒二年（1876，丙子）以臺北府淡水縣籍登賢書，成為基隆地區（光緒元年〔1875，乙亥〕新設基隆廳，雙溪隸屬該廳管轄）第一位舉人，後將女兒嫁予基隆江呈輝為妻，蔚為美談，而連氏其位於梅竹蹊路的故居，現今仍是當地重要景點。〔註120〕

（十四）江呈輝

據《臺灣通志・選舉》、《基隆市志・人物篇》等文獻記載，江呈輝（1872～1917）字蘊玉，基隆廳治福德街人，祖籍福建縣汀州府永定縣。江氏人品純正，學問紮實，又以孝友行為受鄉里讚譽，遂得舉人連日春以女妻之。江氏於光緒十五年（，己丑）以臺北府基隆廳籍登賢書，並培育門生許梓桑（1874～1945）等人，後皆成為基隆聞人。其後，江氏復於光緒十九年（1893，癸巳）發起設立崇基書院，但竣工不久，即遭逢乙未割臺，遂僅舉行一次月課，江氏率眷西渡，該書院供奉的聖位牌及宣講牌，被其學生移至附近的慶安宮供奉。而江氏西渡後，先後擔任連江、將樂等縣之儒學官員，並在漳州、汀州、龍巖州境內講學，晚年定居原鄉高頭（今龍巖市永定區高頭鄉）南山，然時懷故土之思。〔註121〕

（十五）蔡國琳

據《重修臺灣省通志》卷九《人物志・人物傳篇》、《臺灣歷史人物小傳：明清暨日據時期》等文獻記載，蔡國琳（1843～1909）字玉屏，臺灣府治人，祖籍福建省泉州府晉江縣。蔡氏及祖、父三代，皆為儒者出身，具家學淵源。蔡氏於咸豐八年（1858，）補弟子員，同治二年（1865，癸亥）陞至廩膳生，曾與宜蘭進士楊士芳等人於同治十三年（1874，甲戌）建議沈葆楨建延平郡

〔註120〕《臺灣通志》，頁402；陳其寅、龍運鈞編纂：《基隆市志・人物篇》（基隆：基隆市政府，1988年4月），頁37；新北市雙溪區連日春舉人故居現地調查所得資料（現地調查日期：2016年8月10日）。

〔註121〕《臺灣通志》，頁402；《基隆市志・人物篇》，頁37；福建省永定縣高頭鄉現地調查所得資料（現地調查日期：2014年1月18日）；基隆市仁愛區慶安宮現地調查，並訪談慶安宮管理委員會張總幹事所得資料（現地調查日期：2015年12月11日）。

王祠於臺南。其後，於光緒八年（1882，壬午）登賢書。蔡氏返鄉後，曾任澎湖文石、臺南蓬壺二書院教席。乙未割臺之際，一度挈眷西渡，後又返臺設帳授學，並出任臺南縣參事一職。〔註122〕

第四節　各地域之儒林人物與仕紳行述

　　除了本章第三節臚列介紹的重要進士、舉人之外，臺灣各地在清領時期，亦有為數眾多無緣場屋、止步生員之儒者，這些儒者或因家貧而無力應鄉薦，或屢試秋闈而不售，或僅為證明己身才學而不求仕進，諸多原因，不一而足。然而，這些儒者在地方上，或設帳授學、培育多士，或敦品勵行、正己化人，對於清領時期臺灣儒學之發展，皆有一定程度之貢獻；亦有部分儒者以貢生身分，擔任福建各縣儒學官員，其事功雖不在臺灣，但臺灣亦具有培養之功，不宜忽略；再者，又有部分自中國渡海來臺之儒者，應聘在各地書院授課，對於諸生之啟迪、儒學之發展，同樣有其貢獻，吾人也不宜加以忽視。此外，亦有部分鄉紳關心名教，屢有捐資助學、興辦教育機構之行為，亦應加以肯定。因此，本節茲就較具代表性的儒林人物、助學仕紳，透過文獻研究法，並適度搭配現地調查之進路，誌其佳行焉。

一、儒林人物

（一）金繼美

　　據《重修臺灣縣志》卷十一、《續修臺灣縣志》卷三等文獻記載，金繼美字云思，臺灣府治東安坊人。康熙四十一年（1702，壬午）受臺灣知縣陳璸延攬，掌教義學；康熙四十三年（1704，甲申）又受臺灣知府衛台揆任命，掌理崇文書院，並參與高拱乾編纂《臺灣府志》之分訂任務，後於康熙五十四年（1715，乙未）選為歲貢生。〔註123〕

（二）施世榜

　　據《重修鳳山縣志》卷八、卷九及《重修臺灣縣志》卷八、《續修臺灣府

〔註122〕《重修臺灣省通志》卷九《人物志·人物傳篇》，頁 450；《臺灣歷史人物小傳：明清暨日據時期》，頁 710；臺南市中西區延平郡王祠現地調查所得資料（現地調查日期：2014 年 5 月 19 日）。

〔註123〕《重修臺灣縣志》，頁 364、頁 378；《續修臺灣縣志》，頁 223。

志》卷十二等文獻記載，施世榜（1671～1743）字文標，鳳山縣人。康熙三
十六年（1697，丁丑）由鳳山縣選爲拔貢生，官壽寧縣儒學教諭，署理漳州
府儒學教授。施氏曾讀書於郡治南門外，後建敬聖樓於當地，成爲日後南社
書院之濫觴。除施氏本身之外，其哲嗣亦多有提倡儒風之舉，如長子士安爲
例貢生，曾捐貲修建鳳山縣學聖廟，又置田千畝，充海東書院膏火經費來源；
次子士燝，雍正十一年（1733，癸丑）由鳳山縣選爲歲貢生，官至興化縣儒
學訓導，力行善事；三子士齡，官至山東寧海知州，捐粟二百石爲海東書院
膏火；五子士膺，爲臺灣縣學廩生，乾隆五年（1740，庚申）由臺灣縣拔貢，
後任古田縣儒學教諭。〔註124〕

（三）吳道東

　　據《彰化縣志》卷八、《重修臺灣省通志》卷九《人物志‧人物傳篇》等
文獻記載，吳道東字遜卿，彰化縣治東門人，歲貢生吳洛三子。吳氏受其父
濡染，孝友傳家，且好行善舉，或獨力施爲，或捐貲倡導，時有義行聞之。
吳氏又曾捐貲請增彰化縣儒學在歲、科二試取進員額及選貢年限縮減，嘉惠
士林。其後，於乾隆六十年（1795，乙卯）由彰化縣學選爲歲貢生。道光五
年（1825，乙酉）選任甌寧縣儒學訓導，在任三年，優禮士子，深得人心。
迄秩滿返鄉之日，諸生以鼓吹樂祖餞之。〔註125〕

（四）卓夢采

　　據《重修鳳山縣志》卷九、《鳳山縣采訪冊》庚部等文獻記載，卓夢采字
狷夫，鳳山縣學庠生，生性孝友、方正自持，以醫道濟人。康熙六十年（1721，
辛丑）朱一貴事變時，不阿附之，遂舉家遁居鼓山深處月餘，又散盡家財，
供給親族、鄰里糧食，勉其不從朱黨。鳳山知縣陳志泰聞之，贈「儒林芳標」
匾嘉勉其行。其子肇昌受家風影響，立身端正，於乾隆五年（1740，庚申）
拔貢，乾隆十五年（1750，庚午）舉登賢書。〔註126〕

（五）顏我揚

　　據《重修臺灣縣志》卷十、《澎湖廳志》卷七等文獻記載，顏我揚，澎湖

〔註124〕《重修鳳山縣志》，頁246、頁254；《重修臺灣縣志》，頁362、頁376；《續
　　　　修臺灣府志》，頁464。
〔註125〕《彰化縣志》，頁237、頁243、頁244～245；《重修臺灣省通志》卷九《人
　　　　物志‧人物傳篇》，頁432。
〔註126〕《重修鳳山縣志》，頁255；《鳳山縣采訪冊》，頁262～263。

廳小池角（今澎湖縣西嶼鄉池東、池西村）人，康熙四十六年（1707，丁亥）由臺灣縣學選爲歲貢生，雍正五年（1727，丁未）任歸化縣儒學訓導。顏氏品行高潔，不接受諸生贄禮，並提出「士人以立品敦行爲重，文章詞藻，其枝葉也。品之不立，則本實先廢，葉將焉附？縱有佳文，風雲月露，無補於身心，無益於政治，亦何取哉！」的看法，可以看出顏氏思想中的宋儒趨向。雍正八年（1730，庚戌）告假返家，教訓鄉里子弟，被推爲澎湖廳文行兼優之巨擘。〔註127〕

（六）陳鵬南

據《重修臺灣縣志》卷十一、《重修臺灣省通志》卷九《人物志‧人物傳篇》等文獻記載，陳鵬南字雲垂，臺灣府治寧南坊人，篤志善舉，雍正三年（1725，乙巳）由臺灣府學選爲歲貢生，後於雍正十年（1732，壬子）授連江縣儒學訓導，勤考諸生月課，並在論文時，諄諄告誡諸生，當以實踐爲要。乾隆二年（1737，丁巳）該縣聖廟遭風災侵襲而傾頹，陳氏自行捐貲修建，並購買糧食賑濟寒士，踐履儒者之眞精神。〔註128〕

（七）吳文溥

據《臺灣通志‧隱逸》、《重修臺灣省通志》卷九《人物志‧人物傳篇》及《臺灣歷史人物小傳：明清暨日據時期》等文獻記載，吳文溥字博如，浙江嘉興（今浙江省嘉興市）人，貢生出身。吳氏博學能文，阮元任浙江學政時，定其詩爲浙中之冠。乾隆五十一年（1786，丙午）寓居閩垣，隨福建學政陸錫熊襄校各府，得士頗多。翌年任福建分巡臺灣兵備道楊廷理幕客，受命掌教海東書院，以躬行實踐勗諸生。每課制藝，必細加評點、說解，使臺灣士風頓起。〔註129〕

（八）俞荔

據《重修臺灣縣志》卷十一、《清朝進士題名錄》、《重修臺灣省通志》卷九《人物志‧人物傳篇》等文獻記載，俞荔，福建莆田（今福建省莆田市）人，雍正二年（1724，甲辰）鄉試解元，旋於同年成進士，爲二甲第六十八

〔註127〕《重修臺灣縣志》，頁364；《澎湖廳志》，頁235。
〔註128〕《重修臺灣縣志》，頁364、頁375；《重修臺灣省通志》卷九《人物志‧人物傳篇》，頁408。
〔註129〕《臺灣通志》，頁501；《重修臺灣省通志》卷九《人物志‧人物傳篇》，頁580；《臺灣歷史人物小傳：明清暨日據時期》，頁132。

名，籤分廣東長寧知縣。乾隆三年（1738，戊午）主講海東書院，著有《復性篇》，可見其思想歸趨。〔註 130〕

（九）傅修

　　據《續修臺灣縣志》卷三、《臺灣通志・隱逸》及《重修臺灣省通志》卷九《人物志・人物傳篇》等文獻記載，傅修字竹漪，廣東海陽（今廣東省潮州市）人。乾隆二十七年（1762，壬午）登賢書，爲張珽門人。張氏於乾隆三十一年（1766，丙戌）任福建分巡臺灣兵備道兼理學政時，受聘渡海來臺，主講南湖書院。傅氏每逢月課、講期，授學有條理，栽培出葉期頤、陳作霖、郭旁達、史錦華等高足。後又掌教鳳山縣治蓮池潭畔之屏山書院，循南湖書院之例而講學，且能嚴抗土豪劣紳、驕兵悍卒，爲當地士人、居民據理力爭，造福鳳邑頗多。其後，選任山西山陰知縣，士民咸不捨，參與祖餞者逾千人，甚至有泣下者。〔註 131〕

（十）楊典三

　　據《噶瑪蘭廳志》卷四、《臺灣通志・隱逸》及《重修臺灣省通志》卷九《人物志・人物傳篇》等文獻記載，楊典三字寅齋，湖南湘潭（今湖南省湘潭市）人，歲貢生出身，與曾任臺灣知縣、澎湖通判、噶瑪蘭通判等職的高大鏞有親戚關係。高氏重修仰山書院後，延請楊氏擔任主講。楊氏主講仰山書院期間（嘉慶二十四年〔1819，己卯〕至道光元年〔1821，辛巳〕），溫和待士、衡文寬恕，爲蘭地菁莪作士之宗師。當地士子感其德，遂於楊氏去任後，以祿位祀之。唯今日仰山書院旁之文昌宮，已未見楊氏祿位。〔註 132〕

（十一）馬琬

　　據《續修臺灣縣志》卷三、《澎湖廳志》卷七、《重修臺灣省通志》卷九《人物志・人物傳篇》、《臺南縣志》卷七《人物志》等文獻記載，馬琬字琰伯，諸羅縣人，後遷居臺灣縣東安坊。祖廷對，康熙三十二年（1693，癸酉）

〔註 130〕　《重修臺灣縣志》，頁 391；《清朝進士題名錄》，上冊，頁 358；《重修臺灣省通志》卷九《人物志・人物傳篇》，頁 580。
〔註 131〕　《續修臺灣縣志》，頁 187；《臺灣通志》，頁 498；《重修臺灣省通志》卷九《人物志・人物傳篇》，頁 579。
〔註 132〕　《噶瑪蘭廳志》，頁 156；《臺灣通志》，頁 498；《重修臺灣省通志》卷九《人物志・人物傳篇》，頁 581；宜蘭縣宜蘭市文昌廟現地調查所得資料（現地調查日期：2015 年 7 月 24 日）。

由諸羅縣學選爲歲貢生；父中萊，雍正元年（1723，癸卯）由諸羅縣學拔貢，選湖南澧州通判。馬氏承父祖庭訓，生性孝友，因家貧而與弟馬璧共同設館授徒，以薪金奉養老母。其後，馬氏於乾隆三十二年（1767，丁亥）由諸羅縣學選爲歲貢生，復受澎湖通判胡建偉聘請，任文石書院主講達八年之久，澎地士人多受其教益。〔註133〕

（十二）胡焯猷

據《重修臺灣省通志》卷九《人物志・人物傳篇》記載，胡焯猷字攀林，福建省汀州府永定縣人，以生員納捐爲例貢生。康熙末年渡海來臺，入墾淡水廳興直保一帶，乾隆十三年（1748，戊辰）與林作哲、胡習隆等合組「胡林隆」墾號，出資募佃，十餘年啓田數千甲，歲收穀數萬，儼然富甲一方。當時，淡水廳缺乏官設儒學及書院，文風未啓，胡氏認爲鄉里子弟從學無門，遂於乾隆二十八年（1763，癸未）自設義塾，顏以「明志」之名，延師課藝其中，並捐水田八十甲餘，以其收入作爲膏火經費，肄業其中者，常數十人。淡水同知胡邦翰聞之，將此事奏報有司，詳請改爲書院，得到閩浙總督楊廷璋之嘉許，道、府亦頒「義篤甄陶」、「慕義興仁」、「功滋麗澤」、「文開淡北」等匾額。胡氏卒後，鄉人感其創設書院、有功文教之德，立位附祀明志書院。今日新北市泰山區明志書院內，尚保存胡氏祿位，大門楹聯「窮理致知反躬實踐傳聖道應尊朱夫子，捨宅作祠捐資興學惠鄉里當效胡先生」更揭示了胡焯猷之貢獻。〔註134〕

（十三）張煥文

據《雲林縣采訪冊・沙連堡》記載，張煥文（1801～1856）字日華，彰化縣沙連保社寮莊（今南投縣竹山鎮社寮里）人，祖籍福建省漳州府龍溪縣。張氏篤志力學，曾遊學福州鼈峰書院，後以案首考取彰化縣學，遞次補爲廩膳生，家居課徒，以砥勵弟子成才爲己任，後培養舉人林鳳池等門人。道光十三年（1833，癸巳）以孝行卓著，受臺灣知府周頒「孝德維風」匾額，咸

〔註133〕 《續修臺灣縣志》，頁197、頁202，頁220～221；《澎湖廳志》，頁253；《重修臺灣省通志》卷九《人物志・人物傳篇》，頁411；廖漢臣、沈耀初纂修：《臺南縣志》卷八《人物志》（臺南縣新營市：臺南縣政府，1980年6月），頁67。

〔註134〕 《重修臺灣省通志》卷九《人物志・人物傳篇》，頁392～393；新北市泰山區明志書院現地調查所得資料（現地調查日期：2013年10月30日）。

豐四年（1854，甲寅）由彰化縣學選爲恩貢生。此外，張氏曾倡導成立郁郁
社，爲林圯埔當地最早的文社，對當地文風發展，有一定程度之影響。〔註135〕

（十四）陳仕俊

據《重修福建臺灣府志》卷十七記載，陳仕俊字子慶，臺灣縣人，監生出
身，平生樂善好施，康熙五十七年（1718，戊戌）大旱，米價高漲，陳氏出粟
二千五百石，分賑四坊，活人甚多。又有建橋、施棺、購置義塚用地等舉。其
子應魁，爲臺灣縣學附生，後捐得例貢生，亦能繼承父志，曾捐資四百兩，請
修臺灣縣儒學及聖廟。父子兩代力行善舉、踐履儒風，令人欽佩。〔註136〕

（十五）蔡培華

據《澎湖續編》卷上、《重修臺灣省通志》卷九《人物志・人物傳篇》等
文獻記載，蔡培華字明新，林投澳雙頭掛社（今澎湖縣馬公市興仁里）人。
蔡氏初業儒，廉正寡欲，事雙親極孝謹，因家貧無以爲養，遂爲廳署小吏，
以謀菽水之膳。澎湖通判朱國垣對蔡氏文章贊譽有加，又知其家情況，遂厚
恤之，令歸儒業。雙親既歿，嚴拒劣豪提出附葬親墳之誘惑，家益貧，唯仍
耕讀不輟。蔡氏作文極重風骨，不務時法，遂久預童子試數十年皆不第，至
六十九歲，始補臺灣府學弟子員。其子蔡廷蘭，則成爲澎湖在清領時期的唯
一一位進士。〔註137〕

（十六）章甫

據《續修臺灣縣志》卷三、《臺南縣志》卷八《人物志》、《重修臺灣省
通志》卷九《人物志・人物傳篇》等文獻記載，章甫字又明，臺灣縣人。章
氏設帳里中，從學多人，後於嘉慶四年（1799，己未）由臺灣縣選爲歲貢生。
〔註138〕

（十七）王安瀾

據《澎湖續編》卷上、《重修臺灣省通志》卷九《人物志・人物傳篇》等
文獻記載，王安瀾，嵵裏澳鐵線尾社（今澎湖縣馬公市鐵線里）人，臺灣縣

〔註135〕《雲林縣采訪冊》，頁158、頁162、頁163、頁164。
〔註136〕《重修福建臺灣府志》，頁441、頁452。
〔註137〕《澎湖續編》，頁29～30；《重修臺灣省通志》卷九《人物志・人物傳篇》，
　　　　頁419。
〔註138〕《續修臺灣縣志》，頁204；《臺南縣志》卷八《人物志》，頁67；《重修臺灣
　　　　省通志》卷九《人物志・人物傳篇》，頁419。

學庠生。王氏平生謹守自持，以仁孝友恭、未有苟且舉措聞於當地。在鄉里中，以息訟勸人。然若察覺奸宄詐僞之事，則必面斥之，故能移風化俗。王氏治家謹嚴，對兒孫皆以禮法約束，長子雲鵬，善事繼母，入學後益行善舉，曾受澎湖通判蔣鏞所託，擔任勸募重修文石書院之任務，並與生員呂作屛共同監督工程進行狀況，遂積勞成疾，然仍俟五賢祠、文昌堂、魁星樓次第完成後，始告歸養病。王氏父子或正己化人，或戮力從公，皆爲儒者眞精神之體現。〔註139〕

（十八）曾日襄

據《彰化縣志》卷八、《重修臺灣省通志》卷九《人物志‧人物傳篇》等文獻記載，曾日襄字亦思，彰化縣人，祖籍福建省泉州府晉江縣。曾氏弱冠隨長兄敦澤渡海來臺，擔任蒙館塾師，數年後，考取彰化縣學生員，以坐館薪金供給二兄生活所需，十年如一日。曾氏嘗於二林鹿寮坐館，遇閩、粵人糾眾將行械鬥，遂加以調解，使當地民眾得以保全。曾氏寬以待人，嚴以持家，嘗以「待有餘而後濟人，必無濟人之理，故克己待人，雖瀕於屢空，勿恤也。」告誡其子。曾氏教育子侄功課嚴謹，其子維楨後登第，成爲「開臺翰林」；侄拔萃，於嘉慶二十四年（1819，己卯）由彰化縣選爲恩貢生。〔註140〕

（十九）徐日新

據《澎湖廳志》卷七、《重修臺灣省通志》卷九《人物志‧人物傳篇》等文獻記載，徐日新字盤銘，東西澳火燒坪（今澎湖縣馬公市光明里）人，增廣生出身。徐氏家貧而好學，常於耕種之餘，讀書隴畔。個性狷介，擔任文石書院總董二十一年，一以籌款購置田產、培養後進爲務，不顧己私，故受澎湖通判蔣鏞信任、重視。若逢饑饉之年，則出資倡捐籌賑，活人無數，爲儒者實踐民胞物與理念之實例。後其子騰、孫癸山皆入學。〔註141〕

（二十）許必達

據《澎湖續編》卷上、《重修臺灣省通志》卷九《人物志‧人物傳篇》等文獻記載，許必達字原高，鎮海澳小赤嵌社（今澎湖縣白沙鄉小赤村）人，

〔註139〕《澎湖續編》，頁28；《重修臺灣省通志》卷九《人物志‧人物傳篇》，頁420。
〔註140〕《彰化縣志》，頁245；《重修臺灣省通志》卷九《人物志‧人物傳篇》，頁420
　　　　～421。
〔註141〕《澎湖廳志》，頁239；《重修臺灣省通志》卷九《人物志‧人物傳篇》，頁423。

臺灣縣學生員。許氏生性孝義謹厚，因家貧而坐館授徒數十年，論文端嚴有法，且好培植寒士，不論束脩多寡。澎湖境內貧士出其門者，咸奉許氏遺規為教，遂使澎湖文風大振。〔註142〕

（廿一）曾玉音

據《彰化縣志》卷八、《重修臺灣省通志》卷九《人物志・人物傳篇》等文獻記載，曾玉音字文瑢，生性淳厚，善事寡母。林爽文事變爆發時，曾氏挈眷避難，其母病逝途中，殯葬盡禮，見者咸以孝稱之。曾氏平生樂善好施，曾捐修彰化縣治聖廟、文祠、白沙書院、學署，並創建文昌祠於犁頭店街，成立文蔚社於四張犁街，彰化縣境內之文風興盛，曾氏有其力焉，遂於嘉慶八年（1803，癸亥）由彰化縣選為歲貢生。此外，乾隆四十七年（1782，壬寅）、嘉慶十一年（1806，丙寅）、嘉慶十四年（1809，己巳），縣內發生三次漳、泉械鬥，難民逃避各地，曾氏悉納不拒，給米救之，活人無數。其後，道光六年（1826，丙戌）閩、粵械鬥，曾氏復散千金以濟難民，可見其民胞物與之儒者精神。今日臺中市犁頭店文昌公廟內，仍供奉曾氏之功德祿位。〔註143〕

（廿二）黃瑞玉

據《彰化縣志》卷八、《重修臺灣省通志》卷九《人物志・人物傳篇》等文獻記載，黃瑞玉字維巖，彰化人。少年失恃，篤志力學，嘉慶十六年（1811，辛未）由臺灣府學選為歲貢生。黃氏居家課徒，以誘掖獎勵之方教之，門下多有成就。其後，曾受聘主澎湖文石書院講席。〔註144〕

（廿三）鄭用鑑

據《淡水廳志》卷九、《重修臺灣省通志》卷九《人物志・人物傳篇》等文獻記載，鄭用鑑（1789～1867）字明卿，淡水廳治人，祖籍福建省泉州府同安縣，少年隨父由金門遷居淡水廳後壠（今苗栗縣後龍鎮），後又遷至廳治北門外水田街。鄭氏生性恬淡，清廉自持，受家學淵源及蒙師王士俊影響，

〔註142〕《澎湖續編》，頁29；《重修臺灣省通志》卷九《人物志・人物傳篇》，頁424～425。
〔註143〕《彰化縣志》，頁237、頁246；《重修臺灣省通志》卷九《人物志・人物傳篇》，頁425；臺中市南屯區文昌公廟現地調查所得資料（現地調查日期：2015年10月8日）。
〔註144〕《彰化縣志》，頁246；《重修臺灣省通志》卷九《人物志・人物傳篇》，頁426。

長於治《易》，於道光五年（1825，乙酉）選爲拔貢生第一名，係北臺灣在清領時期首位「貢元」，翌年朝考錄取，以教職選用，因雙親年老、二弟早夭，遂返鄉事奉，絕意仕進。鄭氏曾掌明志書院三十餘年，評選至公，不屑夤緣，月課論文則以理法爲宗，育士多人，大龍峒舉人陳維藻、陳維英皆出其門下。又與堂兄鄭用錫共同倡修聖廟、文祠、明倫堂，有功於名教。咸豐三年（1853，癸丑）以運津米勞加內閣中書銜，同治元年（1862，壬戌）復選爲孝廉方正。逝世後，於光緒二年（1876，丙子）奉准入祀廳治聖廟鄉賢祠。〔註145〕

（廿四）曹敬

據《臺北市志》卷九《人物志》、《重修臺灣省通志》卷九《人物志·人物傳篇》等文獻記載，曹敬（1818～1859）字興欽，淡水廳八芝蘭（今臺北市士林區）人。少年入陳維英門下，深受陳氏器重。道光二十八年（1848，戊申）以案首入臺灣府學，翌年旋補增廣生。曹氏於大龍峒港仔墘設帳授學，及門者後多成才，對北臺灣之儒學風氣，有一定程度的影響。〔註146〕

（廿五）黃敬

據《淡水廳志》卷八、《重修臺灣省通志》卷九《人物志·人物傳篇》等文獻記載，黃敬，淡水廳干豆莊（今臺北市北投區關渡）人，原籍福建省泉州府同安縣。黃氏少孤，事母至孝，發憤苦讀，師事安溪舉人盧春選，長於治《易》。咸豐四年（1854，甲寅）選爲歲貢生，後授福清縣儒學教諭，以母老辭任。黃氏後於天后宮（今關渡宮）設塾授徒，先後受業者數百人，北臺灣文風爲之日興，學者以「關渡先生」稱之，又將黃氏與曹敬合稱「淡北二敬先生」。〔註147〕

（廿六）魏宏

據《重修臺灣省通志》卷九《人物志·人物傳篇》記載，魏宏，臺灣府治西定坊人，生員出身。魏氏學問淹博，然喜自評己文，每制一藝，輒自爲

〔註145〕《淡水廳志》，頁247、頁250、頁273；新竹市東區新竹孔廟鄉賢祠現地調查所得資料（現地調查日期：2015年6月10日）。

〔註146〕《臺北市志》卷九《人物志·賢德篇》，頁42；《重修臺灣省通志》卷九《人物志·人物傳篇》，頁428。案：《臺北市志·人物志》將曹氏入學年代繫爲道光二十二年（1842，壬寅），設教年代則爲道光二十五年（1845，乙巳），一併補記於此。

〔註147〕《淡水廳志》，頁249；《臺北市志》卷九《人物志·賢德篇》，頁26～27；《重修臺灣省通志》卷九《人物志·人物傳篇》，頁429。

圈點，即使應試亦然，故恆遭黜落，時有「書癡」之名。道光二十七年（1847，丁未）徐宗幹任職按察使銜分巡臺灣兵備道兼理學政時，獎掖士人，於海東書院行院試，取魏氏卷爲第一，翌年科試，復取第一，遂補爲廩膳生。當時臺、閩之間，海運艱險、路費巨大，若家無恆產之老師、宿儒，不敢赴榕城秋闈之期，因而受省中士子譏爲「臺灣蟳，無膏」。魏氏聞之，詣學院，請與省中士子一較優劣。學政觀魏氏之文，評爲壓卷，由是文名大噪。然魏氏並不應鄉試而逕歸，後以歲貢終老。〔註148〕

（廿七）陳震曜

據《臺灣通志・選舉》、《臺南市志》卷七《人物志》、《重修臺灣省通志》卷九《人物志・人物傳篇》等文獻記載，陳震曜（1779～1852）字煥東，嘉義人，祖籍福建省泉州府晉江縣，後移居臺灣郡治。陳氏生性聰敏，博通經傳，好宋儒性理之學，嘗與張青峰、陳廷瑜等十餘人，建引心文社於郡治寧南坊呂祖廟，使文風大盛，又曾受鳳山知縣聘請，主講鳳儀書院，日集諸生講說經義，間涉詩文，鳳邑文風遂爲之一振。嘉慶十五年（1810，庚午）由嘉義縣學選爲優貢，召試；嘉慶二十年（1815，乙亥）返回省垣，署理建安、閩清、平和等縣儒學訓導。道光五年（1825，乙酉）主持榕城鼇峰書院，並協助陳壽祺纂修《福建通志》、訪刻先儒遺書，深受士人敬重。又因閩垣試院濕氣較重，應試者容易致病，陳氏遂募資拓建並親自監督工程進行，增號舍千餘間。翌年任同安縣儒學訓導，以「安土治民，有司之職也；造士徵文，教官之責也。余位雖卑，亦一邑之木鐸，豈堪見誚於儒宗哉！」之思，而倡修志書。其後，陳氏隨軍渡臺平定張丙事變，並負責辦理團練、撫恤事務，奉旨以同知任用，並將見聞數度上書閩浙總督，詳陳利弊。道光十五年（1835，乙未）選授陝西寧羌州同知，道光十七年（1837，丁酉）九月抵任，月集紳耆勉勵，告以人倫、課以文學，使風俗丕變。陳氏在任十餘年，廉潔慈惠，士民敬愛如父母。道光二十四年（1844，甲辰）以本職代理城固知縣，道光三十年（1850，庚戌）因病歸家，宦囊蕭瑟，唯書籍、古帖十餘笥。咸豐二年（1852，壬子），卒於家中。光緒八年（1882，壬午），臺人請祀於鄉賢祠，詔可。今日臺南孔廟鄉賢祠內，尙供奉陳氏牌位。〔註149〕

〔註148〕《重修臺灣省通志》卷九《人物志・人物傳篇》，頁 434～435。
〔註149〕《臺灣通志》，頁 425；《臺南市志》卷七《人物志》，頁 288～290；《重修臺灣省通志》卷九《人物志・人物傳篇》，頁 437～439；臺南市中西區臺南孔

（廿八）李政純

據《鳳山縣采訪冊》丁部、己部、庚部及《重修臺灣省通志》卷九《人物志・人物傳篇》等文獻記載，李政純（1830～1876）字少白，鳳山縣港東里潮州莊（今屏東縣潮州鎮）人，祖籍福建省泉州府同安縣。李氏生性孝友，不苟取非義之物，於鄉里間，有方正之稱。李氏曾募建朝陽書院於潮州莊，並於里中設帳課徒，從遊而入學、補廩者百餘人，後於同治十二年（1873，癸酉）由鳳山縣選爲歲貢生，光緒二年（1876，丙子）以總辦團練而受保舉爲候選儒學訓導，然尙未出仕即過世。〔註150〕

（廿九）林豪

據《澎湖廳志》卷四、《重修臺灣省通志》卷九《人物志・人物傳篇》、〈金門舉人林豪與澎湖相關文獻初探〉等文獻記載，林豪（1831～1918）字嘉卓，金門後浦（今金門縣金城鎮）人，歲貢生林焜璜之子，少年負笈廈門玉屏書院，入以兵部侍郎致仕之莊牧亭門下，道光二十九年（1849，己酉）補弟子員，咸豐九年（1859，己未）恩科補行戊午（咸豐八年〔1858〕）正科登賢書，翌年欲赴春闈，於途中遭逢捻亂，未克成行。同治元年（1862，壬戌）渡海來臺，寓居艋舺，復前往竹塹潛園，與林占梅共論經史詩文。同治八年（1868，己巳）首次應聘擔任澎湖文石書院山長，並繼胡建偉之後，續擬學約八條，而林氏更親訪蔡廷蘭家中，購得周凱教導蔡廷蘭讀書、作文之法〈香祖筆談〉，令書院諸生傳抄，使文風復盛，任內有媽宮生員郭鶚翔於同治九年（1870，庚午）登賢書；光緒四年（1878，戊寅）再任文石書院山長，並受聘修《澎湖廳志》。光緒十六年（1890，庚寅）再赴春闈，不第，光緒十八年（1892，壬辰）第三度擔任文石書院山長，並重修《澎湖廳志》。其後，於宣統元年（1909，己酉）補弟子員滿一甲子，援例重遊泮水，補授連城縣儒學教諭，以年老不就，後於 1918 年逝世，葬於金門。〔註151〕

子廟鄉賢祠現地調查所得資料（現地調查日期：2015 年 8 月 3 日）。案：《臺灣通志・選舉》載陳氏爲惠安、同安訓導，《臺南市志》、《重修臺灣省通志》則載陳氏歷任署理建安、閩清、平和訓導。

〔註150〕 《鳳山縣采訪冊》，頁 160、頁 250、頁 264；《重修臺灣省通志》卷九《人物志・人物傳篇》，頁 443。

〔註151〕 《澎湖廳志》，頁 120～124；《重修臺灣省通志》卷九《人物志・人物傳篇》，頁 584～585；高啓進：〈金門舉人林豪與澎湖相關文獻初探〉，收入《澎湖研究第六屆學術研討會論文輯》（澎湖縣馬公市：澎湖縣政府文化局，2007 年12 月），頁 41～73。

（三十）陳肇芳

據《苗栗縣志》卷十三、卷十四及《重修臺灣省通志》卷九《人物志・人物傳篇》、《大甲鎮志・人物篇》等文獻所載，陳肇芳（1837～1908）字祥甫，苗栗縣大甲街大甲東門外（今臺中市大甲區大甲里）人，祖籍福建省泉州府同安縣，淡水廳儒學廩生出身。陳氏處世忠厚，為鄉人所欽。光緒八年（1882，壬午）由苗栗縣選為恩貢生，光緒十年（1884，甲申）援例捐得訓導職，翌年，與新竹知縣方祖蔭共同申請興建文昌祠，獲得淡水同知同意，於光緒十三年（1887，丁亥）動工，翌年告竣，對於清領晚期大甲地區的文風，有提振之功。其後，陳氏於光緒十五年（1889，己丑）舉報孝友，翌年奉旨旌表，旋受任署理臺南府嘉義縣儒學訓導，後受方祖蔭保舉，陞五品銜。〔註152〕

（卅一）張光岳

據《重修臺灣省通志》卷九《人物志・人物傳篇》、《芬園鄉志》等文獻記載，張光岳（1859～1892）字汝南，彰化縣貓羅社口莊（今彰化縣芬園鄉社口村）人。張氏少失怙，鄉里稱孝友之名。張氏生性聰敏，幼年曾從生員何宗海學，潛心古文，又好炎宋五子性理之學，然因居深山之中，知之者寡。後因郡縣采風、書院考課，時居案首，得署理彰化知縣蔡麟祥賞識，於光緒十年（1884，甲申）補縣學弟子員，後因秋闈不中，於鄉中設帳教學，作育多士。張氏待人坦然，不加矯飾，時當面規過勸善，可見其為人。〔註153〕

（卅二）張鏡光

據《重修臺灣省通志》卷九《人物志・人物傳篇》記載，張鏡光（1852～1930）字恆如，宜蘭縣枕山（今宜蘭縣員山鄉同樂村）人。張氏幼年失怙，事母至孝，由兄長撫養成人，十歲受業於生員陳占梅，甫弱冠即學問淵通，於枕頭山設塾，課鄉中後進。楊士芳成進士後，聞張氏之名，薦其任仰山書院講席，舉人李望洋亦以女妻之。光緒十一年（1885，乙酉）歲試，以案首補縣學弟子員。乙未割臺之際，張氏作〈開生路論〉諷諫日軍，當局悟之，

〔註152〕《苗栗縣志》，頁196、頁207；《重修臺灣省通志》卷九《人物志・人物傳篇》，頁445；廖瑞銘總編纂：《大甲鎮志》（臺中縣大甲鎮：臺中縣大甲鎮公所，2009年1月），下冊，頁1522～1523。

〔註153〕《重修臺灣省通志》卷九《人物志・人物傳篇》，頁445；蔡相煇總編纂：《芬園鄉志》（彰化縣芬園鄉：彰化縣芬園鄉公所，1998年3月），頁541。

遂設救民局而止殺戮，則張氏此舉，亦儒者民胞物與之家風，活人無數。其後，張氏於明治三十年（1897）佩綬紳章，明治三十三年（1900）任宜蘭勸善局幹事長。張氏平生致力教育，幾六十年，北臺灣名士多出其門，如近代臺灣聞人蔣渭水（1891～1931）即其弟子之一。〔註154〕

二、助學仕紳

（一）楊志申

據《續修臺灣縣志》卷三、《彰化縣志》卷八及《重修臺灣省通志》卷九《人物志‧人物傳篇》等文獻記載，楊志申字燕夫，初居臺灣府治東安坊。楊氏少孤，事母盡孝，善待諸弟，以立身齊家之本勗之。臺灣知府蔣毓英於康熙二十四年（1685，乙丑）擴建府儒學聖廟時，因楊氏父墓位於其上，楊氏徙之而獻地，受蔣氏嘉許。其後，楊氏率諸弟遷居半線柴坑仔莊（今彰化市國聖里一帶），向平埔族原住民租地開墾，因而發家，進而鑿二八圳、引貓羅溪灌溉，潤田千甲、歲收萬石，復鑿福馬圳、深圳，而淹有線東、線西二保田地，再以餘力開墾佳臘埔、金包里（分別為今臺北市萬華區、新北市金山區），歲收數千石。楊氏家益富，遂招募佃農數千開墾半線，彰化因而能在雍正元年（1723，癸卯）設治。楊氏時行善舉，曾將彰化縣、鳳山縣內田產收入，分別捐作臺灣縣學聖廟之學租及香燈雜費，助學有功，臺灣縣儒學訓導陳元恕援例將其入祀縣學聖廟孝悌祠中。唯臺灣縣學聖廟孝悌祠已於日據時期拆除，今日臺南孔子廟孝子祠，僅供奉侯瑞珍一位，未見楊氏牌位附祀之情況。〔註155〕

（二）吳洛

據《彰化縣志》卷八、《臺灣通志‧選舉》、《重修臺灣省通志》卷九《人物志‧人物傳篇》等文獻記載，吳洛字懷書，福建省泉州府晉江縣人。吳氏生性孝友，因兩兄長皆早逝，遂以設館授徒為業，藉以奉養老父、撫育諸侄。父親逝後，遂渡臺遊宦，擔任巡臺御史高山（雍正八年〔1730，庚戌〕至十一年〔1733，癸丑〕在任）幕僚，高氏任滿後，吳氏未隨其返回中國，而是留在甫設縣未久的彰化，招募佃農開墾丁臺、阿罩霧、萬斗六、南北投莊等

〔註154〕《重修臺灣省通志》卷九《人物志‧人物傳篇》，頁 462。
〔註155〕《續修臺灣縣志》，頁 217；《彰化縣志》，頁 243；《重修臺灣省通志》卷九《人物志‧人物傳篇》，頁 388。

地（在今臺中市霧峰區、南投縣南投市、草屯鎮境內），遂發家致富，定居彰化縣治東門街，並於乾隆年間由臺灣府學舉爲歲貢生。吳氏致富後，除購田置租，供應諸侄生活所需之外，在泉州府則捐資修聖廟大成殿、明倫堂，並置清源書院學田；在臺灣府則捐海東、南湖二書院之學租；在彰化縣捐白沙書院之學租，又捐資修建縣學聖廟，皆爲弘儒助學之義舉，遂受頒「儒林楷模」、「史首世家」、「清時碩彥」、「名士風流」等匾額。吳氏育子十三人，其中，吳南輝於乾隆十八年（1753，癸酉）由彰化縣學拔貢，選爲壽寧縣儒學教諭；吳道東於乾隆六十年（1795，乙卯）由彰化縣學選爲歲貢生，授甌寧縣儒學訓導，其餘子侄、孫輩，亦多入學、補廩，成爲書香世家，被時人視爲吳氏行善之報。〔註156〕

（三）張天球

據《雲林縣采訪冊・沙連堡》、《重修臺灣省通志》卷九《人物志・人物傳篇》等文獻記載，張天球（1772～1847）字天棟，彰化縣社寮莊（今南投縣竹山鎮社寮里）人，祖籍福建省漳州府龍溪縣，至其父榮芳始遷臺，寓居社寮。張氏少失怙恃，撫養弱弟，並拓墾水沙連、興築隆興圳，家道漸豐。張氏平生雖不甚讀書，但其行爲卻與儒典合轍，尤以孝友二字最稱，又好爲善行義舉，彰化縣重修聖廟、興建文祠，皆多加襄助。中年以後，始育子煥文，延宿儒黃高輝以教之，且督責甚嚴，後入縣學補廩膳生，進而成爲林屺埔一帶之名儒，培養出舉人林鳳池等弟子。〔註157〕

（四）林平侯

據《淡水廳志》卷九、《重修臺灣省通志》卷九《人物志・人物傳篇》等文獻記載，林平侯（1766～1844）字向邦，祖籍福建省漳州府龍溪縣，隨父渡海來臺，定居新莊。林氏曾援例捐官，任署理廣西潯州通判，並攝理來賓知縣，後補桂林同知、署理南寧柳州知府等職，爲當地賢宦。返臺之後，林氏購置義田、捐創義學以教養族人，又捐修淡水廳聖廟、郡治考棚、海東書院等處，獎掖文教，值得肯定。林氏三子國華之哲嗣維讓（1818～1878）、維源（1838～1905），則以妹妻晉江舉人莊正，調和漳、泉勢如水火之紛爭，進

〔註156〕《彰化縣志》，頁236～237、頁242～243；《臺灣通志》，頁413；《重修臺灣省通志》卷九《人物志・人物傳篇》，頁391～392。

〔註157〕《雲林縣采訪冊》，頁164；《重修臺灣省通志》卷九《人物志・人物傳篇》，頁399。

而與莊氏結大觀社，集漳、泉二郡子弟，月課詩文於其中，供給膏火，促使枋橋街（今新北市板橋區）文風之發展。〔註158〕

（五）陳傳生

據《澎湖續編》卷上記載，陳傳生，澎湖鎮海澳岐頭社（今澎湖縣白沙鄉岐頭村）人，駕商舶於外從事貿易。陳氏生性淳厚，事母至孝，其弟大業業儒，陳氏多購異書於外地，期使其弟可周知古今事，並告之曰「吾家門賴汝振書香，汝兄慣涉風波，耐勞苦，無勞遠念。汝讀書人，宜善自保。」且視諸侄遠勝己子，不自私其衣、食。其弟持家事惟謹，待兄如父，後入臺灣縣學。兄弟二人孝友之舉，傳為美談。陳氏又好行善舉，曾參與文石書院之捐修，廣受鄉人敬重。〔註159〕

（六）林紹賢

據《淡水廳志》卷九、《重修臺灣省通志》卷九《人物志・人物傳篇》等文獻記載，林紹賢（1761～1829）字大有，國學生出身，祖籍福建省泉州府同安縣，渡海來臺後，輾轉移居淡水廳治。林氏善治生，家道豐饒，且能善待宗族，有貧寒守節者，皆每月供給費用，使其撫育幼兒長成，歷數十年而不間斷。又捐建廳治聖廟，於提振竹塹地區文教方面而言，有其力焉。〔註160〕

（七）陳遜言

據《淡水廳志》卷九、《臺北市志》卷九《人物志・賢德篇》、《重修臺灣省通志》卷九《人物志・人物傳篇》等文獻記載，陳遜言字秉三，祖籍福建省泉州府同安縣，於雍正年間補縣學弟子員。乾隆初年，從父文瀾渡海來臺，定居淡水廳大隆同莊（今臺北市大同區）。陳氏勤正有節，事親三十年如一日，分產後益加勤奮，家道日豐。陳氏曾以田租孳息，捐充學海書院經費，並捐建淡水廳聖廟。陳氏與其二弟雖異爨，但仍親自籌辦諸弟喪祭、諸侄冠婚等事宜，又延師教導子侄、諸孫，並接受同里幼童附讀，若有遠途者聞之而來投，則拓館舍而寓之。對於塾內貧寒學子，陳氏給予膏火，並贈送書籍、筆

〔註158〕《淡水廳志》，頁269～270；《重修臺灣省通志》卷九《人物志・人物傳篇》，頁167、頁442～443；新北市板橋區大觀義學現地調查所得資料（現地調查日期：2013年7月4日）。

〔註159〕《澎湖續編》，頁26；《重修臺灣省通志》卷九《人物志・人物傳篇》，頁421。

〔註160〕《淡水廳志》，頁272；《重修臺灣省通志》卷九《人物志・人物傳篇》，頁422。

墨，閒暇則親往督教，若有句讀不精者，必嚴責之；若有成績卓著、品行端方、刻苦自勵者，則優給嘉獎，奠定大龍峒文風鼎盛之基礎。陳氏所育七子之中，長子維藻、四子維英，皆登賢書；其餘五子，或入庠、或捐官，皆能成才；其孫十餘人，亦有五人補弟子員。〔註 161〕

（八）林朝英

據《續修臺灣縣志》卷三、《重修臺灣省通志》卷九《人物志・人物傳篇》等文獻記載，林朝英（1739～1816）字伯彥，臺灣縣人，乾隆五十四年（1789，己酉）由臺灣府學選為歲貢生，以資授內閣中書銜。林氏於嘉慶九年（1804，甲子）倡修縣學聖廟，獨力出資萬金，並親自監督工程進行，竣工後，經官方奏報，於嘉慶十八年（1813，癸酉）獲得旌表，並賜「重道崇文」匾，允准建坊。該坊於嘉慶二十年（1815，乙亥）建於府治寧南坊龍王廟前，迄昭和九年（1934），始因市街改正而遷建至臺南公園現址，後由內政部公告為三級古蹟。〔註 162〕

（九）林文濬

據《彰化縣志》卷八、《重修臺灣省通志》卷九《人物志・人物傳篇》等文獻記載，林文濬（1757～1826）字金伯，福建永寧衛（今福建省泉州市）人，祖籍福建省泉州府晉江縣，為鹿港富商「日茂行」店主林振嵩三子。林氏生平樂善好施，渡海來臺接掌其父事業之後，曾為宗族、母黨置祭田，使族中寡婦無後顧之憂，並延師教其子嗣，受鄉人尊敬。此外，又捐資參與縣治文昌閣重修、新建白沙書院學署、興建鹿港文開書院等行為，皆有助於彰化文風之發展，又在嘉慶二十一年（1816，丙子）率各郊商、富戶共同請官平抑糧價，設廠施粥，活人無數，受時任按察使銜分巡臺灣兵備道糜奇瑜贈「績佐撫綏」匾額嘉許。同牛，林氏五子廷璋、長孫世賢皆以未冠之齡登賢書，邑人以為積善之報。〔註 163〕

〔註 161〕《淡水廳志》，頁 271～272；《臺北市志》卷九《人物志・賢德篇》，頁 70～71；《重修臺灣省通志》卷九《人物志・人物傳篇》，頁 422～423。

〔註 162〕《續修臺灣縣志》，頁 150、頁 203；《重修臺灣省通志》卷九《人物志・人物傳篇》，頁 518；臺南市北區臺南公園重道崇文坊現地調查所得資料（現地調查日期：2014 年 3 月 26 日）。

〔註 163〕《彰化縣志》，頁 233～234、頁 246～247；《重修臺灣省通志》卷九《人物志・人物傳篇》，頁 415；彰化縣鹿港鎮日茂行現地調查所得資料（現地調查日期：2012 年 9 月 5 日）。

（十）鄭崇和

據《淡水廳志》卷九、《重修臺灣省通志》卷九《人物志・人物傳篇》等文獻記載，鄭崇和（1756～1827）字其德，淡水廳治北門外水田街人，祖籍福建省泉州府同安縣金門，監生出身。鄭氏九歲失怙，以耕讀養志，淹通典籍，遷居竹塹之後，設帳授學，準先輩作文程式，門下從遊者多成才。晚年益好宋儒書，令子弟時習之，以窺聖學源流。鄭氏少貧困，然不因家貧而喪志，泊家道漸豐，仍維持儉樸生活。嘉慶二十年（1815，乙亥）歉收，鄭氏發粟平抑糧價，嘉慶二十五年（1820，庚辰）則施藥濟人，活命無數。又於舊居後壠設塾，延師課之，就學者給米三斗、錢三百、柴三擔，並捐貲倡建廳治聖廟，獎掖文風。由是，未遭他人搆陷於分類械鬥之訴訟。卒後，成為淡水廳境內首位入祀聖廟鄉賢祠者，其位於後龍鎮十班坑之墓葬，則於 1985 年 8 月被內政部公告為二級古蹟。〔註164〕

（十一）潘永清

據《淡水廳志》卷十五、《臺北市志》卷九《人物志・賢德篇》及《重修臺灣省通志》卷九《人物志・人物傳篇》等文獻記載，潘永清（1820～1873）字少江，舉人潘成清之兄。潘氏生性英敏，能洞悉時事，雖無關制藝之書，亦廣泛閱覽。潘氏於道光二十年（1840，庚子）興建文昌祠於惠濟宮後方，於祠內設置義學，並聘泉籍名士傅人偉主其事，又於道光三十年（1850，庚戌）漳泉械鬥後，捐貲助恤，獲授員外郎。咸豐初年，械鬥復萌，居民流離失所，潘氏出鉅資興建房屋百餘間，或售或租，供應災民所需，成為今日士林「新街」。同治十二年（1873，癸酉）由淡水廳學選為歲貢生，潘氏時已染病，獲捷報後不久，即逝世。〔註165〕

第五節　小結

筆者在本章範圍中，運用清修志書、戰後方志、學者撰作專書及個人現地調查成果，先就清領時期臺灣各地獎掖儒學發展、提振文風之賢宦行誼，

〔註164〕《淡水廳志》，頁270；新竹市東區新竹孔廟鄉賢祠現地調查所得資料（現地調查日期：2015 年 6 月 10 日）。

〔註165〕《淡水廳志》，407～408；《臺北市志》卷九《人物志・賢德篇》，頁29；《重修臺灣省通志》卷九《人物志・人物傳篇》，頁444。

進行敘述；其次，對臺灣各行政區域之重要教育官員——府儒學教授、縣儒學教諭及府、縣儒學訓導，進行個別敘述、評介；進而臚列清領時期臺灣本土培養之重要進士、舉人，說明其養成歷程及事功，並評論該人物對臺灣儒學發展之影響；而後，再將視角轉向未登賢書、成進士之儒林人物，臚列在正己化人、設帳作士、移風易俗等方面有貢獻之本土儒者及他省寓賢，並撮要列舉各地捐資興學、振文揚儒之仕紳及其善行義舉。

　　透過本章的分析與論述，吾人當可對於清領時期之 212 年間，臺灣官方、民間對於儒學發展之硬體設施建造、「軟實力」（soft power）之人才養成等方面，具有貢獻之人物群像，能有較為詳細之認識。

第五章　清領時期臺灣儒者之思想與儒學發展特色

　　在本書第二、三章範圍中，清領時期之臺灣，具備各種教育機構。由官方設置者，有各府、縣之正式機構——儒學，以及書院、義學、社學等用以輔助儒學不足之設施或啓蒙場所；由民間興辦者，則有書院、文昌祠、文昌結社及私人創設之家塾，如雲林北港聚奎社、南投竹山郁郁社等，皆由地方上會文課藝之結社，轉而鳩資倡建文昌祠，並招收在地生童課讀其中；而苗栗西湖雲梯書院、宜蘭登瀛書院等，則皆爲由私人興辦而附收在地生童之家塾。這些教育機構，在清領時期的 212 年期間，陸續培養了 30 餘位進士、200 餘位舉人及其他爲數眾多的生員，吾人可目之爲「本土儒者」。而在本書第四章之篇幅中，吾人又可明瞭促成前揭硬體教育設施及提供「軟實力」（soft power）養成之人物，包括治臺賢宦、教育官員、僑寓儒者、助學富紳，他們與本土儒者共同建構了清領時期臺灣儒學之發展。那麼，吾人亦應瞭解：在此時空斷限中之治臺賢宦、教育官員、僑寓儒者與本土儒者，是否具備何種義理思想？因此，筆者在本章之篇幅中，即運用文獻研究法，透過對清領修期纂修志書、別集、戰後學者編撰專書及相關文史叢書進行梳理，從中歸納上揭臺灣儒者之思想，並論述清領時期臺灣儒學發展之特色。

第一節　清領時期臺灣文獻記載之儒者思想

　　清領時期之臺灣，由於〈臥碑〉禁止士人任意刊刻書籍之故，透過撰作專書途徑以闡明一己義理思想之在地儒者，遠比賦詩吟詠之文人更少。然而，

從蔣毓英撰修《臺灣府志》開始，迄晚清開館纂修《臺灣通志》為止，每逢各地興修聖廟、書院、文祠，抑或地方人士捐資設學，在官修志書之〈學校志〉、〈藝文志〉中，通常皆會收錄由治臺行政官員、教育官員或僑寓、在地儒者所撰之相關篇章，並加以鑴刻勒石。而上揭官員、儒者，有時亦會在觀風之箚示或月課試卷、日常撰作，乃至於別集之部分篇章中，表達自身之思想歸趨。因此，吾人當可透過對這些文獻之分析，提煉出清領時期臺灣儒者之思想。由是，筆者將之大略分為四概，茲臚列敘述、評析於次。

一、設學立教之期許

臺灣於康熙二十三年（1684，甲子）併入清廷版圖之前，原僅有陳永華向鄭經建議設立之承天府先師聖廟，負責臺灣士子之儒學教育養成。因此，清領初期治臺諸文臣，即以興修聖廟、作育人才為要務。此類建築告竣後，例當撰文勒碑，以誌其事始末。於是，吾人當可在志書、別集所收與府學、縣學或書院有關之碑記，瞭解這些治臺賢宦或教育官員、本土儒者所呈現義理思想之一端。

首先，先就清領前葉之康、雍二帝在位期間之文獻加以分析。康熙四十年（1701，辛巳）時任福建分巡臺廈道一職之王之麟，係當時位階僅次於閩浙總督、福建巡撫之治臺行政官員。王氏於〈重修臺灣府學文廟新建明倫堂記〉文中即云：

> 重道崇儒，文教誕敷。凡薄海內外，罔不率俾；詔郡、縣各立學。從來文治，未有若斯之盛者也。臺地僻在東南海外，以前未沾王化，罔識賓興。迨我朝開闢之後，置郡縣、立學宮，凡所取士之典，皆與內地同；始彬彬稱治，為海邦鄒魯矣。……迄今夫子廟巋然，啟聖祠巍然，東西兩廡以及明倫堂、欞星諸地翼然，廟貌改觀。其所以揚聖天子文教之盛、壯海外之觀，均於是乎賴之。而況培人心以厚風俗，首在學校，尤為蒞治者之先務哉！〔註1〕

王氏該文首先頌美清代帝王崇儒重道、揄揚文教之國策，係亙古未有之盛舉。其次揭明臺灣所處地理位置，比較臺灣納入清代版圖前後之差別，進而提出重修府學大成殿、啟聖祠、二廡並新建明倫堂等建築後，不僅使聖廟整體面

〔註1〕〔清〕周元文纂輯：《重修臺灣府志》（臺北：臺灣銀行經濟研究室，1960年7月），頁362。

貌改觀，更重要的，則是可彰顯清代重視文教之國策，並爲孤懸海外之臺灣增一可觀之處。最後，再點出學校爲培育人心、敦厚風俗之重要場域，因此，奉命蒞臺治理之行政官員，當以興修各級官方教育機構爲首要之務。

數年後，鳳山知縣宋永清於康熙四十八年（1709，己丑）所撰之〈鳳山文廟告成詳文〉，亦可看出與王之麟相同之觀點。其文云：

> 臺地孤懸海外，鳳山僻處南隅，向爲黑齒雕題。今被詩書弦誦，邇來科名繼起，又何莫非聖天子棫樸作人雅化，俾聲教得以遠敷者也。惟是文廟重地，爲興賢育才之區，向皆築舍相仍，未嘗議及興建。茅茨不翦，既無以肅觀瞻；丹艧未施，又何以崇典禮。……育士雖在黌宮，而講貫應於義學。即於前院憲行建義學處所，再加修理，廣招生童。時飭課師廩膳生員鄭應球時加訓導，按月命題作課，以鼓士風。〔註2〕

宋氏除認爲臺灣孤懸海外，更點出鳳山縣當地原係平埔族原住民聚集之地，在納入清廷版圖前後的差別，即在於臺灣從康熙二十六年（1687，丁卯）開科取士迄撰文時間爲止，先後錄取之五名舉人中，鳳山縣即佔了三人，這是清代重視文教之成果。〔註3〕然而，鳳山縣在納入清廷版圖二十餘年後，卻未曾研議興建聖廟，無法透過廟學合一而進一步培育士子，是較可惜之處。況且，官學畢竟有縣、府、院三級考試制度及招收員額之限制，較難「廣敷教化」。因此，宋氏遂更進一步地在前任上級官員規劃興建義學之處，聘縣學廩膳生鄭應球爲師資，並廣招縣內生童就學其中，依期施行月課，以圖達成提振士風之治政目標。

受孫元衡任命爲諸羅縣義學塾師之廩膳生鄭鳳庭，亦在康熙四十八年所撰〈諸羅文廟記〉中，表明與王之麟、宋永清二人同樣之觀點：

> 夫懸島遐方，共沐洙泗之澤；黑齒裸身，得識膠庠之典，億萬世實嘉賴焉。鳳庭以弟子員得執籩豆與駿奔，樂觀其始，更樂觀其成也。〔註4〕

〔註2〕周元文：《重修臺灣府志》，頁367～368。

〔註3〕案：依《臺灣通志・選舉・舉人》所載，康熙二十六年錄取之舉人爲鳳山縣蘇峩，康熙二十九年錄取之舉人爲鳳山縣包星煥，康熙三十二年錄取之舉人爲臺灣府王璋，康熙三十五年錄取之舉人爲鳳山縣王際慧，康熙四十四年錄取之舉人爲臺灣縣王茂立。參〔清〕薛紹元總纂：《臺灣通志》（臺北：臺灣銀行經濟研究室，1962年5月），頁394。

〔註4〕周元文：《重修臺灣府志》，頁372。

鄭氏認爲，使孤懸海外之臺灣士民，得受儒風所及，居住諸羅山（今嘉義市）
以赤身染齒爲形容特點之西拉雅族原住民，得以接受教育，皆是設學立教之
影響。因此，彼身爲縣學生員，不僅樂觀聖廟之興建，亦期待聖廟之發揮教
育功能。

　　同年，時任諸羅縣儒學教諭的孫襄，在〈諸羅學文廟記〉文中亦持論：

> 從來闢土開疆，首重建學。《詩》曰：「鎬京辟雍，東西南北，無
> 思不服。」誠以興賢育才，爲收拾人心之大機也。蓋有非常之功，
> 必待非常之人。或遇其人矣，而未遇其時焉，事亦格而不行；必
> 人與時兩相得，而後沛然無所窒礙。是則文運之興，莫不有數存
> 焉。〔註5〕

孫氏以興建官學爲新設地方行政機構之首要任務，認爲若要收服一地之人
心，應當透過興建學校、培育人才之方式進行，方能順利達成。然而，這種
「非常之功」，也須「非常之人」及特定時機之交相配合，始能完滿其功而無
窒礙難行之處。因此，可見孫氏係將諸羅縣從入清設治到奉文遷治二十餘年
始設學的現象，歸因於人、時未能相互配合之故，一旦完成，則當可達到造
士培賢的非常之功。

　　相較於王之麟、宋永清、鄭鳳庭、孫襄這類單純認爲「臺灣孤懸海外，
應加以設學立教」的官樣文章觀點，於康熙四十二年（1703，癸未）任臺灣
知縣的陳璸，在所撰〈新建臺邑明倫堂碑記〉文中，則將興學立教之思想進
一步提煉，認爲應在官學中提振經學。以清領初期臺灣官方碑誌而言，明顯
係較具義理思想之特色者。其文云：

> 予以壬午春，調任臺邑。至之翼日，恭謁文廟。禮成，學博黃君世
> 傑率諸生引予入啓聖祠前聽講。問所謂明倫堂者，蓋曠然一平地也。
> 噫！斯何地也，而可久曠乎哉？自有人類，即有人心；有人心，即
> 有人理；即若天造地設而有明倫堂。苟斯堂之不立，則士子講誦無
> 地，必至人倫不明，人理泯而人心昧，將不得爲人類矣。噫！宰斯
> 邑者何人？風教攸責，而可令斯地久曠乎哉？……予思五倫與五
> 經，相表裏者也。倫於何明？君臣之宜直、宜諷、宜進、宜止，不
> 宜自辱也；父子之宜養、宜愉、宜幾諫，不宜責善也；兄弟之宜怡、
> 宜恭、不宜相猶也；夫婦之宜雍、宜肅，不宜交謫也；朋友之宜切、

〔註5〕周元文：《重修臺灣府志》，頁369。

宜偃，不宜以數而取疏也。明此者，其必由經學乎！潔淨精微取諸
《易》，疏通知遠取諸《書》，溫厚和平取諸《詩》，恭儉莊敬取諸《禮》，
比事屬辭取諸《春秋》；聖經賢傳，垂訓千條萬緒，皆所以啟鑰性靈、
開橐原本，為綱紀人倫之具，而絃誦其小也。願諸生執經請業，登
斯堂，尚其顧名思義；期於忠君、孝親、信友、夫義、婦聽、兄友、
弟恭，為端人、為正士；勿或徒習文藝，恣睢佻達，以致敗名喪檢，
為斯堂羞，庶幾不負予所以首先建立斯堂之意。〔註6〕

陳氏以己身初蒞臺任官所見為開篇，先譴責此前派任臺灣知縣之官員未能建
設縣學明倫堂、恪盡教化士民之責，使士子無地講誦，容易導致不明人倫、
泯滅天理良知之弊端。進而認為五倫與五經互為表裏，故應在官學內之明倫
堂講明經學，使士子透過五經學習絜靜精微、疏通知遠、溫柔敦厚、恭儉莊
敬、屬辭比事等經教，進而內化於自身生命歷程、日用之際，非獨作為場屋
舉業之器，方能無忝於受學明倫堂之日，無愧於地方行政官員興建明倫堂之
美意。

　　其後，陳璸陞任福建巡撫，於康熙五十四年（1715，乙未）所撰〈重修
府學文廟碑記〉再云：

凡廟學，非作新之為難，而能默體作新之意為難；亦非作新於始之
為難，而能繼繼承承永葺於後之為難。茲余既新斯學於其始，願執
經士子，咸各思發憤，以通經學古為業、以行道濟世為賢，處有守、
出有為，無負國家教育振興庠序之至意。地方有司，亦共以教化為
先務；茲之根本塊地，時省而葺修之，俾有基勿壞。安知荒島人文，
不日新月盛，彬彬稱海濱鄒魯也歟哉！〔註7〕

陳氏於文中提出廟學之難為，並非無中生有的鳩工興建，而是克紹前修、傳
衍來者之舉。因此，各級行政官員既然願意共同完成府學聖廟之重修任務，
受業其中之生員，應當以身通群經、效法聖賢為務，以行道濟世為己任。並
期許府學士子有為有守，各級官員以教化為首要任務，如此，當可使臺灣漸
被風化，成為海濱鄒魯之鄉。

　　陳氏又於同年所撰〈重修臺灣縣學文廟碑記〉中，提出對受業生員之期許：

〔註6〕〔清〕陳文達編纂：《臺灣縣志》（臺北：臺灣銀行經濟研究室，1961年6月），
　　　　頁248～249。
〔註7〕《臺灣縣志》，頁245。

……予非有所利乎此而欲自爲功也。董子曰：「仁人者，正其誼、不謀其利；明其道、不計其功。」夫建廟修學，正誼、明道之大端，應無出此者。予竊以爲不計功而未嘗無功，不謀利而未嘗不利也。……願吾黨之士篤信斯理，處而讀書，務爲端人、爲正士；出而筮仕，務爲廉吏、爲良臣。庶幾不負茲地山川所鍾靈，爲先聖賢所擯棄；而於予建學明倫數年惓惓之苦心，其亦可無復憾也夫！〔註8〕

陳氏認爲重修臺灣縣學之舉，並非爲一己治績之利而爲。故舉董仲舒之名言以自證，說明建設聖廟、興修官學，是使當地士民端正義理、明瞭人道之重要治政方針。不爲己謀利、圖功，未必無所得也，故能從臺灣知縣而調任分巡臺廈道，乃至福建巡撫，爲歷任臺灣知縣所未有。因此，陳氏特別期許肄業臺灣縣學之生員，應以正人君子爲修身目標，他日出仕，則應爲國家之清廉官員，方能不負毓秀山川之靈，而己身興修臺灣縣學明倫堂之苦心，亦可感到快慰。

　　至於首任臺灣府儒學訓導袁弘仁，在雍正十二年（1734，甲寅）所撰〈藏書記〉中，亦提出己見：

臺地遙隔海天，人文雖云日盛，而博洽實鮮其人。揆厥所由，蓋各庠向無藏書，書肆亦鮮購售；雖有聰敏之士，欲求淹通，庸可得乎？爰置古今書籍九百餘本，貯之署中，以備諸生借覽；令優生二人掌之，俾歷久勿替。第寒氈力微，不能多置，姑以是爲權輿耳。若夫四庫五車之富，端有望於後之君子焉。〔註9〕

臺灣當時雖已入清版圖五十年，且早已透過「保障名額」〔註10〕的方式，於各次福建鄉試選拔出舉人十三人，可謂「人文日盛」。然而，袁氏認爲，其實

〔註8〕　《臺灣縣志》，頁 246～247。
〔註9〕　《重修福建臺灣府志》，頁 558。
〔註10〕　《欽定大清會典事例》卷三四八〈禮部・貢舉・鄉試中額〉云：「（康熙）二十六年……又議准，丁卯鄉試，臺灣新奉開科，照甘肅、寧夏生員之例，另號額中舉人一名，俟數科後，仍撤另號，毋限額數。」其後，康熙三十六年，將已實施四科的保障名額刪去，歸福建一體取中。雍正七年，再次將臺灣一府四縣的考生另編字號，於福建省中額內保障一名。本段時序之後的雍正十三年，又多加一名。參〔清〕崑岡等修，劉啓瑞等纂：《欽定大清會典事例》，收入續修四庫全書編纂委員會編：《續修四庫全書》（上海：上海古籍出版社，2002 年 4 月），史部政書類，第八〇三冊，頁 473、頁 474、頁 477。

當時的臺灣士人可稱聰敏，但卻鮮有博通經籍者，而此現象正是因爲各級官學無藏書之設，地方書肆亦未販售所致。因此，袁氏遂獨資添購古今書籍九百餘本，置於郡學以供生員借閱，以期培養淹通博洽之士。袁氏此舉，可謂有功於臺灣儒學之發展。然而，筆者認爲，較爲可惜處有二，一是袁氏並未將其添購之書目列出，使吾人無法與清修方志所載官方頒發或官學典藏之書籍相比較，難以看出袁氏在揀選書籍時的標準所在。不過，倘依其獻「正學昌明」匾於府學朱子祠，並自稱「十七世外嫡裔孫」的現象而來，或許係以朱子學一系之書籍爲主；二是袁氏購置書籍九百餘「本」，而非九百餘「種」，以古代書籍裝幀方式而言，一本書往往僅能容納數卷，是以一部儒家經籍之注解，便需數冊之量，如此一來，則九百餘本相對的書籍種類，容或不會太多。

　　其次，再觀清領中葉乾、嘉二帝在位期間之文獻所載。如乾隆五年（1740，庚申）時任巡臺御史的楊二酉，在〈海東書院記〉文中所言：

> 臺陽海嶠，隸閩之東南郡；相去榕城，約數千餘里。諸生一仰止「鰲峰」，且不免望洋而嘆也。郡學西側，舊有海東書院，爲校士之所。前給諫漁莊單公請以別置考棚，遂成閒廨。歲己未，予啣命巡方，視學來茲，凡一至、再至焉。中多軒楹，可讀可棲：明堂列前可以講、矮屋通後可以爨。意選內郡通經宿儒充教授爲良師，允堪作育多士，與「鰲峰」並峙。謀之觀察劉公，亦然予言。第以薪水諸費無出，奈何？邑明經施子士安慨然而身任之；先請輸稻千斛以興，仍置水田千畝爲久遠計。予曰：「是可以入告矣。」逾數月，議行，劉公捐俸倡修。一時軒窗爽潔，什器周備，煥如也。郡守錢公亦能加意振作，選諸生中文藝有可觀者，得數十人以實其中；延教授薛仲黃爲師，致敬盡禮。觀二公所編規約數條，詳慎之議，歷歷可見。夫興文勸士，採風者之責也；敬事圖成，良有司之誼也。抒一家之力、供多士之需，義不泯於鄉也；取一人之善、成天下之材，恩必出自上也。爾師生各宜銳志精心，無怠學、無倦教，言語文字之中，申以修己治人之道。漸摩既久，當必有明體致用者出，以膺公輔而揚休明，上慰聖天子棫樸作人之至意，寧云島嶼生色、鄉里增榮已哉！予於爾師生有厚期焉。〔註11〕

〔註11〕　〔清〕劉良璧纂輯：《重修福建臺灣府志》（臺北：臺灣銀行經濟研究室，1961年 3 月），頁 559。

楊二酉開篇即稱福建巡撫張伯行（1651～1725）於康熙四十六年（1707，丁亥）創建之福州鰲峰書院為「諸生仰止」、臺地士人「望洋而嘆」之所，說明臺灣當時缺乏較具規模之官設書院，若欲負笈閩垣榕城肄業其中，又受大洋阻隔之苦。因此，點出臺灣府學西側之海東書院，可作為培育本地士人，以期比美鰲峰書院的極佳場域。由於福建分巡臺灣道劉良璧、臺灣知府錢洙及府學生員施士安踴躍捐資，海東書院遂能延師課士。楊氏於文末更揭明：振興文教、勸士向學，係御史之責，要求海東書院之師生應當無倦於授課、無怠於進學，並在制藝文字中明修齊治平之道，以期明瞭性理之全體大用。

乾隆十六年（1751，辛未）任巡臺御史一職之楊開鼎，於〈重修府學文廟碑記〉文中亦云：

> 黌宮乃教化所自出，茲既大啟爾宇，將以育人材、厚風俗也，豈惟是文詞云爾哉！體明而用達，迺足尚耳。宋胡安定教授蘇、湖，設經義、治事二齋。承其教者，咸深心於三、五、六經，以求合古聖賢人之志；而舉禮樂、兵刑、農田水利諸務，用以廣其器識。仁宗詔頒其法於太學，天下宗之。我朝造士之法，古莫倫比。養之渥、教之詳，而選之精且慎。都人士誠能以經術抒經濟，勉為國家有用之材；司土者復加意培植，而於興教之地，時勤修葺，亦如海康陳公之以有基勿壞望後人者，相承於勿替；則所造就於海隅，豈細勘哉？〔註12〕

楊氏於開篇即持論學宮聖廟具有教化士民、培育人才而使風俗純厚之功能，非獨訓練場屋舉業之術。因此，要求肄業其中的生員應明其體而達其用。接著，又舉「宋初三先生」中之胡瑗（993～1059）設教蘇、湖二州之法，使學子瞭解經義與實務之途徑為例，進而誇讚清代養成、教導、選舉一系列的造士之法，認為可透過八股取士闡明經術而達到經世濟民之目標，並認為臺灣歷任官長皆能善體陳璸修葺聖廟之志，遂使海濱一隅的臺灣造就不少的人才。

乾隆二十五年（1760，庚辰），彰化知縣張世珍〈重修邑學記〉更體現漢儒天人感應及宋儒學規相互融合之理路。其說云：

> 源頭活水，紫陽之詩也。君子之學，觸物能通，頭頭是道也。矧茲泉出泮池中，發自然之脈，成不渣之源，意者在天之靈，秘啟其綸，

〔註12〕〔清〕謝金鑾、鄭兼才合纂：《續修臺灣縣志》（臺北：臺灣銀行經濟研究室，1962年6月），頁495。

　　將以指迷而覺悟歟？且夫天地磅礴之氣，鬱極必通。泉之伏土埋沙，
　　不知千百年，而至今日出，而彰之人士應時而起，遂奪臺額於卯、
　　辰兩榜，天時人事，適相符而不爽，非其明驗耶！所期諸生，體大
　　聖示教之意，應天地方亨之運，篤志力學，以培其基；正誼明道，
　　以定其趨；求至聖賢之域，以要其歸。學問裕而經濟成，由是掇巍
　　科、膺大任，上副天子側席之求，以鼓吹乎休明。吾安量所至哉！
　　〔註13〕

在重修縣學之時，聖廟泮池正好挖出一道泉水，張氏遂以朱子〈觀書有感〉
詩加以比附，認為這股「源頭活水」之出現，象徵彰化士子應時而起，遂能
在乾隆二十四年（1759，己卯）正科、二十五年（1760，庚辰）恩科這兩次
鄉試中，取得臺灣限定之名額。〔註14〕然而，天人需以至誠方能感通，非人
力所能恃。因此，張氏要求縣學生員，更應當篤志力學以奠定基礎，以朱子
〈白鹿洞書院揭示〉之「正其誼不謀其利，明其道不計其功」〔註15〕為自身
價值判準，以修養入聖域賢關為歸趨，方能使自身學問寬裕，發而為文，則
作經濟文字亦能蔚然成篇，進而通過科考任官，盡抒胸中抱負。

　　而乾隆二十七年（1762，壬午）任福建分巡臺灣道之覺羅四明，於〈改
建海東書院記〉文中則云：

　　夫教而不率，民俗之漓也；率而不教，有位之恥也。……訪徵內地
　　名宿，晉皋比而牖迪焉。諸生以時絃誦其中，群體惓惓造就之意，
　　而尊聞行知，日征月邁，勿勤始怠終、勿騖華失實，以馴至乎行成
　　名立；將他日之獻諸廷者，即本今日之修於家也。余蓋有厚望焉。
　　〔註16〕

覺羅氏係正藍旗籍之繙譯舉人出身，乾隆十九年（1754，甲戌）、二十年（1755，

〔註13〕〔清〕周璽纂輯：《彰化縣志》（臺北：臺灣銀行經濟研究室，1962年11月），頁448。
〔註14〕《臺灣通志·選舉·舉人》載：「乾隆二十四年（己卯）孟然超榜：臺灣府楊對時、彰化白紫雲（安溪人）。乾隆二十五年（庚辰）恩科張克綏榜：臺灣府張源仁（晉江人）、施延封（晉江人·和平教諭）。」則施延封可能為彰化縣籍之生員。參《臺灣通志》，頁396。
〔註15〕〔宋〕朱熹撰：《晦庵先生朱文公文集》卷七四〈白鹿洞書院揭示〉，收入朱傑人等主編：《朱子全書》（上海：上海古籍出版社；合肥：安徽教育出版社，2002年12月），第二十四冊，頁3587。
〔註16〕《續修臺灣縣志》，頁498～499。

乙亥）曾任泉州、福州知府，故對臺灣事務相對了解。覺羅氏在文中提出「教而不率」將造成民風澆漓之弊，「率而不教」則是地方行政、教育官員之恥。由是，當海東書院易地改建於東安坊校士院時，覺羅氏除另定學規八則之外，亦與各級官長徵訪中國各省儒者赴臺執教，按月課藝生員。因此，覺羅氏要求肄業海東書院中之生員，應當尊尚學問並躬行踐履，不可有所懈怠或追求華而不實之文章作法，方能有所成就。

相較於臺灣，澎湖各島更可謂孤懸大洋之中，且終清領時期，皆未設置官學，僅能遠渡臺灣縣就讀。因此，澎湖通判胡建偉遂於乾隆三十一年（1766，丙戌）撰〈捐創澎湖書院序〉一文：

> 澎湖學隸臺郡，遠阻大洋。風聲遞聽，人無奮志，學鮮良師，實膠庠之教所不逮也。百年以來，風氣未開，守土者豈能辭其責耶！余下車伊始，即進諸生而較閱之，間多秀傑；但識解梏於見聞，未能遠到耳。繼而月有課、季有考，公餘之暇，與之講求讀書之法、舉業之式。甫經數月，漸有成就。惟是僕僕往來，奔走道路而無游息居學之安，余甚憫之。爰與都人士謀所以創興書院之意，眾志僉俞，欣然報可；……昔文翁守蜀，昌黎刺潮，皆以興學為先，勤勤懇懇，而不能以自己者何也？《記》曰：「能為師而後能為長。」使詩書之道廢、禮樂之教荒，而欲人人親其親、長其長，野有敦睦之行、庭無雀鼠之訟，豈可得哉？〔註17〕

透過胡氏文中所述，吾人可清楚瞭解，澎湖雖於雍正五年（1727，丁未）自臺灣縣析出設治，但其學額仍附於臺灣縣，並未單獨設學。因此，士民倘欲更進一步，僅能負險搭船經「黑水溝」赴臺灣縣，再經縣、府、院三試而成為縣學生員。由於師資匱乏、地理阻隔之故，遂使地方教育未能普及。胡氏認為，在這方面，地方行政官員亦有失職之處。故先透過與諸生之面談，藉以瞭解其學習程度，隨後按時舉行月課、季考，並為之講習讀書法、應考程式，進而受地方士子、鄉紳所請，創建書院。由是，胡氏遂舉漢代文翁、唐代韓愈為例，說明地方官員治政以興學為先之要務，倡明唯有在地方上建立學校，方能透過教育而使當地士民濡染、內化儒家之義理於己身。因此，當文石書院於翌年正式竣工時，胡氏復撰〈文石書院落成記〉云：

〔註17〕 〔清〕胡建偉纂輯：《澎湖紀略》（臺北：臺灣銀行經濟研究室，1961年7月），頁259～260。

惟文石之文，以堅貞之質，著斑斕之耀；五色紛綸，應乎天則五緯
昭，應乎地則五行位，應乎人則五常敍而五教彰，充實光輝，發越
而不可掩。斯文之所以可貴也。君子觀此，因以得爲學之道焉。夫
石之由璞而發於山也，如人之自蒙而就於塾也。石必擇工之良者而
授之治也，如人必擇師之賢者而從之遊也。始而琢磨、繼而攻錯，
久之而彫刻之形痕跡俱化，以幾於純粹以精之候；亦如學者之始而
訓詁、繼而服習，久之而漸摩之至義精仁熟，不知不覺升堂入室，
進乎聖賢之域。懷瑾握瑜，不亦一藝林之純璧也哉！……澎之人士，
從此居業得所、游息有方，而無言龐爭雜之累。春夏詩書、秋冬禮
樂，以砥礪其心性、潤澤其文章，處則爲有道之士，出則爲有用之
儒。《記》曰：「君子比德於玉。」豈欺我哉！行將圭璋特達，以上
應當宁之求，當與夏瑚、商璉輝映於清廟明堂之上矣。緯地經天，
斯文爲至文也。石云乎哉？書院之名，因有取焉。〔註18〕

胡氏開篇即以文石之質理、特徵，與天地人三才相呼應，認爲其中當有爲學
之道存在。文石之發掘、擇工，正如學子之發蒙、擇師，文石之雕刻進次，
也與學子之求學歷程相近，因此，使文石從璞玉成爲瑾瑜，亦如將蒙童培養
爲佳士之一般。胡氏認爲，文石書院竣工之後，當可使本地士民有講業之所，
進而砥礪心性、琢磨文章，篤實踐履，則他日當可成爲宗廟瑚璉之器，發而爲
文，亦可具緯地經天之才。由是，當可見胡氏對於澎湖諸澳設學立教之期許。

　　而在清領晚葉道、咸、同、光四帝在位期間之文獻中，亦有此類言及設
學立教思想之作。如道光三年（1823，癸未）候選儒學訓導張廷欽所撰〈鳳
儀書院木碑〉文中即云：

嚮也乏育才之地，今則輪奐美觀矣；嚮也少經費之資，今則用度有
出矣。生童免提挈之艱，字跡無穢褻之患。鉅典以修，明禋以崇。
雖善後之籌畫尚多，而勸學之規模已具。士生其間，當思書院之所
以建，而克自奮興，於以發揚善氣，丕振文風，俾海濱克復鄒魯之
遺，而鳳岡獲臻菁莪之盛。庶幾無負創造之美意，而亦區區冀望之
心也。〔註19〕

〔註18〕《澎湖紀略》，頁 262。
〔註19〕〔清〕盧德嘉纂輯：《鳳山縣采訪冊》（臺北：臺灣銀行經濟研究室，1960 年
　　　　8 月），頁 343～344。

在鳳儀書院建立之前，位於興隆里（今高雄市左營區）之鳳山縣城雖曾有屏
山書院存在，但卻受林爽文事變影響而毀壞，鳳山縣治也因而於乾隆五十三
年（1788，戊申）遷往埤頭街（今高雄市鳳山區）。但遷治以後，縣學仍留在
舊城，且學額有限，未能收納較多士子肄業其中，而新治與舊城卻皆無書院
之設置，因此，吳性誠於嘉慶十九年（1814，甲戌）任護理鳳山知縣後，即
與邑中士民、鄉紳商議倡建書院。書院竣工之際，張廷欽即在碑記中揭明：
士子受學書院之中，應當奮發向學，發揚淳善文風，使「海濱鄒魯」之理想，
有實現之可能，切莫辜負官長、鄉紳捐貲興建書院之美意。

其後，吳性誠於道光四年（1824，甲申）陞任淡水廳同知後，亦在〈捐
造淡水學文廟碑記〉提出自己的觀點：

> 黌宮為教化風俗所自出，廁其間者，可徒拘拘於文辭之末哉？將明
> 體以達用，入有守而出有為，為里黨樹典型、為國家宣德教。師道
> 既立，善人愈多，庶無負我朝作養海隅之至意。官斯土者，有厚望
> 焉。〔註20〕

在臺北府尚未建治之前，淡水廳係清領時期北臺灣最大的行政單位，彰化縣
儒學訓導雖於嘉慶十一年（1806，丙寅）移駐竹塹，但淡水廳當時並未設學，
亦無單獨學額，士民仍須赴彰化縣治之官學或白沙書院求學。直到淡水廳設
治九十三年後的嘉慶二十二年（1817，丁丑），始在淡水廳同知張學溥及當地
士人、鄉紳共同倡捐下，興建縣學，直到道光四年方告竣工。同年，吳性誠
亦由彰化知縣陞任淡水廳同知，遂撰上揭文章。吳氏在文中提及聖廟學宮係
教化風俗之地，淡水廳儒學係北臺灣第一處官學，肄業其中的士子生員，不
可拘泥於舉業文字此等雕蟲末技，而應當以明體達用、有為有守之目標、操
行自期，進而作為鄉黨之典範，為國家恢宣教化，使庶民日漸習染儒風，變
化氣質而為善人。

而曾兩度出任澎湖通判的蔣鏞，於文石書院重修完成的道光十年（1830，
庚寅），亦撰〈續修文石書院記〉持論：

> 五賢祠兩旁排設考場棹檯，為每年歲、科兩試及每月課期之用。從
> 此勤修肄業者，月有課、季有考，良師益友砥礪磨礱，所謂「窮理
> 以致其知，反躬以踐其實」，必深有私淑夫紫陽夫子之教，而無負

〔註20〕〔清〕陳培桂纂：《淡水廳志》（臺北：臺灣銀行經濟研究室，1963年8月），
頁386。

> 胡公勉亭建立書院與賢育才之遺意者。至於文光燦爛、奎璧輝煌，
> 諸生學力行成，科第蔚起，揚休和而資拜獻，又不僅一時盛事也！
> 〔註21〕

文石書院自胡建偉於乾隆三十二年（1767，丁亥）興建竣工以來，歷任澎湖
通判王慶奎、韓蜚聲、彭謙、蔣鏞皆曾捐貲修建，而道光十年竣工的修建工
程，正是由蔣鏞於道光七年（1827，丁亥）所倡議。蔣氏於文中提出，文石
書院修建完畢之後，書院中的五賢祠旁，即可作為歲、科試與月課之考場，
使闔澎士子貫徹致知窮理、反躬踐履之宋儒工夫，方能深體朱子學之遺教，
並使胡建偉興建書院培育賢才之苦心不致浪費。

二、導民成俗之盼望

從先秦開始，無論是《荀子・樂論》之「樂者，聖人之所樂也，而可以
善民心，其感人深，其移風易俗，故先王導之以禮樂而民和睦。」〔註22〕或
是《孝經・廣要道章》所持論之「教民親愛，莫善於孝。教民禮順，莫善於
悌。移風易俗，莫善於樂。安上治民，莫善於禮。」〔註23〕縱使《樂經》已
佚，但樂教所影響之「移風易俗」，仍是千百年來儒者念茲在茲的重要教化目
標之一。清領時期的治臺賢宦、教育官員、僑寓士人、本土儒者等群體，在
所撰奏議、書牘、序跋、碑記中，亦呈現出「導民成俗」之思想要點。茲就
其年代分期，臚列敘述於次。

首先，在康、雍二帝在位期間的清領初期，文獻中即有此思想之呈現。
如康熙三十年（1691，辛未）任福建分巡臺灣廈門道一職的高拱乾，在秩滿
離任之前，曾撰〈捐修諸羅縣學宮序〉一文，開篇即云：

> 繼往開來，道莫高於夫子；梯山航海，治莫盛於國朝。至治之微，
> 無思不服；大道之象，有目具瞻。是以萬乘最尊，猶敦師禮；百蠻
> 殊俗，咸被文風。自天下建學以來，數仞宮墻，比崇日月；人材於
> 是乎出，教化於是乎興。故瞻其居、重其道，則為名將相、為賢卿

〔註21〕〔清〕蔣鏞撰：《澎湖續編》（臺北：臺灣銀行經濟研究室，1961 年 8 月），頁
　　　88。
〔註22〕〔清〕王先謙撰，沈嘯寰、王星賢點校：《荀子集解》（北京：中華書局，1988
　　　年 9 月），頁 381。
〔註23〕〔唐〕李隆基注，〔宋〕邢昺疏，鄧洪波整理：《孝經注疏》（北京：北京大學
　　　出版社，2000 年 12 月），頁 50。

大夫、爲貞婦、義士、順孫、孝子；不則，蠢然、塊然，草木昆蟲
等耳。至聖垂教，大而倫常功業、小而飲食日用，無所不寓；不必
盡出膠庠之中，莫非沐浴詩書之澤。雖極頑冥無知，往往頫首謁聖；
睹車服禮器，而化其難馴之氣。譬諸東風解凍、和氣飲人，其神妙
有莫可名言者。臺以海外地，明季通商，始有漢人。迨鄭氏遁踞，
舊家世族或從而東，生聚有年，而絃誦猶未廣也。越至於今，輸誠
納土，島民得睹天日；分設郡縣，招徠愈眾。十餘年間，聲教大通，
人文駸駸蔚起；即深山邃谷文身黑齒之番，皆知向風慕學。有識之士，
咸謂治以道隆、道隨治廣；從此海波不揚，內外如鄒魯矣。〔註24〕

高拱乾認爲，清廷入關之後，推行尊儒崇道之國策，透過興建聖廟、建置禮
樂器等方式，可使少數民族漸被儒風。臺灣雖曾設學，但並未能加以推廣。
因此，當臺灣納入清廷版圖後，高氏認爲暫時設治於善化里（今臺南市善化
區）的諸羅縣，亦可透過興建聖廟的途徑，使平埔族原住民興起歆慕儒學之
心，變易其風俗，進而使臺灣成爲海外鄒魯。

筆者於前項曾加以分析的陳璸，在康熙四十一年（1702，壬午）甫任職
臺灣知縣時，即撰〈條陳臺灣縣事宜〉十二條，言明改建文廟、興辦社學、
制定季考、推行鄉飲等要務。其中，「社學」一條即與移易風俗有密切之關係。
其文曰：

宜興各坊里社學之制，以廣教化也。社學即古者家塾黨庠遺制。蓋
爲人性皆善，但氣稟之偏，習俗之蔽，有入於不善而不自知者。古
昔社各立學，聚群弟子於其中，教以方名象數禮樂詩書之文，可使
上者爲賢人君子，次亦不失爲寡過之中人。末俗因循，不及時教其
子弟，忽成老大，習染既深，無可造就。所謂時過後學，徒勤苦而
無成，猶甘於遜謝曰：「吾子非學中人。」嗟乎！豈有不學自成之材？
又豈有學而必不可成之材哉？父兄之教不先，宰斯土者與有責焉。
海外非即化外不可訓誨之地也。張益州鎮蜀嘗言：「吾以齊、魯待蜀
人，〔而蜀人〕亦自以齊、魯之人待其身，若徒肆意法律以威劫（齊）
〔其〕民，吾不忍爲也。」可知法術刑民，原非所恃以爲治。教人
務學，乃眞爲治之本圖。職欲於每坊每里內設立社學，延老成有行

〔註24〕〔清〕高拱乾纂輯：《臺灣府志》（臺北：臺灣銀行經濟研究室，1960 年 7 月），
頁 252。

> 者爲之師，聚該坊里子弟而教誨焉。其教之目，自《四書》、《五經》
> 外，益以《小學》、《近思錄》二書，爲之正其句讀，稍稍解釋文義，
> 使自少習讀，長乃有得。其於學者身心性情，當大有裨益，非小補
> 也。〔註25〕

陳氏於開篇即認爲社學係三代遺風，認爲人性固然純善無惡，但也會受到氣
質之性與後天習染所囿，若能透過廣泛設學，當可培養大賢君子、寡過之人。
因此，陳氏引用蘇洵（1009～1066）〈張益州畫像記〉所載張方平（1007～1091）
治蜀善政的史例〔註26〕，向上官提出建議，治民理政，不宜徒恃刑法之嚴峻，
而應透過教化進行。可在臺灣縣轄內各坊、里設置社學，聘請老成而經明行
修者爲師，以《四書》、《五經》、《近思錄》及朱子《小學》等書教導坊里中
之子弟，使其明瞭句讀、文義後，自幼習讀，當可於身心性情有所裨益而逐
漸變易風俗。

　　當陳氏於康熙四十九年（1710，庚寅）陞任福建分巡臺灣廈門道兼理學
政後，又針對平埔族原住民之治理，撰〈條陳經理海疆北路事宜〉六條。其
中，「立社學以教番童」一條，亦具有導民成俗之期許。其文曰：

> 立社學以教番童。語曰：「人不知學，牛馬襟裾。」番雖異種，亦人
> 類耳。豈可不令識字，以同牛馬乎！請每社各立一學官，爲捐項置
> 書籍、延社師，以爲之教。使番童自八歲以上，胥就小學，習讀《孝
> 經》、《小學》、《論語》等書。教之既久，果有能講貫通曉，文藝粗
> 可觀者，該地方官破格獎進，以示鼓勵。稽古來名賢，出番族者往
> 往不乏。今爲之長養成就，將不擇地而生才，尤足以昭同文之化於
> 無外也。〔註27〕

陳璸引用俗諺，認爲人若不知向學，與穿上衣服的動物並無二致。而平埔族
原住民與漢民族雖非同文同種，但作爲治民理政的行政官員，不能對這些原
住民視而未見。因此，陳氏向福建巡撫建議，應在每一社設置「土番社學」，
添購書籍、延請師資，使八歲以上的平埔族原住民，從師讀《孝經》、朱子《小
學》及《論語》等書，並視其實績而加以鼓勵，則風俗亦有改易之一日。

〔註25〕〔清〕陳璸撰：《陳清端公文集》，收入黃哲永、吳福助主編：《全臺文》（臺
　　　　中：文听閣圖書公司，2007年7月），第一冊，頁100～101。
〔註26〕〔宋〕蘇洵著，曾棗莊、金成禮箋注：《嘉祐集箋注》（上海：上海古籍出版
　　　　社，1993年3月），頁395。
〔註27〕《陳清端公文集》，《全臺文》第一冊，頁114。

　　其後，陳璸又於康熙五十四年依福州奎光閣體制，建文昌閣於臺灣府學聖廟旁，並撰〈新建文昌閣碑記〉一篇。其文云：

> 嘗讀《文昌化書》，中有一、二幻語，心竊疑之。既而往復玩味，大
> 旨教人以修德積善，與〈梓潼帝君陰騭文〉一篇相表裏。於是深信
> 其言之有得於道，不予誣也。……予前歲奉命視學西川，得瞻禮祠
> 下，嘆天下之文章，莫大乎是。載考《漢史・天文志》：「斗魁列有
> 文昌星次。」吾又不知文昌之與梓潼，是一、是二？殆天人也耶？
> 神耶？孟子曰：「大而化之之謂聖，聖而不可知之之謂神」，姑置弗
> 深論；論其盡乎人，以應驗於天者可乎？科名者，進身之階；務學
> 者，立身之本。不務學而冀功名，猶不種而期收穫，必不得之數也。
> 顧為學之道，自求放心，始求之窈冥昏默，反荒其心於無用。不如
> 時觀象以自省，有如動一念焉，若帝君之予見；發一言焉，若帝君
> 之予聞；措一行焉，若帝君之予視、予指。必謹其獨，戒慎恐懼，
> 將所為修德積善者，悉根諸此，學不自此進乎？學進則識進，識進
> 則量進，量進則德修，而福亦隨集；由此而登高科、享大名，如持
> 左券。人之為歟？何非天之為也。有志之士，無急求名於世，而務
> 積學於己；亦無徒乞靈於神，而務常操其未放之心，藏焉修焉、息
> 焉游焉。〔註28〕

陳璸調任福建分巡臺灣廈門道之前，曾於康熙四十八年任四川督學道，曾親赴梓潼七曲山大廟瞻禮，因而對發源於四川之文昌信仰較當時其他官員更為熟悉。陳氏反覆閱讀《文昌化書》與〈梓潼帝君陰騭文〉後，認為文昌信仰之要旨在於修德積善。因此，陳氏認為，文昌之為星神或人神？可先不加判斷。重點在於，信奉文昌者，應當躬行踐履，自求放失之心，在日用之際作慎獨工夫，以一言一行、一舉一動皆如同文昌帝君在旁監察，自然言行舉措皆合乎士風，而非僅知乞靈於神祇。因此，陳氏認為「無急求名於世，而務積學於己。」「無徒乞靈於神，而務常操其未放之心。」筆者認為，陳璸之論述頗為在理，若能以慎獨之態度自葆本心、篤實為學，則亦「丘禱之久矣」之體現，因此，斯語不僅可對當時醉心場屋之士人施以當頭棒喝，亦可作當世考季前「文昌熱」之鍼砭，對於移風易俗，實大為有功。

　　除論述較多的陳璸之外，其他官員亦有此類之指涉。如康熙四十八年時

〔註28〕《臺灣縣志》，頁253。

任鳳山縣儒學教諭的施士嶽，於所撰〈鳳山文廟記〉也指出：

> 士嶽謂文廟告成，士皆歡感。從此子益知孝、臣益知忠；工文章者
> 顯當世、立事業者昭後代，莫不由文教中來。〔註29〕

施氏認為，興建聖廟之後，透過文教敷宣的日用濡染，可使一邑士民咸知忠
孝之道，改變當地原先風氣。因此，亦屬於導民成俗之範疇。

　　其後，康熙五十一年（1711，辛卯）任臺灣知縣的張宏，於所撰〈學舍
記〉文中提出：

> 司牧之職，以端教化、崇聖學為先務，使人知孝悌之義，尊君親上
> 之文，禮讓興行而風俗淳美，然後於司牧之職為無忝。況國家設學
> 博之員、專師儒之寄，所以風勵學校，表率多士者乎！……嗚呼！
> 學校王政之本也，非徒以文治具而已。士苟能自樹立，無不可以養
> 其才而適於用，雖中材，可勉焉。矧夫聰明俊秀樸茂之士，為學使
> 者所揀拔，以隸於黌宮者耶；亦在教之者加之意而已。若夫端本以
> 正士習、敦行以振士風，有其事者守其業，以不負聖天子化行海外、
> 設學命官之意，則秉鐸者之責也；余能無厚望於其間也哉？〔註30〕

張氏認為，官學是推行王道的根本，並非教導應考策略的「訓練場所」。行政
長官以及儒學教諭、訓導等地方教育官員，應當以端正教化、推崇道學為首
要任務，使當地士民瞭解日用倫常，進而讓一地風俗從澆漓變為美善，方能
無忝所職。因此，張氏期許該縣學之生員在興建學舍之後，能躬行實踐，從
自身開始端正士習、提振士風。

　　官方儒學人物除認為設置府、縣各級儒學機構，足以導民成俗外，亦認
為建置義學及提供相關經費之學田，也具備同一效果。如原籍福州府侯官縣
的臺灣府學生員陳聖彪所撰〈臺灣府義學田記〉即云：

> 斯舉也，衛公創之於前，周公成之於後。士氣以培、士習以端，海
> 外人文，且駸駸乎與上國媲隆矣。非郡憲作養之功，曷克臻此？聖
> 彪亦郡士而食公之德者也，因拜手而為之記。〔註31〕

陳氏認為，衛臺揆、周元文等兩任臺灣知府，分別設置田產，供應臺灣府義

〔註29〕〔清〕陳文達編纂：《鳳山縣志》（臺北：臺灣銀行經濟研究室，1961 年 11
　　　　月），頁 140。
〔註30〕《臺灣縣志》，頁 256。
〔註31〕周元文：《重修臺灣府志》，頁 374。

學所需，使肄業崇文書院之生員無後顧之憂。於是士子氣慨大振、習尚逐端。
且陳氏本身即蒙此學田之惠，由渠現身說法，益具備說服力。

在鳳山縣學生員李欽文所撰之〈鳳山義學田記〉中，亦呈現同一理路。
其文云：

> 邑侯宋公以武平調補鳳山。……乃復置義學，擇鄭應球爲之師；日
> 有試、月有課，頑者秀之、陋者文之。士之登其堂者，彬彬乎盛矣。
> 又慮其久而輒廢也，捐俸購田，以供束脩，而以半給燈火之資。斯
> 舉也，有三善焉：宣朝廷崇文至意，一也；樂育人才，二也；海外
> 之士篤於文行，三也。〔註32〕

李氏指出，宋永清任鳳山知縣後，不僅設置義學，聘生員鄭應球任教其中，
透過詳實的月課制度，勸誘士民向學外，也捐資購置田產，供給義學師資束
脩及生員膏火等費用。在李氏所見，此舉更具備宣揚朝廷崇文尊道、培育人
才、使鳳邑士子篤實學文並砥勵自身品行等益處，足以變化氣質。

同樣地，任職諸羅縣儒學教諭的陳聲，於〈諸羅義學田記〉中也說：

> 余懼作人之美意，無以垂久遠也，爰取而誌之。以戒夫食是餼者當
> 盡是職，毋徒博虛名而不既厥實，上負養育之意、下負生平之學也。
> 抑又望後之君子，振興而光大之。務使家絃戶誦，經正民興，士習
> 醇而世運隆，以臻於一道同風之盛焉，則幾矣！〔註33〕

諸羅縣義學之田產位於善化里灣裏溪旁〔註34〕，計四十四甲，係孫元衡於康
熙四十五年（1706，丙戌）以臺灣海防同知署理諸羅知縣時所購置，用以支
付延聘師資之束脩及受業士子之膏火費用。後因溪流沖刷而流失近半，陳氏
感孫氏械樸作人之美意，遂撰文以誌其事。陳氏認爲，行政官員願意捐俸購
置學田，教育官員及受業諸生也應當盡其本分，講授、研習各得其所，切莫
追求外在虛名而忽略實際之本質，倘若如此，則將辜負眾多美意與期許。陳
氏復又期望後世行政官員，能接續孫元衡捐資置田此一獎掖向學之美意，將
之振興光大，使諸羅縣境內皆能變化氣質、風俗醇厚之境界。

然而，縱使部分行政官員、教育官員及僑寓、本土儒者爲提振文教、導

〔註32〕 《鳳山縣志》，頁 140～141。
〔註33〕 〔清〕周鍾瑄編纂：《諸羅縣志》（臺北：臺灣銀行經濟研究室，1962 年 12
月），頁 257。
〔註34〕 案：有關孫氏購置之義學田產所在位置，《重修臺灣府志》作善化里，《重修
福建臺灣府志》作目加溜灣社，《諸羅縣志》則作開化里，謹附載備考於此。

民成俗而付出重大心力，當時之官箴、吏治仍未臻美善。因此，康熙六十年
（1721，辛丑）臺灣即爆發了清領時期之首次大型民變「朱一貴事件」。曾於
福州鼇峰書院講學的漳州籍的漢化畬族儒者藍鼎元（1680～1733），受其堂兄
藍廷珍（1664～1730）邀請擔任幕僚，隨軍渡海來臺平亂。對於平叛、治臺
等事務，藍鼎元曾撰〈覆制軍論臺疆經理書〉以進閩浙總督覺羅滿保（1673
～1725）。其中，亦有關係移易風俗者：

> 臺灣之患，又不在富而在教。興學校、重師儒，自郡邑以至鄉村，
> 多設義學，延有品行者為師，朔望宣講聖諭十六條，多方開導，家
> 喻戶曉，以「孝、弟、忠、信、禮、義、廉、恥」八字，轉移士習
> 民風，斯又今日之急務也。〔註35〕

藍氏認為，臺灣之所以發生民變，並非居民生活貧困所致，而是因為未能普
及教育、使人民受儒學影響所造成。因此，根治之道，在於興建學校、重視
教師，在各級行政區域廣泛設置義學，延請有品德者任教其中，每逢朔望即
公開宣講康熙九年（1670，庚戌）所訂〈上諭〉十六條〔註36〕，使境內各家
庭皆能明瞭「孝、悌、忠、信、禮、義、廉、恥」等八種倫常德目，使之因
日漸濡染而變化氣質，達到士習敦厚、民風樸實之成果。如此一來，方為治
臺之急務。

　　藍鼎元在雍正二年（1724，甲辰）寫給首任巡臺滿籍御史吳達禮的〈與
吳觀察論治臺灣事宜書〉信中，列舉他認為當時臺灣社會大眾的各種弊病，
並提出解決之道。其中，針對臺灣民眾的風俗問題，藍氏亦採取與前揭引文
同樣之觀點：

> 臺民未知教化，口不道忠信之言，耳不聞孝弟之行，宜設立講約，
> 朔望集紳衿耆庶於公所，宣講《聖諭廣訓》萬言書及古今善惡故事，
> 以警動顓蒙之知覺。臺屬四縣及淡水等市鎮村莊多人之處，多設講
> 約，著實開導，無徒視為具文。使愚夫愚婦，皆知為善之樂，則風
> 俗自化矣。講生自本地選取貢、監生員。或村莊無有，則就其鄉之
> 秀者，聲音洪亮，善能講說，便使為之。官待以優禮，察其勤惰，

〔註35〕〔清〕藍鼎元撰：《東征集》，收入黃哲永、吳福助主編：《全臺文》（臺中：
　　　　文听閣圖書公司，2007 年 7 月），第五十冊，頁 55。

〔註36〕案：有關康熙上諭十六條，詳見〔清〕馬齊等奉敕修：《聖祖仁皇帝實錄（一）》
　　　　卷三四〈康熙九年九月至十二月〉，收入《清實錄》（北京：中華書局，1985
　　　　年 9 月），第四冊，頁 461。

分別獎勵。〔註37〕

藍氏指出，治理臺灣時，可透過選取各地貢生、監生或當地音色洪亮、擅長演說的傑出人士擔任講生，於朔望向當地民眾宣講雍正帝之《聖諭廣訓》及善惡報應故事，則一般社會大眾皆可從中瞭解為善之樂，進而移風易俗。

朱一貴事變甫平不久，藍氏獲選優貢生進京，並參與分修《大清一統志》事務。然而，藍鼎元即便已離臺灣千里之遙，仍對臺灣社會念茲在茲。因此，遂於雍正五年（1727，丁未）上奏〈經理臺灣疏〉。其中亦提及：

> 再令有司多設義學，振興教化。集諸生講明正學，使知讀書立品，共勉為忠孝禮讓之士。而平日好動公呈、交結胥役、出入衙門之習，尚可以漸消。各縣、各鄉、各社，多立講約，著實宣講《聖諭廣訓》書，諄切開導，無徒視為具文。使愚夫愚婦，皆知為善之樂，皆知綱常倫紀、尊卑長幼之義，奉公守法，則浮囂不靜之氣，可以自平。
> 〔註38〕

藍氏一再強調應在臺灣各地廣泛設立義學、糾集宣講，使生員瞭解孔孟道統、性理之學，弭除交結公門之積弊；並使一般社會大眾，皆知善惡報應與日用倫常，則可變化氣質、導民成俗。正因藍氏對臺灣風俗轉窳為良之殷切企盼，因此，鄧傳安在道光元年（1821，辛巳）擔任北路理番鹿仔港海防捕盜同知時，倡建文開書院，供祀朱子及明末清初海外八位寓賢時，對於清初儒者，僅選入藍鼎元一人；而鄧氏於道光四年（1824，甲申）署理臺灣知府時，也在崇文書院五子祠增祀藍氏等八位寓賢。可見藍氏雖未逮中壽，然其對臺貢獻，亦可謂「死而不亡」者矣。

戰亂之後，學校等儒學教育場所受到破壞，自應加以修葺。因此，首任巡臺漢籍御史黃叔璥（1666～1742）遂於雍正二年撰〈重修臺灣縣學碑記〉。其文云：

> 璥維學校之設，所以長育人材，一道德、同風俗，教孝、教忠也。學者於此，不能窮其指歸而得其要領，身體而力行之，故父教其子、師勉其弟，沈溺於詞章，龐雜於功利、權謀、術數，所謂人材，不可問矣！道德奚自而一、風俗奚自而同？今臺當更化之後，學者蒸

〔註37〕〔清〕藍鼎元撰：《平臺紀略》，收入黃哲永、吳福助主編：《全臺文》（臺中：文听閣圖書公司，2007年7月），第五十冊，頁211～212。
〔註38〕《平臺紀略》，《全臺文》，第五十冊，頁233。

　　蒸然思復於古，知聖賢之所以教人者，其指歸、要領，不過欲人盡
　　力於君臣、父子、夫婦、昆弟、朋友之間。父教其子、師勉其弟，
　　日引日上，庶成篤學力行之君子，無從以詞章爲梯弋科名之具，無
　　或以功利、權謀、術數以流入於不肖之歸，則道德一、風俗同，庶
　　不負國家養士之隆，與賢司牧師旅饑饉之餘拮拮經營之意，實有厚
　　望焉。〔註39〕

黃氏於康熙四十八年成進士〔註40〕，其學宗法朱子。黃氏認爲，設置學校係
爲培育人才、齊一價值判準、風俗習尙而爲之舉。然而，若不能提綱挈領、
身體力行，則容易受到功利、權謀、術數等外緣因素而惑，沉溺於舉業詞章
之追求，經如此途徑所培育的「人才」，其眞才實學如何？則不言可喻。臺灣
納入清廷版圖之後，學者力求崇儒復古，唯有以古代聖賢教人之日用倫常入
手，使君臣、父子、夫婦、兄弟、朋友等五倫關係，各盡其分，方能成爲篤
學實踐之眞君子，而非以詞章爲舉業工具之小人儒，更非以功利、權謀、術
數等手段謀求仕進的不肖之徒。如此一來，當可齊一道德價值，進而變易風
俗、澄清士習。

　　而雍正六年（1728，戊申）首任兼理學政之巡臺御史夏之芳，將歲試文
辭雅馴之試卷集結爲《海天玉尺編》時，嘗撰〈海天玉尺編初集序〉云：
　　夫臺灣山海秀結之區也，萬派汪洋，一島孤峯，磅礡鬱積之氣互絕
　　千里。靈異所萃，人士必有鍾其秀者；況數十年沐休養教育之澤，
　　涵濡日深，久道化成，固已家絃戶誦，蒸蒸然共躋於聲名文物矣。
　　第四民之眾，士爲之倡；士習之邪正，風俗因之。臺郡人文蔚起，
　　寧患無才？有才不醇，則龐雜與卑污同病。昔人謂士先器識而後文
　　藝。士習不端，祇以文藻誇世，匪唯無益，抑且爲民害焉。稽臺郡
　　初闢時，歲、科揀才，多借資於漳、泉內郡。近已詔下釐剔，非生
　　長臺地者，不得隸於臺學。此又盛朝作養邊陲之至意。郡人士既得
　　秀於山海鍾毓；尤當厚自鼓舞，以上副皇恩，毋自域於棫樸菁莪外
　　也。柳州云：「報國恩，惟文章。」士生此昌明之世，成讀書績學、
　　修身立品，使文章積爲有用，而又以其詩書絃誦馴其子弟，化導鄉

〔註39〕《重修福建臺灣府志》，頁556。
〔註40〕江慶柏編著：《清朝進士題名錄》（北京：中華書局，2007年6月），上冊，頁
　　　289。

人，俾淳龐和氣，遍於蠻天箐嶺間；則上以鼓吹休明，下以轉移風俗，是固宣鐸者所厚望，而觀風訓俗之責，庶可藉此以報稱乎！茲因歲試告竣，擇其文尤雅訓者付之梓；而因以發之，益使臺之人知錄其文者之非徒以文示也。〔註41〕

歲試係府、縣學各級生員所須參加的「期末考」，並依「六等黜陟法」視其成績高低決定升降品第。〔註42〕夏之芳指出，臺灣士民受山川秀氣及學校教化數十年的交互影響，人文蔚起。然夏氏認爲之「人文」，非指擅長場屋舉業、文藻華麗之謂，而是器識高潔、士習端正者，否則不僅無益於治道，甚至有害於人心。士習之良窳，復與風俗之善惡有密切的關係。因此，夏氏認爲，朝廷已查禁寄籍、冒籍等弊端，臺灣士民進學較受保障，應當修養品德、力求學問，並將一己所學教導子孫，改變鄉黨，使風俗轉爲醇厚美善。翌年，夏之芳又將科試較佳者，合併歲試梓行爲《海天玉尺編二集》，並撰〈海天玉尺編二集序〉云：

臺地越在海表，才雋之士，時時間出；所慮無老師宿學，窮經嗜古而陶冶之。其抱守槧鉛者，甚以僻陋寡聞，銷磨其志於蚓竅蛙鳴之內。才以地限，殊可惜也。然余屢試校閱，皆隨材甄別，曲示鼓勵，故其文亦頗漸次有可觀者。大約文人之心，類從其地之風氣。臺士之文多曠放，各寫胸臆，不能悉就準繩。其間雲垂海立、鼉掣鯨吞者，應得山水奇氣；又或幽巖峭壁、翠竹蒼藤，雅有塵外高致。其一瓣一香，一波一皺，清音古響，以發自然，則又得曲島孤嶼之零烟滴翠也。海天景氣絕殊，故發之於文，頗能各逞瑰異。至垂紳搢笏、廟堂黼黻之器，則往往鮮焉。固其士之少所涵育，亦其地之風氣僻遠而然也。故歲試所錄，強半靈秀之篇，科試則多取醇正昌博者。爲臺人更進一格，亦俾知盛朝文教之隆，設科取士之法，以明白正大爲宗，而不得囿於方隅聞見間也。乃更合歲、科試文，得八

〔註41〕〔清〕王必昌纂輯：《重修臺灣縣志》（臺北：臺灣銀行經濟研究室，1961年11月），頁464～465。

〔註42〕案：清代歲試實施「六等黜陟法」，依成績高低決定生員之升（如附學生補爲增廣生、廩膳生，廩膳生取得「出貢」資格等）或降（如廩膳生降級爲增廣生、停發月米、開革官學身分轉赴社學肄業，增廣生降爲附學生，附學生黜革學籍等），且生員須在歲試中取得前四等的成績，方可參加鄉試前的「資格考」——科試。有關「六等黜陟法」之內容，詳參趙爾巽等撰：《清史稿》（北京：中華書局，1976年7月），第十二冊，頁3117。

十首，付之梓，以爲多士式。〔註43〕

夏氏認爲，一地士人之才學、文章，通常會與該地域之山川、風氣有關，因此，臺灣士子應試所撰詩文，有雲垂海立、鼇掣鯨吞氣象者，蓋亦山川之助；或有塵外高致之文，也與海外島嶼之地理環境有關。然而，其中卻鮮見廟堂之文，此亦與臺灣地理環境、缺乏窮經好古之老師宿儒教導有關。因此，夏氏於歲試衡文所取者，多爲鐘靈毓秀之篇，以顯示臺灣自然環境對人文之影響，而科試所取者，乃爲文醇正博雅者，一方面符合雍正帝要求之「清眞醇雅」風格，另一方面也是爲了教示生員，取士爲文當以正大爲宗，並使渠等明瞭教育足以變化氣質、移導風俗之理，不爲方隅見聞所囿。由是，足見夏氏作人育士之用心。筆者認爲，較爲可惜的是，夏氏刊行的《海天玉尺編》前、後集，乃至於本書第四章〈清領時期獎掖儒學之賢宦與重要科第人物〉第一節〈獎掖儒學之行政官員〉第一、二項清領前、中期所述及之楊二酉《梯瀛集》、張湄《珊枝集》、張珽《臺陽試牘》，其內容未能妥善保存下來〔註44〕，僅有清領時期的徐宗幹《瀛洲校士錄》留存於《全臺文》之中，無法對比夏氏所謂「雲垂海立、鼇掣鯨吞氣象之文」與「廟堂之文」之標準所在，難免令人有「杞、宋不足徵也」之憾。

其次，再觀乾、嘉二帝在位期間臺灣文獻所呈現有關「導民成俗」思想之篇章。如乾隆十年（1745，乙丑）任臺灣知府的褚祿，於〈重修文廟碑記〉中云：

余奉調來守臺郡，越日齋祓謁聖，仰瞻廟貌，巋然更新，而匠石尚說集未竣事。退而謁巡臺六、范二公，教以移易風俗，必先培養人材，當思體聖夫子崇道興學之意，以爲政治之本。余心識其語，因以知化理之隆，造邦者之大有造於茲土也。……崇道興學，所以勸士也。臺郡雖僻處海外，入廟者莫不知敬。《書》云：「未見聖，若弗克見。」今也面諸奐墙、聞諸胙薦，怵惕彌虔，士習以端，人材

〔註43〕《重修臺灣縣志》，頁465～466。
〔註44〕案：日據初期的日本學者伊能嘉矩，曾以「梅陰生」爲筆名，在《臺灣慣習記事》第二卷第三號中，以「我的書架（第二架）」爲題，介紹《海天玉尺編初集、二集》二卷、《珊枝集》一卷。但伊能氏在文內並未說明自身是否曾見此二書之詳細全文，因此，吾人也無法判斷這幾種書籍在日據初期是否仍然存在。詳見臺灣省文獻委員會譯編：《臺灣慣習記事（中譯本）第貳卷上》（臺中：臺灣省文獻委員會，1986年6月），頁130～133。

以出，文運以興。由是風聲廣勵，邪慝不作，獄息盜弭，刑清武偃，
百昌遂而諸福集，金湯固而磐石安。然則斯舉所繫，夫豈淺鮮也哉？
〔註45〕

褚氏爲江南松江府青浦縣（今上海市青浦區）人，於雍正十一年（1733，癸
丑）成進士。〔註46〕褚氏由福建延平知府調任臺灣，在朝謁府學聖廟行香後，
復前往拜訪巡臺滿、漢御史六十七與范咸。六、范二人告知，倘欲變易一地
之風俗，必先培養人才。褚氏透過自身觀察之經驗，發現臺灣雖爲海外一隅，
但經過近百年的儒學教育，進入聖廟後，亦皆知斂容尊敬。因此，褚氏認爲，
在重修郡學聖廟後，臺灣士民之習俗當可更爲端正，進而收致各種正面的效
驗。由是，吾人當可得知，六十七、范咸及褚祿等三位治臺官員，皆認爲儒
學教育具有導民成俗之功用。

　　承前所述，陳璸在興建文昌閣時，曾對文昌信仰提出自己的看法。謝金
鑾、鄭兼才在受聘負責《續修臺灣縣志》的纂修任務時，對於郡城及臺灣縣
的文昌信仰，亦作出了評論。其文曰：

　　文昌之祀於學宮也，其來已久。謂紫微垣六星，在斗魁之南，并主
　　天下文明之府。祀文昌猶《周禮》祀司中、司命，其旨似也。道之
　　顯者謂文，言文即言道也。祀之學宮，誰曰不宜？……而道家遂謂
　　「帝令梓潼帝君主文昌祿籍」，由是天下群然祀者，殆皆志科名求福
　　之意，其去道漸遠矣。然今世之奉文昌者，出其書有《陰騭文》、《感
　　應篇》、《丹桂籍》、《功過格》，大都本於福善禍淫之旨，以爲修身飭
　　己。《功過格》之法，日自記所爲，夜焚香質於神，謂宋趙清獻、蘇
　　文忠、明袁了凡皆行之，忠信之士信而奉之，則日用起居皆有所警
　　畏。所謂苟志於仁，無惡者，其不流於無忌憚也，信矣。自聖學不
　　明，士以孔、孟之書爲弋取科名之具，而不能明理致知，以爲行己
　　之恥，忽有怵禍福、知戒懼、兢兢於身心舉止、不敢妄爲者，則於
　　梓潼之書，猶有賴焉！故功令以列於祀典。今郡、縣學皆祀文昌，
　　而南、中二社惜字敬聖者，克勤克愼，其說皆本於梓潼；外此，有
　　祀文昌於小南門城樓之上者，曰振南社，則太原楊御史始其事。御
　　史作興文教，偉矣；然篤於風水之說，建秀峯塔於南，命祀文昌於

〔註45〕《續修臺灣縣志》，頁492～493。
〔註46〕《清朝進士題名錄》，上冊，頁397。

　　小南門城樓之上，祀魁星於大南門城樓之上，謂可協五行而應星宿，
　　遂使文明之象，冷落閩閻，夜聽巡鉦戍鼓之聲，與廝卒爲伍。厥後，
　　寇氛時起，驅士乘城，非其氣機所感歟！太原之說，殆堪輿家之陋
　　者。故是《志》於振南社之祀，置不錄。蓋欲以正祀事而破堪輿之
　　陋也！〔註47〕

謝、鄭二氏點出文昌六星之星宿信仰本質，並說明宋代以來道教以梓潼帝君
主持文昌、祿籍的信仰轉變，導致祭祀文昌帝君者，遂逐漸轉以功名利祿爲
追求，距聖道日遠。但是，謝、鄭二人再言及當時坊間流通的《陰騭文》、《功
過格》等文昌帝君善書，認爲其內容係以福善禍淫爲主，對於克己復禮、修
身愼獨，有俾益之處。再者，又批評八股取士之後，部分士子出發點有誤，
將聖學經典作爲博取功名之工具，不能作到格物致知、讀書明理，若能透過
文昌帝君諸多善書之助，則也可使其有所警惕而不敢爲非。其後，謝、鄭二
人再提到南社、中社書院同人興建的惜字亭、敬聖樓及其勤愼惜字之行爲，
皆源於文昌帝君之信仰。至於在小南門城樓供奉文昌帝君的振南社，則始於
巡臺御史楊二酉，二人認爲楊氏振興文教有功，但在大、小南門城樓供奉魁
星、文昌及興建秀峯塔，則是受堪輿舊說的影響，故未在志書中記錄此事，
用以破除陋說。

　　在清領時期的第二次大型民變「林爽文事件」之後，嘉慶十五年（1810，
庚午）楊桂森調任彰化知縣。當時聖廟雖已陸續重建，但其禮、樂器卻未能
齊備。因此，楊氏遂於翌年與縣學生員王有慶、洪鏞、劉開基、楊奎等人商
議後，發起倡捐，並撰〈制聖廟禮樂器記〉云：

　　禮至則不爭，樂至則不怨。不怨不爭，而天下治矣。怨爭之中於人
　　心最深，禮樂能治斯人怨爭之心亦最神。古者十三學樂，二十而冠
　　學禮，禮樂殆自少已習之。晚近之廢禮樂久矣，怨爭所由積也。禮
　　儀樂舞之遺，唯存其意於孔廟。禮樂不能不依乎器，而彰邑之禮樂
　　器皆缺焉；予下車始，即念及之。……予維習禮樂當能體禮樂之眞
　　意，尊孔子當能學孔子之實功。實功若何？孝弟是也；眞意若何？
　　敬和是也。能孝、能弟，能敬、且和，彰邑民億載皆平康矣。行見
　　人文日盛，彬彬焉蔚爲休明，以黼黻我盛朝之至治，皆於今與後之
　　諸生有厚望也。一籩、一豆、一磬、一鐘，幸母以故府常物而忽之。

―――――――――――――
〔註47〕《續修臺灣縣志》，頁 162。

> 至鳩金者，不望傳也。傳其人而其器得以長存，宜並附其名於碣。
> 是為記。〔註48〕

眾所皆知，孔子重視禮、樂之教，但《論語》亦有「禮云，禮云，玉帛云乎哉？樂云，樂云，鐘鼓云乎哉？」之語，可見孔子認為重要的是一個人須具備禮、樂之心，而非徒尚外在的禮、樂器。然而，若無實體之禮、樂器，又當如何透過練習禮樂而使禮樂之道內化於心？因此，楊氏倡明禮樂使人不怨不爭之功用，若能時習禮樂、尊崇先聖，方能從中體察孝、悌之實功與敬、和之真意，當縣中生員皆能體察儒家之實功、真意，則可變化氣質，並逐漸充擴，進而影響彰化民風，使其轉為平和純善。

除禮、樂器之外，彰化縣學之明倫堂也曾因林爽文事變而毀壞，朝廷雖發帑重建，但此前知縣皆未進行工程。因此，楊氏於籌資購製禮、樂器之同時，復與生員王有慶、林中桂、洪鏞、劉開基等人商議，並撰〈建明倫堂記〉云：

> 聖人為人倫之至。聖人者何？孔子是也。自孔子刪定纂修，明此人倫，而萬世始知有倫；而萬世始知所以為人。君仁、臣忠，父慈、子孝，兄友、弟恭，夫婦有別，朋友有信，此盡人可以與知、與能也。而盡其實則難；詣其極則尤不易。畏其難則阻矣；從其易者，隨時隨地隨事力體之，而人之分盡矣。孟子曰：「人倫明於上，小民親於下。」教民之要，其必以明倫為亟歟！……禮樂器備，而彰民怨爭之心，得以永息；主靜書院改修，而士民之有志禮樂者，得以事其事；豐盈倉改建城內，而民之遍災小患，皆可有備；明倫堂建，而民皆知有倫，而民皆得以完其為人。教之養之，有司責也，是何一非為愛民然耶？〔註49〕

楊氏認為，自從孔子刪述《六經》、倡明五倫，後世始知人倫之要。五倫係生民皆所能知、能為之舉，但若要躬行實踐，則較為困難，而倘要參其極致，更是困難之至。然而，亦可從日常簡易處加以實踐，逐步篤實為之，亦有達到極致之一日。因此，楊氏持論，縣學明倫堂興建之後，當可導民成俗，使士民皆知人倫之要，進而隨時隨地落實五倫之道。

楊桂森後因乞歸養老母而上疏辭任，得朝廷允許後，於嘉慶十八年

〔註48〕《彰化縣志》，頁449～450。
〔註49〕《彰化縣志》，頁450～451。

（1813，癸酉）赴臺灣府城候船西返。當時，吳尋源、楊丕烈二人刊行《文昌帝君孝經》，請序於楊氏。楊氏感其心誠，遂撰〈刊《文昌帝君孝經》序〉云：

> 按《孝經援神契》曰：「孝旨如醴泉。」《河圖》曰：「孝順二親，得算二千。天司錄所表事，賜算中功。」許叔重曰：「教者，上所施，下所效也。」人之行莫大於孝，故教字從孝。教者，教之以孝也。孝者，百行之原、五倫之首。全乎是，則爲人；背乎是，則爲禽獸。幾希之分，分以此耳。孔子曰：「吾行在《孝經》。經自天子至庶人之孝，皆備舉之。」儒士非熟此經、體此經，不得以爲儒。故至今輶學之士，皆能言之。茲吳君尋源、楊君丕烈，獨以《文昌帝君孝經》刊傳，非孔經以外，別有未盡之蘊：乃深知《文昌孝經》，皆所以推衍孔經，而讀者尤易入也。……我國朝名相國朱文正公，於嘉慶庚申請於上，特祀文昌。上崇儒重孝，有旨春秋增經費，祀以太牢，並祀三代。於特祭日，先祀三代，蓋重帝君之孝以教萬世；又追體帝君孝親之心，使天下萬世皆知孝敬帝君之三代，而帝君之孝益隆；而帝君教孝之心，愈充周而不可窮。惟聖人能知聖人，我聖天子所以篤祜甄禔，輝韺萬嗣，胥於是乎在。〔註50〕

楊氏援引《孝經鉤命決》、《孝經左契》兩種緯書〔註51〕及《說文解字》之語，認爲孝道是五倫之首、百行之原，人禽之別，即在於行爲是否合乎孝道。並說明儒者對於《孝經》，皆極爲熟悉，未能體察、涵泳《孝經》義理者，沒有資格被稱爲儒者。楊氏進而解釋，《文昌帝君孝經》係推衍孔門《孝經》而使一般民間社會大眾容易接受，並非在《孝經》之外，另有其他獨到的發明。其後，楊氏說明文昌帝君被納入國家祀典之原因，係得力於具備文昌帝君虔誠信仰者身分的「帝師」朱珪（1731～1806）〔註52〕在嘉慶五年（1800，庚

〔註50〕　《彰化縣志》，頁419～420。

〔註51〕　案：楊氏原文「孝旨如醴泉」引自《孝經援神契》；「孝順二親」引自《河圖》，筆者翻查《緯書集成》輯佚所得，然《孝經援神契》、《河圖》並無斯語，而是分別位於《孝經鉤命決》及《孝經左契》中。詳參〔日〕安居香山、中村璋八輯：《緯書集成》（石家莊：河北人民出版社，1994年12月），中冊，頁1008、頁997。

〔註52〕　案：朱珪除儒臣身分外，亦爲文昌帝君之虔誠信仰者。清代乾嘉年間四庫館臣蔣元庭纂修的《道藏輯要‧星集》中，即收錄朱氏校訂之《文昌孝經》、《元皇大道眞君救劫寶經》、《文昌應化元皇大道眞君說注生延嗣妙應眞經》及《陰騭文註》等四種文昌帝君典籍。

申）的請旨。筆者覆覈《清仁宗實錄》，嘉慶帝的確在翌年五月甲申日親詣北京地安門外明成化年間（1465～1488）所建之文昌帝君廟，行九叩禮，並命禮部太常寺比照關帝廟定制，將文昌帝君列入朝廷「群祀」之一。〔註53〕楊氏認為，因為嘉慶帝推崇儒道、表彰孝行，遂命祭文昌帝君之前，亦須追祀其三代。楊氏認為，祭祀文昌帝君、刊行《文昌帝君孝經》等行為，皆借重文昌帝君對尊親之孝心、孝行教導世人，使世人皆知孝親，進而移易風俗，變不孝為純孝。

其後，再觀道、咸、同、光四帝在位期間之臺灣文獻有關移易民風之思想者。如道光六年（1826，丙戌）任彰化知縣之李廷璧，曾撰〈捐修聖廟禮樂器序〉云：

> 禮樂之興也，生於情；而禮樂之行也，存乎器。情則有百世不易之理；器則無終古不敝之形。故夫因其廢墜殘缺，起而修之者，有司之職也。……夫彰之民好武也，釁起眥睚，而分類鬥爭；其相怨相仇，亦幾沿為風俗。乃自禮樂既興以後，十餘年，邑無兵革之患，豈非和平之感深，而囂陵之氣息歟？《記》曰：「禮至則不爭，樂至則無怨。」夫子曰：「君子學道則愛人；小人學道則易使也。」豈不信哉？獨是物久必敝者，理之所固然也；器惟求新者，情之所必至也。〔註54〕

彰化聖廟之禮、樂器，自楊桂森發起倡捐購置後，迄李廷璧任職之時，僅隔十年。然而，李氏所見，卻已是凋殘損失泰半的情況，不免發出感慨。由是，李氏乃與時任彰化縣儒學教諭的楊鍾麟〔註55〕商議倡捐修補禮樂器事宜，撰

〔註53〕 〔清〕曹振鏞等奉敕修：《仁宗睿皇帝實錄（二）》卷八十三〈嘉慶六年五月〉，收入《清實錄》（北京：中華書局，1986年7月），第二十九冊，頁79～80；《欽定大清會典事例》卷四三八〈禮部・祀典・文昌帝君廟〉云：「文昌帝君主持文運，福國佑民，崇正教、闢邪說，靈迹最著，海內崇奉，與關聖大帝相同，允宜列入祀典，用光文治。著交禮部太常寺，將每歲春秋致祭之典，及一切儀文，仿照關帝廟定制，詳查妥議具奏。」參〔清〕崑岡等修，劉啟瑞等纂：《欽定大清會典事例》，收入續修四庫全書編纂委員會編：《續修四庫全書》（上海：上海古籍出版社，2002年4月）史部政書類，第八〇五冊，頁25～27。

〔註54〕 《彰化縣志》，頁421～422。

〔註55〕 案：李廷璧稱楊氏為「鄉榜同年友」，然李氏乃雲南省晉寧州（今雲南省昆明市晉寧區）人，楊氏則為福建省汀州府連城縣（今福建省龍巖市連城縣）人，兩人皆於嘉慶五年（1800，庚申）登賢書，但並非同省同榜之舉子。詳參《彰化縣志》，頁80、頁87。

本文宣說禮樂之重要。李氏認為，禮樂之興，發自人之性情，而其具體行為，則端賴器物方能踐履。彰化居民自古尚血氣之勇，常因小忿而出現分類械鬥之行為，進而導致聚落間的仇怨。然而，自從楊桂森添置聖廟禮、樂器之後的十餘年間，彰化縣竟未再發生分類械鬥，是以李氏認為此現象係禮、樂器設置後，士民受禮、樂教影響，而將禮樂之道內化於身中之故。因此，李氏援引《禮記・樂記》及《論語・陽貨》之語，認為其言甚確，禮、樂之教，的確具備導民成俗之功用。

「導民成俗」另一個重要層面，係對貞節婦女的重視。道光二十八年（1848，戊申）至咸豐四年（1854，甲寅）任按察使銜分巡臺灣兵備道並兼理學政之徐宗幹，在卸任西渡之際，受周維新所請，為其所輯採錄臺灣百餘位守節婦女事蹟之《島上闡幽錄》作序云：

> 自蒞臺陽，隨地諮訪，非無白首苦節而茹蘗終身者、非無青年矢志而冰雪為心者；海外風氣靡靡，而官師蒞斯土者，又以勵翼民俗為緩圖，多漠然視之。彼窮鄉蓬蓽，生長深閨，不知激揚為何事；但行其心之所安、率其性之所具，懷清履潔，特立獨行於泯棼汙濁之中，無所為而為者，不更為難能可貴乎？年來採訪條約責之師生，卒無以應。今將回帆內渡，周生邠圖以所編《島上闡幽錄》相質問，雖蒐輯不無遺漏，而敘次百餘人，已思過半矣。周諮而集成之，是所厚望也。邠圖為乙酉拔萃科所取士，維時聞其敦行不怠，鄉評翕然，非徒以文采炫者。今而知其能崇尚氣節，無負期勉，且自信取士之尚無謬戾焉。是為序。〔註56〕

徐氏指出，自赴臺任職以來，透過諮詢、訪視等途徑得知，臺灣並非沒有終身守節、少年喪偶者。但是，由於臺灣風俗浮靡，此前地方行政、教育官員又未能以移風易俗為治政、教育之先務，遂忽視這些節婦、貞女之事蹟。徐氏認為，這些守節婦女的行為，並未受外界影響，皆係自然而然之舉，益加難能可貴。而周維新所輯《島上闡幽錄》雖未採錄俱全，然其內容所載百餘位守節婦女，應當已超過臺灣節婦之半，值得肯定。且周氏平素敦品勵行，廣受鄉黨好評，並非徒知場屋之術、窮究文采者流，透過《島上闡幽錄》一

〔註56〕〔清〕徐宗幹撰：〈臺灣周邠圖（維新）島上闡幽錄序〉，見氏著：《斯未信齋文編》，收入黃哲永、吳福助主編：《全臺文》（臺中：文听閣圖書公司，2007年7月），第五冊，頁102。

書，更可知道周維新崇尚氣節，並未辜負徐氏之期勉，徐氏也因此覺得自身於歲、科二試衡文取士時，應無缺失之憾。

筆者認為，徐氏此段似有二處值得商榷。一者，清領時期之臺灣，地方行政、教育官員並非如同徐氏所言「以勵翼民俗為緩圖，多漠然視之」，相反地，這些行政、教育官員對於表彰貞節婦女之行為，其實時有所見。筆者於本書第三章〈清領時期臺灣民間儒學設施與教學內容〉第四節〈各式旌表及其價值觀〉中，臚列、分析在徐宗幹任職按察使銜分巡臺灣兵備道兼理學政之前、之後受旌表的節孝貞烈婦女多人，清領時期纂修的眾多臺灣方志、採訪冊之〈人物志〉，亦多有立「節孝」、「貞烈」等目，用以記載當地守節、盡孝之婦女行誼。因此，徐氏若言「官師蒞斯土者，未就採錄之事實梓行周知」則可，言「以勵翼民俗為緩圖，多漠然視之」，則容或有厚誣前人之虞。其二，徐氏文中稱周維新係乙酉拔萃科所取士子、「自信取士之尚無謬戾」，然徐氏任職期間並無乙酉年，距離最近的乙酉年係道光五年（1825，乙酉），因此，文中所言乙酉，或有可能為道光二十九年（1849，己酉）的手民之誤。

而在同治元年（1862，壬戌），由於大甲當地生員何清霖、童生王輯及鄉紳王崑崗等人的發起、捐資與請願，歷經數年之後，終於在同治七年（1868，戊辰）正式設義學於鎮瀾宮內，時任淡水廳同知嚴金清並撰〈大甲義學碑〉云：

> 淡屬文風丕振，城鄉市鎮皆家絃戶誦，大有鄒魯之風。惟鄉僻處所，小民不知讀書之樂。當即出示曉諭：凡有窮鄉僻壤，均應設立義學，使貧寒子弟無力栽培者，皆入義學讀書，使其咸知孝弟忠信禮義廉恥，消其桀驁犯上之氣。〔註57〕

大甲本為平埔族原住民中道卡斯族之聚集地，隸屬「蓬山八社」之一，早在雍正十二年（1734，甲寅），貢生出身的福建分巡臺灣道張嗣昌即建議於平埔族各社置社師一人教導學童，並令各縣儒學訓導按季考察學習進次。因此，當時隸屬淡水廳的大甲，即建有大甲東社之「土番社學」。然而，在同治年間編纂《淡水廳志》時，大甲東社之社學早已廢置。〔註58〕筆者推測，該社學

〔註57〕臺灣銀行經濟研究室編：《臺灣教育碑記》（臺北：臺灣銀行經濟研究室，1959年7月），頁47。

〔註58〕〔清〕余文儀纂修：《續修臺灣府志》（臺北：臺灣銀行經濟研究室，1962年4月），頁361～362；《淡水廳志》，頁142。案：「蓬山八社」中各社之名，見載於《諸羅縣志》卷二〈規制志・坊里・社〉中。筆者祖籍苗栗縣苑裡鎮，

之廢置，可能與大甲週遭地區逐漸受漢民族移民入墾及平埔族原住民陸續漢化、遷徙至他處（如雙寮社、南日社遷至今南投縣埔里鎮境內一帶）等原因有關。但是，在土番社學廢置之後，大甲當地又缺乏官方或民間設置之義學、社學，倘欲求學，則必須前往位於寓鰲頭街西勢庄（今臺中市清水區文昌里）的鰲山書院就讀。因此，在當地士紳發起倡捐及請願下，終於將義學設置於鎮瀾宮內。嚴氏撰文指出，淡水廳轄內文風興盛，大型聚落皆能體現鄒魯之風。但是，偏鄉居民卻無法知曉讀書之樂。因此，舉凡轄內窮鄉僻壤之處，皆應設立義學，讓當地無力栽培子弟的貧寒家庭，將其子弟送入義學瞭解各種人倫日用德目，從而消解其性情中桀驁不遜、衝動犯上等不良習氣。透過上文，吾人可知，嚴氏亦與前揭治臺官員相同，認為設置學校具有變化氣質、導民成俗之功用。

　　至於光緒三年（1878，丁丑）受神岡三角庄呂家延請赴文英書院任教的舉人吳子光，亦曾撰〈文昌帝君祀典序〉提出己見：

　　　盛矣哉，文星之為靈，昭昭也。……今直省郡縣俱建立祠宇，明禋
　　　盛典，煌煌乎，與蜀關壯繆並隆焉。鄉中諸人士羣以文昌為司桂籍
　　　也，禮惟謹。若坊刻《陰騭文》疊疊數百言，相傳為乩筆，實現宰
　　　官身以說法者。按「陰騭」二字之義：陰，默也；騭，定也，言天
　　　默定下民形性耳。余謂天道無私，總之不出乎福善禍淫者近是。人
　　　惟一心嚮善以馴，致於念念皆善，則神在是，文章在是，即福命在
　　　是。讀書真種子，舍斯人其誰與歸！所謂「明德惟馨」也。是說也，
　　　吾以質星君，且以質世之崇奉星君，而昧於陰騭之原者。〔註59〕

文英社係呂世芳於道光年間鳩集同人發起，立會置田，以田產所得崇奉文昌帝君。呂氏死後，子耀南、孫汝玉等人紹述其志，並擴大為岸裡社文祠（即後來之文英書院），吳子光曾為之撰〈文英社梓潼帝君會序〉。其後，吳氏又為臺灣所見「文昌會」、「文昌社」之現象，撰文闡述己見。吳氏認為，文昌

　　　戶籍則在臺中市大甲區，皆「蓬山八社」境內。當地文史資料所指之「蓬山
　　　八社」，即吞霄社（今苗栗縣通霄鎮境內）、貓盂社（今苗栗縣苑裡鎮中正、
　　　客莊里一帶）、雙寮社（今臺中市大甲區建興里）、南日社（今臺中市大甲區
　　　日南里一帶）、房裏社（今苗栗縣苑裡鎮房裡里）、苑裏社（今苗栗縣苑裡鎮
　　　市區各里）、大甲西社（今臺中市大甲區德化里及大安區一帶，俗稱「社尾」）、
　　　大甲東社（今臺中市外埔區大東里一帶）。
〔註59〕〔清〕吳子光撰：《一肚皮集》，收入黃哲永、吳福助主編：《全臺文》（臺中：
　　　文听閣圖書公司，2007年7月），第十三冊，頁643。

帝君以飛鸞降示之《陰騭文》，係說明天道福善禍淫之理。人若能一心向善，進而使念頭無一不善，則己身自得文昌諸神默佑；發而爲文，亦得科名之助；積累其行，當有福命之驗。念念皆善者，方能稱得上是眞讀書人，即《僞古文尚書・君陳》所謂「明德惟馨」之理。因此，吳氏將其理念向文昌帝君提出疑問，並用以質疑當時世間徒知崇奉文昌帝君而未能躬行實踐陰騭之理者。筆者認爲，吳氏此論，當可與前揭陳璸〈新建文昌閣碑記〉相互發皇、同稱鍼砭，眞正稱得上崇奉文昌帝君者，當以自身行爲實踐文昌帝君廣積陰騭、孝友敬讓之道，而非徒知供祭者流。因此，吳氏上揭言論，亦可視爲具備導民成俗之思想一概。

三、經史閱讀之思辨

　　清代科舉制度承襲明制，據《清史稿・選舉志》所載，鄉、會二試皆分三場，應試士子須於試卷之首載明所習經典。起初，首場爲制藝，由《四書》命三題，《五經》各四題，應試者各占一經作答，用以測試士子「代聖人立言」之章法；次場爲論一道，判五道，詔、誥、表內科一道，旨在考驗士子公文處理之能力；三場爲經史時務策五道，旨在品騭士子對時政之識界高低。其後，因二場公文可在事前擬稿，導致雷同、抄襲事件發生，康熙二十六年（1687，丁卯）因而廢止詔、誥，並命《五經》卷兼作，而康熙、雍正年間之論題，則由《孝經》及《五經》、宋儒理學著作（《性理大全》、《太極圖說》、《通書》、〈西銘〉、《正蒙》等書）中命題。其後，乾隆二十二年（1757，丁丑）又廢二場之表、判，將首場《五經》藝移置該場，另增五言八韻律詩；乾隆四十七年（1782，壬寅）復改動順序，以律詩置首場《四書》藝後，《性理》論置二場《五經》藝後。乾隆五十二年（1787，丁未）更因士子專治一經，非旁通博涉之才，故以「落日條款」方式，自戊申科鄉試開始，計鄉、會五科，分年輪試一經，俟《五經》輪畢，即廢除鄉、會二試二場之論題，改由《五經》出題並試，以期取得淹通群經之才。〔註60〕

　　《清史稿・選舉志》又載，府、縣各級官學之中，儒學教授、教諭、訓導等教育官員，對於肄業其中之生員，須以月課、季考之方式，衡定其成績。考試內容包括《四書》藝及策論。生員除丁憂、患病、游學、重要事故導致無法出席外，不應月課三次者須受訓飭，終年不應月課者則黜革。且試卷亦

〔註60〕《清史稿》，第十二冊，頁3148～3152。

須送交學政查覆。學政主持之歲、科二試中，初以《四書》藝二題、經藝一題爲之，但慣例不命經藝。雍正元年（1723，癸卯）始於科試增加經藝，並於冬月試一書、一經。雍正六年（1728，戊申）調整爲歲試兩書、一經，冬月一書、一經，科試一書、一經、一策，冬月則減去經藝。乾隆二十三年（1758，戊寅）再改爲歲試一書、一經，科試一書、一策、一詩，冬月如之。〔註61〕

　　在這種月課、季考造士，歲、科試衡文，鄉、會、殿試掄才之整體制度影響下，清領時期之臺灣儒者，在其別集中，亦可見撰作《五經》藝、《四書》藝、史事議論之篇章。有時，治臺賢宦、教育官員亦會在其別集中，收錄自撰之經史論辨文章或月課示範篇章。而這些儒者所撰之篇章，吾人或多或少皆可從中見渠思想義理之歸趨所在。

　　首先，在康熙年間渡海來臺，後以寄籍方式參加童、鄉二試，於雍正七年（1729，己酉）登賢書，受劉良璧聘爲崇文書院山長，並協助劉氏編纂《重修臺灣府志》之范學洙（1689～1777），曾撰〈道南統緒論〉云：

> 道之在天壤也，固合東西朔南而無間者也。然而，道以人傳、人以地異，其統緒相承，未始不昭昭可考也。杏壇設教，道興於東；孟氏鄒人也，道亦東焉。乃漢鄭元師馬融，有道東之說，融蓋以道自任也。然馬與鄭雖有闡發《六經》之旨，要未能醇而無疵；道統之屬，君子不之許焉。吾閩龜山楊氏遊二程之門，學成而歸；明道目送之曰：「吾道南矣。」夫二程之學，雖遠宗孔、孟，實得力乎周子。周子者，繼千六百年之絕緒而開來學於無既也。太極一圖，人謂某傳自种、穆；抑知周子之學，非种、穆所能髣髴者。……至於《通書》，特暢其說耳。道之所該，一圖盡之矣。其曰「主靜」，即夫子「存誠」之謂也。惟靜故誠，天理人欲之幾，於此焉判；希聖希天，舍主靜何以哉？程子既見周子，始豁然大悟：其示學者，惟以居敬、窮理爲要。蓋居敬，則私無所入；窮理，則私不能混。周子之教，得程子而益明矣。二程高弟在南方者，有楊、游、謝三人；而惟楊獨得其宗。維時南方人士，事龜山者甚眾；而稱最者，惟羅仲素。迨後，李延平得其教以授朱子，蓋承周、程之統而衍龜山之派也。至於朱子，則集周、程、楊、李之大成，而爲道統之會歸也。天人性命之微，義利公私之辨，析之至精、訓之至悉；向非龜山得二程

之宗，則正學之興，胡爲而盛於南哉！而朱子之門，有眞、蔡、黃、陳諸君子相與倡明其旨，以教南方；所以南之正學，猶代有傳人焉。明自中葉以後，人自爲教、家自爲說，與《集註》、《或問》角勝者，日以猖狂；於是有晉江蔡虛齋著爲《蒙引》，字分句釋，發明《集註》、《或問》之蘊，而異說以息。是朱子以下，虛齋之功亦云鉅矣！間有一二失之穿鑿，不過爲從事制義者求新鮮耳；而未嘗不衷之於正也。嗣後有次崖之《存疑》、紫峰之《淺說》相繼而起，雖皆爲羽翼《集註》之功，而要皆得虛齋之啓發者也。若虛齋者，其殆道南一脈之遺緒乎？……《四子》、《六經》，猶吾道之譜牒也；能宗其說，即爲吾道之孫曾也。聖人之訓具在，《詩》、《書》之旨長存；學者能體而行之，則一脈相聯，人人可承，又何東西朔南之或間哉！而不然者，以剽竊爲著述，以支離爲得解，徒事空言，不能體諸實行，而猥曰道學之宗派，程子有知，能無麾之門牆之外哉？〔註62〕

范學洙在開篇即認爲「道無地域之分」，但因授受者有別，遂產生統緒之差異。范氏又認爲，漢儒馬融、鄭玄二人雖產生「吾道東矣」之典故，但馬鄭師弟二人僅能稱爲「傳經之儒」，而非「傳道之儒」。筆者推測，馬鄭被范氏視爲「未能醇而無疵」，應與漢代部分儒者解經時多引讖緯之說的時代風趨有關。因此，范氏進而申說濂洛統緒，認爲周、程迄乎楊、羅、李、朱等諸先生，方可稱爲「傳道之儒」。於濂溪，范氏認爲其〈太極圖〉及《通書》之見解，非如朱震（？～1138）《漢上易傳・表》「陳摶以〈先天圖〉傳种放，放傳穆修，修傳李之才，之才傳邵雍；修以〈太極圖〉傳周敦頤，敦頤傳程頤、程顥」〔註63〕所言，得於陳摶（871～989）、种放（955～1015）、穆修（979～1032）所傳，並認爲濂溪之「主靜」與孔子之「存誠」並無二致，而明道、伊川二先生闡發濂溪之教，以「居敬」、「窮理」教人，故能昌明周子繼往開來之道。其後，復述龜山承二程之學，遂「吾道南矣」而下啓閩學一系。范氏指出，朱子可謂濂洛之學的集大成者，而朱子之門人蔡元定（1135～1198）、黃榦（1152～1221）、陳淳（1159～1223）及後學眞德秀（1178～1235）等人，又是閩學的傳播者。迄明中葉以降，陽明及其門人質疑朱子《四書章句集註》與《四

〔註62〕〔清〕六十七撰：《使署閒情》，收入黃哲永、吳福助主編：《全臺文》（臺中：文听閣圖書公司，2007年7月），第二冊，頁193～194。

〔註63〕〔宋〕朱震撰：《漢上易傳》，收入《景印文淵閣四庫全書》，經部易類，第十一冊，頁5。

書或問》之說未妥，晉江蔡清（1453～1508）遂撰《四書蒙引》發明朱子二書之義理，力攻王學。其後，又有同安林希元（1482～1567）撰《四書存疑》，晉江陳琛（1477～1545）撰《四書淺說》，皆係得蔡清啟發而來，因此，范氏認爲蔡、林、陳等三人，亦可視爲明代道南之學的遺緒。最後，范氏指出，只要儒者能以《六經》與四子書爲要歸，躬行實踐其義理，即爲先聖統緒，並無地域之區別。但若以剽竊、支離、空談等「旁門」方式爲之，缺乏踐履工夫，自不能視爲理學中人。

筆者認爲，范氏此文除體現自身閱讀各種前行著作而對宋明理學發展進行梳理之外，亦可使吾人瞭解一般學術流變史或斷代思想史著作中，較少著墨的明中葉以後福建思想史及區域《四書》學發展，有其可觀、可貴之處。至於范氏在文末引用象山「此心同此理同」之名句，亦可見清代部分理學後人已不再強力排斥陸學之論述。而在范氏活躍年代同時、稍後，以吳、皖地區爲主之部分儒者，認爲漢儒「去古未遠」而反對宋儒性理之學，被視爲清代學術的「一代有一代之盛」。但范氏並未「跟風」崇尚漢儒，仍然採宗朱立場，並視陽明及其後學爲「猖狂」、「異說」。一方面固然有清代官方儒學推尊朱子之影響，但另一方面，也一定程度地反應出：攻朱崇漢的乾嘉思潮，並不能等同於清代學術思想之全貌，而漢學亦非清代官方儒學之正宗。同樣地，這一點亦體現在清代各府、縣聖廟的二廡中，周、張、二程等四先生被尊爲「先賢」，而清代從祀二廡者止於張伯行，乾嘉漢學諸儒無一與之的現象。

其次，曾於嘉慶年間任嘉義、彰化兩縣儒學教諭之謝金鑾，亦有閱讀經典、史傳之後的感發之作。謝氏《二勿齋文集》中，卷一所收篇章，多爲論說、解經之性質，如〈勢論〉、〈原利〉、〈師說〉、〈異物說〉、〈《易‧訟》卦象辭解〉等。同卷的〈蘧伯玉論〉，即屬於閱讀經典後所產生的論辨文章。其文云：

> 蘧伯玉者，衛之賢君子也。名行聞于時，而未嘗見用。伯玉在衛，如孔子在魯，爲異姓之賢，氏族不著于國，故雖仕而弗顯。……伯玉果爲衛大夫，以《左傳》考之，則當在獻公之時。其時衛國多故，伯玉既食祿居位，豈無一言可紀、一事可書？乃終《左傳》無見也。……是二者余甚疑之，夫伯玉在衛之久，無一言一事之及其身，而獨於放弒之事則必聞之；且伯玉所居何職，爲軍國大計所必諮，而去位之速又脫然如此乎？夫伯玉者，名行聞於時，而其身弗用者

也。惟名行聞於時，故爲國中所敬憚。……蓋小人之情危疑內懼，欲得一言爲藉口也，孫、甯之告伯玉，亦猶是耳。……且使伯玉仕衛爲大夫，閒在則仕閒，剽立則仕剽，其居官幾數十年矣，何至靈公之時，猶待史魚終身之薦，竟不見用，而尸諫于死後哉？史魚以史得名，吾知其爲史官矣，伯玉何官則吾不知也。無錫顧復初先生作《春秋大事表》，于當時之事勢人情，莫不洞然，而言之切中，而獨于蘧伯玉一論有未盡者，……嗟乎！顧氏之說非也。……左氏所書伯玉之言，可謂直辭以折矣，使不敢動，非伯玉之時也。乞師討罪以復其君，尤非伯玉之時也。且獻公豈宜復者哉？逃之深山，終身不復出，則後世國破家亡之事，而非所論於春秋之情勢，與立衎、立剽之事實也。顧氏之言，皆當權委任休戚相關，與後世孤臣殉節之所爲，以處伯玉則已疎矣。要以左氏之言爲不可信，則余亦疑之。……淮南、蒙莊詎未之聞耶，何舍其所重而稱其所輕也。以是求之孫、甯作亂之時，未知衛國果有伯玉否也。假其有之，亦伯玉少年之事，仕與未仕皆未可知，其不足以爲伯玉病也，信已。〔註64〕

蘧伯玉係春秋衛國賢者，《論語》凡二見。一爲其使訪問孔子時，言及「欲寡其過而未能」，一則孔子譽之「君子哉蘧伯玉！邦有道，則仕；邦無道，則可卷而懷之。」〔註65〕而得配祀聖廟，爲東廡先賢第一人。謝氏於開篇即提出質疑：蘧伯玉既爲名行遠播的賢君子，何以不見用於衛國？蘧伯玉若仕衛獻公爲大夫，《左傳》爲何不記錄其言行？反而僅載孫林父向蘧伯玉詢問廢立、出君之事？假若蘧伯玉已於獻公衎、殤公剽時出仕爲衛大夫，至衛靈公在位，已是仕宦數十年之老臣，爲何仍未得到重用，尚須待史魚死諫？史魚以官爲氏，而蘧伯玉於衛國究竟任何官職？這些都是謝金鑾所疑惑之處。因此，謝氏透過閱讀曾任國子監司業的顧棟高（1679～1759）所著《春秋大事表》一書，試圖由其〈衛蘧伯玉論〉瞭解當代學者之觀點。但是，在閱讀顧書之後，謝氏認爲，顧氏於該篇持論之「是《春秋》之馮道也，尚安得爲伯玉乎哉！且夫子之作《春秋》，將以嚴君臣之分，立臣子之防，使爲人臣者盡忠不貳以

〔註64〕 〔清〕謝金鑾撰：《二勿齋文集》，收入黃哲永、吳福助主編：《全臺文》（臺中：文听閣圖書公司，2007年7月），第二冊，頁15～17。

〔註65〕 〔宋〕朱熹撰：《四書章句集注》（北京：中華書局，1983年10月），頁155、頁163。

事其君。今以伯玉此舉爲合道，是使後世之偷祿改容、全生苟免者有以藉口，與《春秋》之志違矣。……當孫林父之以謀告伯玉也，伯玉能正色直辭以折之，使不敢動，上也。不然乞師大國，討孫、甯之罪而復其君，次也。不然則逃之深山，終身不復出，又其次也。乃衍出而臣剽，剽弒而復臣衍，有事則束身出境，無事則歸食其祿，視其君如奕棋，漠然不關其慮，是五代之季畔亂反覆者之所爲，而謂伯玉出此乎哉！或謂伯玉身非正卿，故委蛇以合道，又非也。夫位之崇卑不同，而其爲人臣子則一也。今有人欲劫質其父，謀之其子，更十年而復歸之，其子乃恝然不顧，其父之出也聽之，其父之歸也復受之，是尙安得爲人子乎！」〔註 66〕有偏頗不當之處。考襄公十四年《傳》所載孫、甯二人出君之緣由，係獻公先無信、無禮於大臣，又暴虐於樂師、偏聽寵妾言辭，孫文子得到線報後，遂問蘧伯玉以「君之暴虐，子所知也。大懼社稷之傾覆，將若之何？」伯玉則以「君制其國，臣敢奸之？雖奸之，庸知愈乎？」相對，並因懼怕發生動亂而盡速遠離衛國境內。〔註 67〕謝氏認爲，顧氏之言，過於以今論古、以今非古。其觀蘧伯玉之對孫林子問，實已符合顧氏所言之「直言以折」，但若欲使孫、甯二人不敢輕舉妄動，則蘧伯玉並未具備天時之利。而顧氏所謂中策之「乞師大國，討罪復君」，亦非蘧伯玉所能爲，且暴虐、無信、無禮之君，是否應當復立？臣子被逼迫而出君，是否應當聲討？顧氏皆未考慮到這些面向。至若顧氏下策之「逃之深山，終身不復出」，也不符合孔子於《論語・泰伯》所提倡的「天下有道則見，無道則隱」，而是後代孤臣殉節之舉。因此，謝金鑾持論，如果要以後設角度認爲時代相距較近的《左傳》所載蘧伯玉問對、出境之事不可信，也會讓人感到質疑。可是，《莊子・則陽》、《淮南子・原道訓》皆未載前揭史事，反而記錄了「蘧伯玉行年六十而六十化，未嘗不始於是之而卒詘之以非也，未知今之所謂是之非五十九非也。」及「蘧伯玉年五十，而有四十九年非。」〔註 68〕爲何捨棄涉及家國之重的史事不記，而記錄蘧伯玉個人悔過工夫之小事呢？因此，謝氏認爲，孫、甯出君之時，蘧伯玉可能尙未出生，即便出生，亦爲其

〔註 66〕〔清〕顧棟高輯，吳樹平、李解民點校：《春秋大事表》（北京：中華書局，1993 年 6 月），頁 2623～2624。

〔註 67〕〔周〕左丘明傳，〔晉〕杜預注，〔唐〕孔穎達正義，浦衛忠等整理：《春秋左傳注疏》（北京：北京大學出版社，2000 年 12 月），第三冊，頁 1057～1059。

〔註 68〕〔清〕郭慶藩撰，王孝魚點校：《莊子集釋》（北京：中華書局，1961 年 7 月），頁 905；何寧撰：《淮南子集釋》（北京：中華書局，1998 年 10 月），頁 51。

年少之事，是否已出仕？皆所未知。因此，並不宜以孫、甯出君此事而責怪蘧伯玉，否則，就容易流於以今非古、厚責古人了。

　　身爲清領時期首位以臺籍身分成進士且其事功全在臺灣之「開臺黃甲」鄭用錫，在由楊浚編撰的鄭氏遺稿《述穀堂制藝》中，除收錄嘉慶二十三年（1818，戊寅）鄉試《四書》藝〈無爲而治者其舜也與〉、〈明乎郊社之禮禘嘗之義〉、〈學則三代共之皆所以明人倫也〉及道光三年（1823，癸未）會試《四書》藝〈切問而近思仁在其中矣〉、〈知遠之近知風之自知微之顯可與入德矣〉、〈入則孝出則悌守先王之道〉外，亦多有主講新竹明志書院時的月課擬作之文。如〈發憤忘食樂以忘憂不知老之將至云爾〉云：

> 聖人自明不異人，亦憤樂以終其身而已。蓋憤樂固尋常事，而至忘食忘憂以不知老，聖人豈眞不異人哉！……人受命於天而爲人，即予人以不已之爲，吾之爲人，亦無異也。以由也從學多年，凡吾之少而壯、壯而老者，雖自盡於當躬，而要無難代白其中藏也。夫吾之爲吾，非別有他奇也，盍即理之未得、已得觀之，人非自暴自棄，必不以得失爲無關，而轉置諸度外。吾之於未得，祇皇皇以求，瞬息有難安之隱，則發憤也有然。吾之於已得，祇欣欣自喜，衷懷有莫遏之機，則樂也有然。人非見異思遷，必不以俗情之憧憬而遽改其懷來。吾之憤於未得，覺饔飧不計，惟期奮起而直追，則忘食也有然；吾之樂於已得，覺拂逆胥平，不識消歸於何有，則忘憂也有然。夫以如是之憤樂，而謂吾猶知老之將至乎？兩間之道理無窮，歷一境焉，更有一境之遞續；即歷一境焉，更有一境之羆皇，悠悠乎奚自己乎？吾惟知未得之可憤，而此外之可憤者尚多；吾惟知已得之可樂，而此外之可樂者不少。以難償之探索，值此有限之居諸，縱使多假數年，猶且有累世莫究、窮年莫殫之恐。況乎及今未晚也，而老何知焉？……吾惟知憤以忘食，而憤之極忽變而得樂；吾惟知樂以忘憂，而樂之極又迫而有憤。以懽戚之相尋，當此遷流之日月，設或桑榆難挽，不免有沒世無名、蹉跎莫及之悲。何幸此生猶在也，而老何知焉？不知老之將至，吾之爲人如此云爾矣，由何不爲葉公告也。〔註69〕

〔註69〕〔清〕鄭用錫撰：《述穀堂制藝》，收入黃哲永、吳福助主編：《全臺文》（臺中：文听閣圖書公司，2007年7月），第四冊，頁261～262。

臺灣銀行經濟研究室在整理鄭用錫相關著作時，夏德儀（1901～1998）教授
在卷首〈弁言〉指出「鄭君嘗撰《欽定周易折中衍義》一書，凡數十萬言，
未刊。其著作之刊行者有《北郭園全集》……。《全集》中有文鈔一卷、詩鈔
五卷、制藝及試帖各二卷。……制藝、試帖不足取，故僅錄其詩鈔五卷，標
點付印。」〔註70〕夏氏生於已廢除科舉之清末，其學術訓練則養成於力詆前
清之民國初期，對於八股制藝，自然認為「不足取」。然而，筆者認為，八股
文在撰寫時，既然講求「代聖人立言」，則對於設身處地、推求其思這種「同
其情的理解」之立論觀點，亦有一定程度之貢獻存在；而在破題、承題、起
講、起股乃至中、後、束三股與大結等撰寫程式中，或散或偶，對文章謀篇
布局而言，亦有其邏輯可觀之處，容或未必全以「未足取」衡之。觀鄭氏前
引〈發憤忘食樂以忘憂不知老之將至云爾〉，即屬於八股命題中的「數句題」，
作者需代孔子告知子路對葉公問其師為人之情境。因此，鄭氏先於破題處點
出「聖人」是否有與常人相異之疑。而後，申說孔子與常人無異之處。倘強
謂有異者，則必也在「理」之未得、已得之間。鄭氏認為，孔子於理有未得
處，則惶惶以求、瞬息難安，遂發憤而忘卻他務；一旦於理豁然貫通，則欣
欣自喜，遂能樂而忘憂。既然勤勉於格物窮理，以未知為可憤，以已得為樂，
則形軀漸衰之外相，對孔子而言，自非關注之焦點所在，因而不知老之將至，
年歲、時間對於孔子而言，僅是深恐歿世無名、蹉跎莫及之憾，而常民大眾
關注之年老體衰，並非孔子所在意者，此即鄭氏認為孔子所以與常民相異之
處。由是，鄭氏認為，子路應當在面對葉公詢問其師為人時，以孔子把握時
間追求道理而不計外在表徵之生活態度與生命價值觀加以回答。筆者認為，
以是觀之，鄭氏所言，亦具備「終身學習」、「樂學」之思想，有其正面積極
之價值存在，並非「不足取」之文所能論定。

　　清領時期北臺灣第一位拔貢生鄭用鑑，曾主講淡水廳治明志書院長達三
十餘年，造就人才不計其數。筆者在本書第四章〈清領時期獎掖儒學之賢宦
與重要科第人物〉第四節〈各地域之儒林仕紳舉隅〉第廿三項中，即指出大
龍峒舉人陳維藻、陳維英兩兄弟，皆為鄭用鑑主講明志書院時之門生，而陳
維英日後又主講明志、學海、仰山等北臺灣三所重要書院，因此，清領晚期
北臺灣之儒學發展，實與鄭用鑑、陳維英二人，有一定程度之關係。且鄭用

〔註70〕〔清〕鄭用錫撰：《北郭園詩鈔》（臺北：臺灣銀行經濟研究室，1959 年 5 月），
　　　　弁言。

鑑既然以教職選用並主講書院，月課必有文章撰作，以爲門人師法。因此，在《靜遠堂文鈔》中，即收錄不少鄭氏閱讀經典、史傳之後，所作的論說文章。茲舉〈程朱《易》說異同〉爲例。其文云：

> 伊川之《易》主孔子，以其發明〈象傳〉也；朱子之《易》主邵子，以其收歸〈先天圖〉象也。朱子只以《易》爲卜筮之書，故不滿於《程傳》，謂「經文本意，都被硬說殺，不見開物成務活法。」又云：「但觀其理，則意味無窮，各有用處；以經文、卦畫考之，不免可疑。」朱子自有朱子見地，此等處不須拘泥。蓋卦爻之理，說得分明，則觸類旁通，隨處皆有《易》理，細心體會，自有領悟之處。伊川所云：「求言必自近始」，自是平正通達之論，可爲讀《易》者開一便捷法門。程朱之說雖各異，而要無不可相通也。〔註71〕

竹塹鄭氏世習《易經》，並雅好宋儒性理之學。鄭用錫撰有《欽定周易折中衍義》，對李光地《周易折中》加以發揮；而鄭用鑑亦撰有《易經圖解》與《易經易說》二書，《靜遠堂文鈔》中，亦收錄〈讀《易經》〉、〈八卦方位考〉、〈雜說（《易》有太極）〉、〈先儒言易詳於觀變玩占之說〉及上揭引文等篇，皆爲閱讀《易經》及歷代《易》學著作後的興發之作。程、朱二子皆有《易》學著作，然二子於《易》理路之同異，則爲值得觀察之處。鄭用鑑在文中認爲，伊川《程氏易傳》發明〈象傳〉之義理，故言《易》時，係宗法孔子〈十翼〉之理；朱子《周易本義》收入陳希夷數傳至邵康節的〈先天圖〉，因而在解《易》時，係取徑於邵子數學之理。鄭氏又舉朱子〈答趙履常〉「經文本意，又多被先儒硬說殺了，令人看得意思局促，不見本來開物成務活法。」與〈答鄭仲禮〉「向見敬夫及呂伯恭皆令學者專讀《程傳》，往往皆無所得。蓋《程傳》但觀其理而不考卦畫、經文，則其意味無窮，各有用處。誠爲切於日用工夫，但以卦畫、經文考之，則不免有可疑者」〔註72〕兩篇書信所言，認爲《易》本卜筮之書，其中亦有象數之道，若如程子一般僅言義理，容或造成偏廢之失。然而，鄭氏也持論，若能觸類旁通，則以象數說卦，或以義理衡之，皆可體現《易》道所在，進而從中細心體會，自得領悟其妙。而程子《伊川易

〔註71〕 〔清〕鄭用鑑撰：《靜遠堂文鈔》，收入黃哲永、吳福助主編：《全臺文》（臺中：文听閣圖書公司，2007年7月），第四冊，頁376。

〔註72〕 《晦庵先生朱文公文集》，《朱子全書》，第二十三冊，頁2653；第二十二冊，頁2318。

傳・序》所言「故善學者，求言必自近。易於近者，非知言也。」〔註73〕則提出平實之理，讓《易經》初學者有一便捷入手管道。因此，鄭氏認為，程子、朱子在解《易》時，側重的面向雖然不同，但透過解《易》最終追求的道理，仍是並無二致。

主講神岡文英書院的吳子光，除前揭引文具有導民成俗理路之外，在其《一肚皮集》中，亦多有觀書而發的論說文章。如〈漢儒多經術說〉即云：

> 九家，惟儒家者流獨尊，宜有虛心、歉心，而不可有師心、闇妄心。蓋讀書，難事也，莫難於經世之學，其次則經史之學。經學，自漢儒始，其時諸經立博士，各有師授。自公孫宏曲學阿世外，凡列名于〈儒林傳〉者，皆所謂專門名家者也。然讀劉子駿〈讓太常博士書〉「信口說而背傳、記，是末師而非往古。至於國家將有大事，若立辟廱、封禪、巡狩之儀，則幽冥而莫知其源。猶欲保殘守缺，挾恐見破之私意，而無從善服義之公心，或懷嫉妬，不考情實，雷同相從，隨聲是非」云云。夫以漢代尊崇聖經，士之飾經術為吏治者，亦不乏其人。所有明堂典禮，缺然弗講，故公玉帶得以其說干之，固千載一時也。經史之學，至漢稱極盛，及魏晉而辭章之學興，建安七子以文名世，夫人而能言之，乃讀曹子建〈與楊德祖書〉「劉季緒才不能逮於作者，而好詆訶文章，掎摭利病」云云。按：季緒為劉表子，著《詩賦頌》六篇，見于摯虞《文章志》，亦非毫無知識者，猶為當塗所譏。今人根柢淺薄，目不睹《史》、《漢》，故不諳文法：見瑰博者，輒詆為雜：古奧者，輒詆為澀，為險怪。良由識闇才短，與心粗氣驕，遂以麼蚍蜉撼茲大樹，而劉季緒不絕於天下矣。夫辭章之學，雖稍次經史之學，亦有淵源授受存焉。諸大家傳世遺編，今皆賴以考見。乃庸庸者，于時藝試帖之外，別無所用心也，悲夫！
> 〔註74〕

吳子光認為，自漢武帝獨尊儒術、罷黜百家以來，儒者取得學術思想上的競爭優勢。但儒者更應具備謙虛、滿足之心，不可師心自用、愚闇不明。而儒

〔註73〕〔宋〕程顥、程頤著，王孝魚點校：《二程集》（北京：中華書局，1981年7月），頁582～583。

〔註74〕〔清〕吳子光撰：《一肚皮集（二）》，收入黃哲永、吳福助主編：《全臺文》（臺中：文听閣圖書公司，2007年7月），第十一冊，頁281～281。

者所習諸學中，最難者，即爲「身通」的經世致用之學，其次則是經、史之學。因此，吳氏透過閱讀《史記・儒林列傳》，認爲除公孫弘曲學阿世、苟求名利外，其餘漢儒皆皓首窮經而成爲一時碩彥。然而，在當時今古文之爭的學風下，若閱讀劉歆〈移讓太常博士書〉，即可瞭解今文學派對古文經的輕視，甚至到了黨同伐異的地步。而漢末以迄魏晉，三祖陳王、建安七子以文章取勝，但亦同樣出現恃才傲物、隨意譏刺之病，如劉季緒詆訶他人文章，復受譏於曹植之情況。而吳子光認爲，清領時期的臺灣，方之漢魏，則當時士人識見益加淺薄、心性更是粗鄙驕橫，在辭章之學一道，僅知八股作法，未能熟讀前輩方家著作，遂以瑰博之文爲龐雜，以古奧之文爲險怪晦澀，是可悲之現象。筆者認爲，經濟、義理、考據、辭章四概，皆爲儒者素習，本不應偏廢，亦不宜彼此輕視。吳氏此文不僅點出部分漢儒與漢末文人的醜態，亦生動刻畫清領晚期臺灣部分士人「兩耳不聞時務事，一心只讀擢科書」，僅知場屋舉業之法，未能知曉辭章之學的源流與美文佳製，不僅可悲，亦可見吳子光內心的沉痛與價值取向。

而在清領末期選爲彰化縣歲貢生，於採訪中臺灣地區存歿節孝貞女婦女事蹟方面，有其力焉的吳德功，同樣亦有觀書興感之文。吳氏《瑞桃齋文稿》書中所收篇章，〈驪虞解〉、〈小學考〉、〈諡法論〉屬經學範疇，〈孔教論〉、〈朱陸異同辨〉、〈讀朱子《小學》書後〉屬義理範疇，〈晁錯論〉、〈漢文帝論〉、〈孫武吳起論〉、〈鄭成功論〉等，則屬史事評議。而吳氏〈齊桓公論〉則云：

> 春秋有齊桓公，爲五霸之首，尊周攘夷，世皆稱其功業赫奕。吾謂其功罪不相掩也，當其時周室衰微，諸侯強盛，王命不行，列國互相侵伐，桓公用管仲爲相，收蜃蛤魚塩之利，用軌里連郡之制，人民殷富，國家強盛，雄鎮東海，又能仗義直言，徵盟討貳，於是服者懷德，貳者懷刑，莫敢抗命，聲名洋溢乎中國，施及蠻貊，其功莫與京矣。而吾謂其罪有不可逭者，蓋以九合諸侯，一匡天下，其中兵車之會三，衣裳之會六，倘使桓公能率諸侯以朝天子，葵丘五命，請天子下詔敕頒賜諸侯，藏於盟府，征伐不敢自專。存衛救邢，皆請王命而行。不自掠美布恩，天下有不服者，請王師伐之，將見西京之盛烈重新，可紹乃祖太公之遺風焉。乃計不出此，假仁假義，以遂其取全定霸之私圖，故孟子惡其仁之假，且以啓晉公之譎。甚至秦距西戎，楚雄南服，皆託霸者之名，以蠶食諸夏，此詩人所由

致概於下泉，孔子所由嘆三代以下無王也。嗚乎，春秋時王室而既
卑矣，周之子孫日失其序，是能尊周室攘夷狄者桓公也。然天下知
有霸不知有王，使周室益衰。伐楚止盟其大夫，不痛懲荊舒，使夷
狄益肆者，亦桓公也，故曰桓公爲功之首，亦罪之魁也。〔註75〕

《論語・憲問》嘗記孔子所發「晉文公譎而不正，齊桓公正而不譎。」之評
價，而孟子則進一步對齊宣王持論「仲尼之徒無道桓、文之事」〔註76〕可知
先秦儒家對齊桓公之評價，實正反不一。吳德功在閱讀相關典籍後，認爲齊
桓公身兼功過，並不能以其功而忽視其罪。吳氏持論，桓公用管仲爲相，藏
富於民，並能透過會盟而征討不義之臣、驅逐入侵他國之外族，是其功之所
在。但是，桓公雖然「尊王攘夷」，但在九合諸侯之過程中，無論是衣裳之會
或兵車之會，皆未能率眾諸侯朝覲周天子，而是代天子施恩於列國，使諸侯
知有齊桓公而不知有周天子，伐楚亦未能加以痛懲，是以尊王外衣而包裹稱
霸私欲的假仁假義之舉，進而啓發了晉文公譎而不正的伐衛致楚、秦穆公雄
距西戎、楚莊王南恃荊蠻等列國先後爭霸之現象，此即桓公之罪。筆者認爲，
吳氏所言，的確有一部分合理，但亦有可商榷處。蓋「周雖舊邦，其命維新」
固爲吾人所共知之理，但東周諸王不僅不能作到「聿修厥德」、「修文德以來
之」等王道之舉，反而作出周鄭交質、兄弟攻殺、無禮大臣等一系列有違王
道之行爲。上位者之天子既未能「子帥以正」，而諸侯自然無法「孰敢不正」
了，因此，若欲責怪齊桓公，責其寵信易牙、開方、豎刁等三佞幸則可；若
將周室之凌夷全數歸咎於桓公一身，反認爲東周歷代諸王及輔政卿士皆無責
任，此則筆者認爲理有未安之處。

此外，於光緒十七年（1891，辛卯）錄取爲彰化縣學生員之鹿港著名文
人洪攀桂（日據後改稱洪月樵，1867～1929），曾於清領、日據之交的光緒二
十年（1894，甲午），受聘擔任草屯登瀛書院山長。洪氏在書院月課或府縣觀
風之作中，經常以經史興發、時務策論奪得第一名佳績。如〈子產不毀鄉校
說〉即是對史事之評論文章。其文云：

子產不毀鄉校，自一時之美也，然竊謂晏不因而興之也。夫城闕子
矜，鄭之學校廢久矣，鄉校之存，是人心猶思嚮學也，人心嚮學，

〔註75〕吳德功撰：《瑞桃齋文稿》，收入黃哲永、吳福助主編：《全臺文》（臺中：文
听閣圖書公司，2007年7月），第十七冊，頁15～16。

〔註76〕《四書章句集注》，頁153、頁207。

因而興之，不更易為力乎？子產之不及此，蓋因兩大交迫，軍旅搶攘，有所不遑；又以鄉校之存，此事未為盡泯，遂謂可勿過計，然而百姓之自為鄉校，其未足知先王之道也明矣。且遐陬小邑，亦未必皆然也。子產不暇及此，因已抑，何不以鑄刑書之力為之耶？是不可謂非子產之疏也。然子產之不毀，子產之大也。人之勸子產毀，以其議時政也。子產欲借以聞過，則三代謗木之風，後世諸葛忠武勤政攻己闕之見也。春秋之時，其鮮知此義也久矣。周厲王道路以目，秦始皇偶語棄市，其誰以此義告之也。然天下有道，庶人不議，竊謂學校興，流息亦息，子產之不毀，猶非兩得之道與！〔註77〕

洪氏雖未自註本文的撰寫時間，但透過其他篇章的補註，吾人亦可知曉，此文係洪氏參加府、縣觀風獲得第一名之作品。〔註78〕子產為春秋鄭國之賢大夫，因受孔子於《論語》之三次盛讚〔註79〕，而能入祀聖廟，為西廡先賢第一人。「子產不毀鄉校」，則是襄公三十一年《傳》的重要史事。然而，洪氏認為，子產此舉雖為一時之美談，卻尚有未臻至善之處。考鄭國在武、莊二公時，曾任周王輔政卿士，取得「小霸」地位，但其後國勢因公族爭立、內鬥而日衰，又位處晉、楚兩大強權之間，至子產執政時，仍是如此的外交困境。子產不毀鄉人自為之校，但也未能因勢利導，重振官方辦學機構，使國人皆知先王之道，反而戮力於成文法典《刑書》之推行。因此，對於洪氏而言，這是子產施政疏失之處。然而，洪氏亦持論，子產不毀鄉校，可藉此瞭解民眾對己執政之評價，從中加以改善，亦為三代遺風。不僅是春秋各國執政者鮮能作到的措施，即便與周、秦相比，西周厲王重用衛巫，使國人「道路以目」；秦始皇採行李斯〈挾書令〉，以致「有敢偶語《詩》、《書》者，棄市」，在厲王、祖龍之時，卻未能有人以納言改政之義加以勸說，遂使厲王、始皇成為儒家眼中之暴君形象。而洪氏認為較可惜之處，係因「天下有道，庶人不議」，若子產能把握時機而興學立教，不僅國人可得而聞諸先王之道，

〔註77〕 洪繻撰：《寄鶴齋古文集（一）》，收入黃哲永、吳福助主編：《全臺文》（臺中：文听閣圖書公司，2007 年 7 月），第十八冊，頁 58。

〔註78〕 〈吏治議下〉篇末補註云：「此議與下二〈策〉、二〈說〉及卷首數〈論〉，均前清府、縣觀風第一之作，蓋早歲長官下車求言，率無忌憚，故文中亦按切時事，與今日迥不相及。」由於〈吏治議下〉後為〈弭盜安良策〉、〈撫番策〉、〈子產不毀鄉校說〉、〈毒說〉，可知本篇亦為洪氏於清領晚期的新臺灣府或彰化縣「觀風」中取得第一名之篇章。見《全臺文》，第十八冊，頁 48。

〔註79〕 《四書章句集注》，頁 79、頁 150。

自身執政亦可更臻美善，故認為子產不毀鄉校之舉，尚非兩全其美。

四、宋儒判準之延續

　　自元仁宗重開科舉，並以朱《註》為定本之後，朱子學取得官方的認可。而明、清兩代在科舉使用之註解版本，亦使宋儒價值觀之標準益加影響人心。特別是康、雍、乾三帝的推尊朱子，也讓清代學風成為朱子學之延續。在此情況之下，清領時期臺灣的地方行政官員與教育官員，也就容易將朱子一系之價值判準，形諸各種碑記之中。由是，筆者即透過對清領臺灣方志文獻及士人別集之梳理，揀擇數篇有關延續朱子一系價值判準思想之篇章，並加以分析。

　　在筆者近年從事「臺灣民間宗教與社會」、「清代臺灣儒學與文化」課程備課之現地調查所得資料中，清領時期臺灣各地興建之重要廟宇兩側牆壁，多有仿書朱子「忠孝節義」四大字者。〔註 80〕而清領時期臺灣供奉朱子之官建、民建祠廟、文人結社，亦所在多有。〔註 81〕然而，在以「五文昌」合祀之書院、廟宇中，多將朱衣神視為朱子，但臺灣現存主祀朱子之祠廟，則僅有嘉義市於戰後興建的朱子公廟一座；至於日據時期興建的臺北雙連文昌宮，在戰後重修時，更於朱衣神君兩側，增祀蔡元定、黃勉齋、陳北溪、真西山等四位，可見不僅將朱衣神視為朱子，亦能推祀朱子門人與後學，亦值得吾人肯定。〔註 82〕至若臺灣之重視朱子學，則與福建巡撫張伯行所頒行之命令有關。在清代大臣中，張伯行是最後一位入祀聖廟二廡者，在任期間除興建鰲峰書院、編撰《正誼堂全書》外，康熙四十六年（1707，丁亥）甫蒞閩垣任職，即下令臺灣各級行政官署，應將昔日歷任官員生祠改建為傳授朱

〔註80〕　案：最具代表性者，如臺灣在清領時期所建的第一座官祀媽祖廟「祀典臺南大天后宮」，其拜殿兩壁即有仿書朱子「忠孝節義」四字。取自臺南市中西區大天后宮現地調查所得資料（現地調查日期：2013 年 4 月 15 日）。

〔註81〕　案：官建朱子祠的部分，如臺灣所屬各府、縣、廳儒學中之朱子祠；民建朱子祠廟，如《彰化縣志》卷五〈祀典志〉所載由紳士廖澄河等人於嘉慶十五年在西螺街捐建之朱子祠，見《彰化縣志》，頁 172；崇奉朱子之文人結社，如本書第三章〈清領時期臺灣民間儒學設施與教學內容〉第一節〈臺灣民間捐建書院及其教學內容〉所載第十四項修文書院、第二十項道東書院，前身皆為民間崇祀朱子之結社。

〔註82〕　嘉義市西區朱子公廟現地調查及訪談所得資料（現地調查日期：2013 年 4 月 22 日）；臺北市中山區雙連文昌宮現地調查及訪談所得資料（現地調查日期：2013 年 10 月 27 日）。

子學的紫陽書院及文昌祠、忠臣祠、烈女祠等場所。〔註83〕因此，數年之後，任職福建分巡臺灣廈門道的陳璸，即於康熙五十一年（1713，壬辰）報請福建巡撫等處，以其薪俸餘額獨資在臺灣府學聖廟中興建朱子祠。翌年竣工時，陳氏即撰〈新建朱文公祠碑記〉一篇，其說云：

> 夠自孔、孟而後，正學失傳；所道不絕如線，得文公剖晰發明於經、史及百氏之書，始曠然如日中天。凡學者口之所誦、心之所維，當無有不窺寐依之、羮牆見之者；何有於世相後、地相去之拘拘乎？……文公之言曰：「大抵吾輩於貨、色兩關打不透，更無話可說也。」又曰：「分別『義、利』二字，乃儒者第一義。」又曰：「『敬以直內、義以方外』八箇字，一生用之不窮。」蓋嘗妄以己意繹之：惟不好貨，斯可立品；惟不好色，斯可立命。義利分際甚微，凡無所爲而爲者，皆義也；凡有所爲而爲者，皆利也。義固未嘗不利，利正不容假義。敬在心，主一無適則內直；義在事，因時制宜則外方。無纖毫容邪曲之謂直，無彼此可遷就之謂方。人生德業，即此數言，略包括無遺矣。他言之警切，胥此類。讀其書者，亦惟是信之深、思之至，切己精察，實力躬行，勿稍游移墮落俗邊去，自能希賢、希聖，與文公有神明之契矣。予所期望於海外學者如此，而謂斯祠之建無說乎？〔註84〕

陳氏認爲，孔孟以後，雖有七十子後學及漢儒傳授經籍，但虞廷心法則一度失傳，幸得朱子透過經史百家重新剖析，始發皇聖學。而後，陳璸列舉朱子〈答王子合〉、〈與延平李先生書〉及《朱子語類》答先之問「敬以直內，義以方外」等三章論述〔註85〕，並加以詮釋。陳氏認爲，若不受錢財、外貌所惑，方可挺立德性價值而安身立命；人之一切行爲，脫不了義、利二字，但

〔註83〕〔清〕張伯行〈申飭臺地應行事宜條款檄〉第四條「改建祠宇」云：「各府、州、縣建立紫陽書院以及文昌等祠，原以崇祀先賢、振興文教，臺屬各縣並無此等祠宇，至忠臣、烈女，臺地亦不乏其人，何以未有崇祀之者？而道、府、廳、縣歷任各官，俱各立一生祠，豈道、府等官俱得民心，士民有去思之慕乎？抑上下相蒙而爲此舉乎？該府立即移行各衙門，將道、府等官一切生祠，俱改爲紫陽書院及文昌、忠臣、烈女等祠可也。」收入氏撰：《正誼堂文集》（上海：商務印書館，1936年6月，《叢書集成初編》本），第一冊，頁57。

〔註84〕《臺灣縣志》，頁251～252。

〔註85〕《晦庵先生朱文公文集》，收入《朱子全書》，第二十二冊，頁2260；第二十一冊，頁1082；《朱子語類》，收入《朱子全書》，第十六冊，頁2326。

其分際極爲纖細，只在出發點之「自然而然」或「有意而爲」而已，前者係義，而後者則爲利，但合義之舉又未嘗不利；若以敬充滿心中，自然無任何邪僻存在，若以義臨事，因時制宜，自然不加遷就。陳氏指出，若能實踐朱子上述諸條語錄，則人生的道德事業，皆能完滿。因此，陳璸希望研讀朱子著作之臺灣府縣生員，應當深信、精思朱子之義理，並反躬察識、作踐履工夫，切勿墮落俗務，自然可與朱子相感通，而有成德入聖之一日。

康熙五十五年（1716，丙申），由諸羅知縣周鍾瑄主導重修的諸羅縣學聖廟工程告竣，時受陳璸延請主鼇峰書院講席的漳州南靖儒者蔡世遠，因周氏託其友人陳夢林致信請序，遂撰〈諸羅縣學記〉。蔡世遠在文中所述，亦呈現朱子學一系之價值觀。其說云：

> 君子之學，主於誠而已矣。誠者，五常之本、百行之原也；純粹至善者也，天之所以與我者也。人之不誠者，無志者也。人之無志者，由不能盡其誠者也。誠以立其志，則舜可法而文王可師也。其原，必自不欺始。程子曰：「無妄之謂誠，不欺其次也。」其功由主敬以馴致之。程子曰：「未至於誠則敬，然後誠也。」敬也者，主一無適，以涵養其本原之謂也。由是而謹幾以審於將發、慎動以持於已發，則合動靜無一之不誠也。雖然，由明以求誠之方，惟讀書爲最要。朱子曰：「讀書之法，當序而有常、致一而不懈，從容乎句讀文義之間，而體驗乎操存踐履之實。不然，雖廣求博取，奚益哉！」學者率此以讀天下之書，則義理浸灌、致用宏裕。雖然，非必有出位之謀也，盡倫而已矣。孔子曰：「愛親者不敢惡於人，敬親者不敢慢於人。」吾父子兄弟，肫然藹然，盡吾愛敬之忱也；克伐怨欲之心，何自而生哉！始於家邦、終於四海，皆是物也。庸近之士，不能返其本、思其終；但以爲吾讀書得科名而吾名成矣，營閭里、利身家而吾事畢矣。其幸者一第，其不幸者老死於布褐而已矣。其天資厚而習染輕者，居是官也，猶可以寡過。其天資薄而習染重者，則貪沒焉而已矣。夫此身，父母之身也，天地之身也，民物所胞與之身也；以父母之身、天地之身、民物所胞與之身，顧可不返其本、思其終，以貽父母羞、以自外於天地，以爲民物所詬病哉？⋯⋯萃一邑之秀於明倫堂，相與講經書之要旨、體宋儒之微言，告之以立誠之方、讀書之要、倫理之修，經正理明，則辭達氣充。科名之盛舉

　　積諸此，非徒善人之多也。〔註86〕

蔡氏於康熙四十八年成進士，選爲翰林院庶吉士不久，旋乞假省親，並遇父喪而丁憂。服滿時，復受李光地推薦，分纂《性理精義》。康熙五十四年書成，蔡氏辭歸返鄉，受邀主鼇峰書院講席。此篇學記，即作於該時段。蔡氏認爲，誠爲君子之學之要端，亦爲五常、百行之最，係吾人所以稟受於上天者。人若不誠，則無以立志，人之無志，正因無法踐履至誠，倘能以誠立志，則上古三代聖王之德行，常民亦有與之比肩的可能性。然而，要如何達到「誠」，則可從不欺此心開始。因此，蔡氏引用兩條程子語錄並略作調整〔註87〕，說明誠、敬之入手進路，進而在未發已發之際作察識工夫，於已發之後作愼獨工夫，則內外舉措皆誠也。接著，蔡氏再點出，讀書可以窺知立誠徑路，並舉朱子〈答陳師德〉所言之讀書法爲例〔註88〕，認爲學子若踐履此法，可使內心充沛義理，外在發用游刃有餘。其後，蔡氏認爲《孝經・天子章》「愛親者，不敢惡於人；敬親者，不敢慢於人」士人於父子、兄弟之間，自當盡一己愛敬之心，然後推擴到天下，達到民胞物與之氣象。倘若不明此理者，則以爲讀書登第、經營資財即是孝敬之道，如此之流，若氣稟厚而習染稍輕，使其任官，尚可寡過；若氣稟薄而習染重濁，使可能因貪賄而亡身，貽辱尊親，爲他人所詬病。如斯等事，即是不知誠敬之眞諦、讀書之要理、倫常之方法所致。因此，蔡世遠認爲，周鍾瑄修築諸羅聖廟明倫堂，應當向境內生員講授經書中富含的聖賢義理，使其體察宋儒微言。進而使生員瞭解誠敬、讀書、倫理的踐履步驟，如此一來，不僅可成爲內外一如的一鄉善士，發而爲文，亦可收辭理暢達、文氣充沛之效。

　　康熙五十八年（1719，己亥），鳳山縣聖廟因颱風而毀損，鳳山縣知縣李丕煜於舊址重建完成後，時任鳳山縣儒學教諭富鵬業遂撰〈重修鳳山文廟記〉，並在文中體現其價值判準：

　　　　夫宇宙莫大之事業由於文章，千古不朽之勳猷本於名教。修身立行者，大儒有用之學也；砥礪名節者，士人經世之具也。古之學者，本窮理之識，以盡乎正心誠意之功，而修、齊、治、平之理寓焉。是故出其所學以獻之廷，爲王國之楨也；本其所學而體諸躬，爲有

<hr />

〔註86〕〔清〕周鍾瑄編纂：《諸羅縣志》（臺北：臺灣銀行經濟研究室，1962 年 12 月），頁 255～256。

〔註87〕《二程集》，頁 92。

〔註88〕《晦庵先生朱文公全集》，收入《朱子全書》，第二十三冊，頁 2671。

德之彥也。今之學者，不務耕述實修，而孜孜焉帖括是尚，以爲弋
取功名之具；庸詎知功名非可強求，毋論其必不可得也，即或倖而
偶得，終無當於經濟之學。嗚呼！何其不思之甚也。司馬溫公曰：「士
先德行而後文學。」德行不立，文將焉用？韓退之〈進學解〉曰：「業
精於勤，荒於嬉；行成於思，毀於隨。諸生業患不能精，毋患有司
之不明；行患不能成，毋患有司之不公。」今之學者，業果能精乎？
行果能成乎？若猶未也，將誰之咎哉！朝廷尊師重道、作育人才，
立〈臥碑〉以教督，而又制〈訓飭士子文〉頒行天下，務使天下之
士，崇正學而黜邪說、敦實行而棄虛聲。士苟能惕然自勵，以振拔
於庸眾之流；樸者進於雅，頑者化於秀，海外多士相與觀摩切磋，
則從茲以往文教日盛，鄒魯之風何難再見於今日乎！是則余之所厚
望也夫。〔註89〕

富氏認爲，立德（名教）、立言（文章）皆是世間極大之功業，儒者應當挺立
自身德行、砥礪節操，方可用以經世濟民。古代學者躬行格、致、誠、正之
道，其中自有修、齊、治、平之理，用於家國，則爲賢臣；用於己身，則爲
善士。但當今士子則僅知窮究場屋之術以博取功名，而不知篤實踐履品德。
如此一來，即便僥倖登第，也非身通群經義理，足以發用經濟之眞儒。因此，
富氏引用司馬光之言論，認爲德行對文辭的優位性，士子若欠缺品德，即便
文章寫得再好，亦爲無用之文。其後，富氏再引用韓愈言論，認爲朝廷政策
清明公正，臺灣雖在海外，但士人亦應當自作砥礪、親近善士，方能化樸爲
雅，變頑作秀。

　　在清領中期的乾、嘉二帝在位期間，臺灣教育官員同樣有這類思想歸趨
之論述。如乾隆三年（1738，戊午）主講海東書院之俞荔，便撰有〈復性篇〉。
其說云：

混沌之初，無極太極；理氣相涵，沖穆無跡。陰陽既分，兩儀乃立；
天五地五，奇耦相得。五行其氣，健順其德；氣至成形，理無不及。
五行之秀，獨萃於人；爰有五常，賦予維均。天命謂性，具於人心；
爲萬物靈，曰有此仁。仁統四端，萬善由生。性主乎靜，動而爲情；
性無不善，情亦皆眞。赤子入井，皆有惻隱；乍見之時，驗此不忍。
率之謂道，人人共由；天敘天秩，典禮優優。天下達道，能離此不？

性爲大本，道自川流；但人受性，舜蹠皆同。氣有清濁，隨其所鍾；

清者睿聖，濁者愚蒙。愚蒙之質，理錮於中；知誘物化，惟欲是從。

五官百骸，頑然一物；以物交物，心乃放逸。人欲日熾，天理日汨；

幾希以亡，禽獸爲匹。天生聖賢，作之君師；修道謂教，以覺後知。

堯命虞舜，執中一詞；道統之祖，傳心在茲。舜授之爲，精一危微；

一十六字，該括無遺。中爲性理，純粹以精・心分人道，理欲難并。

人心甚危，防勿滋萌；道心甚微，養使充盈。過之存之，德乃日新。

要之執中，不外一敬；肆則從欲，敬以定命。罔念作狂，克念作聖。

唐虞以來，心法默證。迨我孔子，統在師儒。曰性相近，與氣質俱：

習善則善，以復其初。大學之道，明德新民；明德即性，德本自明。

氣拘物蔽，如鏡蒙塵；先以格致，知之宜眞。誠正而修，行之宜敦。

天德既全，王道乃行。思言性道，大原自天；道不可離，存過宜先。

戒懼慎獨，動靜交虔。中和以致，性量乃全。孟言性善，本乎秉彝；

專以理言，邪說皆非。必稱堯舜，人皆可爲。盡心知性，以造其理；

存心養性，惟事是履。非外鑠我，固有之美；放心不求，弗思耳矣。

洎乎有宋，濂洛關閩；考亭後出，集其大成。問學是道，德性是尊；

涵養用敬，入德之門。致知力行，毋怠毋昏。人參三才，惟此性道。

天地非大，吾身非小；萬物皆備，及躬自葆。擴而充之，被乎四表。

氣質之性，君子弗性；困勉雖勞，生安可並；反之之功，循序漸進。

希聖希賢，匪異人任；困而不學，暴棄實甚。敬述茲篇，用勉德行。

〔註90〕

筆者認爲，在現存的清領時期臺灣文獻當中，此篇可謂最具宋儒義理學整體
特色之論述。俞荔爲雍正二年（1724，甲辰）鄉試解元，旋於同年成進士。
俞氏開篇即化用周敦頤〈太極圖說〉之語，認爲人身稟受無極太極此一混沌
初分之理，陰陽二氣與五行之英，也在人身發用，由是產生人倫五常。又申
說孟子一系性善之說，認爲人之所以爲萬物之靈，正因爲人心中有「仁」此
一四端、萬善之本。接著，俞氏從未發已發入手，倡言性靜情動之說，性爲
未發純善之理的體現，情雖爲已發，但因發而能皆中其節，故亦爲不雜以僞
的眞情。然而，如何得知性情之善、之眞？俞氏即舉《孟子》「乍見孺子將入
於井」之典故，說明稟受於天之本性，皆爲純善，沒有舜、蹠之區別。那麼，

〔註90〕《重修福建臺灣府志》，頁 561～562。

形下、後天之惡行，又是如何導致？俞氏認為，這是受到氣質之性的影響，因體內之氣清濁有別，身中重濁之氣較多者，受到外在習染誘惑，自然為人欲所牽引而忘卻本來之純善天理，進而逐漸泯除人禽之別。其後，俞氏陳述虞廷傳心的「十六字眞言」以及〈大學〉之三綱領與入手的格致誠正工夫，使知眞行敦。接著，再論以孟子「盡心知性以知天」之窮理工夫，以及「存心養性以事天」的誠敬工夫，認為這是「我固有之，非由外鑠我」的美德。然後，以宋代濂洛關閩五先生上接孟子，認為朱子兼有道問學與尊德性，是聖學的集大成者。一般人若欲修學此理，則可以「涵養須用敬」及「致知在格物」入手，並躬行實踐，循序漸進地篤實為之，作充擴工夫，自然能夠有成德入聖之一天。

　　乾隆二十八年（1763，癸未），汀州永定籍貢生胡焯猷將自宅捐為義學，翌年由淡水廳署理同知胡邦翰升格為書院，成為清領時期北臺灣的第一所書院。時任閩浙總督楊廷璋，便為此事撰〈興直堡新建明志書院碑記〉一篇，其說云：

> 興直堡者，遠隸臺灣，僻處淡水，風土秀美，氣象鬱葱。髦俊萃臻，向文慕學，實繁有徒。夫結想維殷，不如居肆；馳懷在遠，莫若連鑣。使鼓篋者樂群，擔簦者時術。創興講席，匪緩圖矣。惟是志在聖賢，義利無淆於慮；志存經濟，王霸必究其原。爰標「明志」之名，冀成致遠之器。〔註91〕

楊氏指出，淡水廳興直堡風土悠美，居民有志向學，因此，創設學校不可謂之不急。然而，為學即應效法聖賢，有志效法聖賢，即不可混淆義利之判，有志經世濟民，更應分判王霸之別。由是，楊氏認為，書院之名定為「明志」，希望肄業其中的士子，皆能分判義利王霸之別，成為身通致遠之君子儒。在此篇中，吾人可看出楊廷璋作為當時臺灣的最高行政官員，其思想中亦具備宋儒嚴判義利、區別王霸之價值取向。

　　嘉慶九年（1804，甲子），臺灣知縣薛志亮採用時任臺灣縣儒學教諭鄭兼才之建議，向縣內士紳發起勸捐重修縣學聖廟。但因境內屢遭動亂，遂由歲貢生林朝英獨自出資負擔工程。十二年（1807，丁卯）竣工，謝金鑾為之撰〈臺灣縣學夫子廟碑記〉，倡明其義理歸趨云：

〔註91〕《淡水廳志》，頁375～376。

人之所不可離者，日用事物也；而其間有當然之道焉。率而由之，
則事治而所行達。明其所當然，謹由之，兢兢固有失者，謂賢；動
容周旋中禮，從心所欲不踰矩者，謂聖；則吾夫子是已。聖之所為，
即眾人之所為，日用事物無外也，聖處之無不當者，以眾人處之，
亦毋容有不當。一有不當，則小者窒礙而不通，大者將決裂潰敗至
於不可救，終必反於所當然而後安焉。夫其所當然者，吾夫子之道
也。……蓋謂聖人之道，非迂遠高深，而其事甚近。聖人之為聖人，
非如天如神，而其行至庸。凡聖人之所行，皆眾人所能行。眾人之
所行，不法於聖人則不達。此吾夫子之所以師表於萬世也。是故夫
子曰：「道不遠人，人之為道而遠人，不可以為道。」夫不遠人者，
日用事物是也。人即自棄以為無能於道，其能舍日用事物乎？是故
聖人之道，猶衣食裘葛然。……向使饑渴寒熱之徒，必悖於聖人之
道而不食、不飲、不葛、不裘焉，則必至於傷生害命而後已，而人
不肯也。獨至於君臣父子夫婦昆弟朋友之倫、聲色貨利富貴貧賤之
交、是非取舍之大閑，則不求諸道，而妄為之。……蓋深懼乎世之
人以吾道為高深元遠之一物，以吾身為如天如神之一人，而不知其
在日用事物之間，當前即是，學則得之，不學則不得者，聖人無以
異於人也。今天下之執祀事，稽首於廟廷者，若官若師若弟子也。
其嘗以日用事物為不可苟，而必奉聖人為依歸，而拜其所謂師表者
耶？抑以道為高深迂遠，聖為如天如神，吾姑致其欽崇焉而已畢也？
則豈以日用事物，為可懵然妄行，而不必取則於聖人；抑其所取則
者別有道乎？〔註92〕

謝金鑾認為，日用事物皆具當然之理，若能體察而善用之，則事半功倍。賢
人明瞭其理並懍然持守，不敢有所放失；孔子這類的聖人，則通達其理，從
心所欲但卻不會逾越應有之分際。孔子所為，與常民大眾實無二致，孔子之
道，亦非高深莫測、迂迴難行；孔子所行，亦為常人所能行，因此，謝氏遂
引〈中庸〉之語以自證，認為孔子所行之道，即在日用事物之中。一般人既
然能為日用常行諸事，卻無法在五倫、義利理欲分判等是非去取之關鍵處下
工夫，則是妄為之流。因此，謝氏持論，每逢聖廟釋奠諸儀，參與儀典之行
政官員、教育官員及肄業生員，究竟是遵循孔子的平實之道，於日用事物中

〔註92〕《續修臺灣縣志》，頁 520～522。

探究其理，以聖人言行爲依歸？抑或將孔子之道視爲莫測難行之法，僅需行禮如儀而已？在此篇中，謝氏體現宋儒格物之理及在平實處作工夫之爲學進路，亦屬於朱子學在價值判準方面之思想歸趨。

其後，再觀道、咸、同、光四帝在位期間之臺灣文獻有關延續朱子學一系道德判準之思想者。如同治十二年（1873，癸酉）鳳山縣增貢生蔡垂芳所撰之〈鳳儀書院崇祀五子並立院田碑〉即云：

> 鳳儀書院建自嘉慶十有九年……。顧思書院創制，宜崇先賢，以
> 正學統。學統正而後世識所依歸，有宋濂、洛、關、閩五夫子，
> 上接洙泗之淵源，下開萬古之聾瞶，是必增祀斯堂，春秋典祀勿
> 替。〔註93〕

作者之父蔡啓鳳爲臺灣府學庠生，在逝世前，遺命其子撰文。在此篇中，蔡氏先說明鳳儀書院興建之前，當地奮社諸同人已於嘉慶五年（1800，庚申）捐資設置敬字亭，雖崇奉魁星、倉頡二聖，但並無祠宇以祀之。於是，遂將資金扣除每年請人拾字之工資之外，用以儲蓄孳息。迄嘉慶十九年（1814，甲戌）鳳儀書院落成時，經奮社同人決議，全數作爲書院膏火田之費用，而魁星、倉頡亦與文昌帝君合祀。然而，近六十年後，鳳儀書院之祀神仍僅上揭三位，難以建立學統。蔡氏認爲，唯有崇正學統，方能使後世學子識見有所依歸。而蔡垂芳受其父蔡啓鳳影響，深切認爲濂洛關閩五夫子上接孔子之道，下啓萬古風氣，應當於鳳儀書院內增祀。但蔡啓鳳生前未能如願完成此舉，遂命其子紹述其志。因此，蔡氏經過向孫繼祖、饒書升、李煐等三任署理鳳山知縣申請，終於得到增祀五夫子及以田租設置院田之許可。從本篇中蔡氏父子二人之陳述，亦可發現渠對宋儒伊洛一系的崇敬與推尊，因此，雖未涉及太多價值判準之論說，亦一併劃歸此概。

至於彰化名士洪攀桂，亦有此類論述之作品。茲舉洪氏於光緒十八年（1892，壬辰）參加彰化縣「觀風」，獲得超等第一名之作品〈崇正學論〉爲例，其說云：

> 堯舜禹湯文武周公之道，具於典謨者，燦如日星；孔孟顏曾之學，
> 備於子書者，切於衣帛。……非孔孟之言不言，非堯舜之道不道，
> 非程朱五子之旨不錄，敦崇正學至矣盡矣……國朝大儒輩出，如湯、
> 如陸、如張，近如曾文正，皆能以一身之躬行，起一代之積習，陶

〔註93〕《鳳山縣采訪冊》，頁351。

一世之人才，此學術之正，而非後人之可得而議者也。……吾道之窮而異端爭焉。……至今日而有泰西之教。內患不作而外賊洊至，此正學之可憂，宜有心世道者之所亟欲籌者也。然竊以為泰西之教非能為吾道之害，其說龐於佛老，其理悖於楊墨，其人俗於僧道，其棄君親、絕祖宗又近於禽獸……其侮吾學也不足慮，其撓吾政也深可憂；其侵吾教也不足懼，其誘壞吾民也則深可危。……為今之道，莫如仿古讀法之意，行之於都邑之中、鄉村之外。吾臺之俗好講勸善之書，即以此易彼，而使士人宣講聖諭各條，宣講之後，益以先正格言，其龐雜鄙俗之書擯焉；俾知君臣、父子、夫婦、昆弟、朋友之倫，孝弟忠信禮義廉恥之事，使之濡染習熟，如衣服之在躬，飲食之不去口。……中國敦正學，不特可以拒夷教，且可以化夷教，彼教之來，即吾教之往，天地之氣以久而通，聖人之教以漸而被也。……民之性生於天，天無中外之異，天亦無東西之殊，西教之來，安知非天誘其衷，以濡染聖人之道乎？特淪於氣化之偏而不能遽達者也。然今亦喜讀中國之書矣，中國宜大明堯舜禹周孔孟之道以諭之，而不可狃於小治苟安之習，……聖人之道不遺於天子，不遺於大夫，不遺於士庶人，亦不遺於夷狄也；聖人之學可行於禹甸，可行於四方，可行於屬國，亦可行於歐羅巴也。崇正學則將化夷，而中國不崇正學則將使中國而為夷漸，不可不防也。……本朝教化二百年，文治蒸蒸，……皆聖祖紹堯舜之統，闡孔孟之傳，本之經術，垂為義理，設學校以造士，立書院以育才，歲有試而月有課，用以陶鑄人物，寖成一代之休。……教士之路有二，一學宮，一書院；造士之學有三，一義理，一考訂，一詞章。……竊謂欲崇正學當求人才，欲育人才當聘名師，而責成效於書院之中……宋朱子講學白鹿書院，國朝張清恪撫閩時，亦嘗行之矣。故其於正誼書院也，廣蓄書籍，厚致純儒，遠招秀士，時如蔡文勤、藍鹿洲，皆書院中人也，朝夕講貫，日月肄習，以存理為心，以去欲為事，見美才必獎而成之，示以求道之事焉，是誠敦崇正學也。故正誼一書，至於今賴之，今縱不能造士於清恪之盛，而師儒不可不延也、書籍不可不備也、不文不可不養也。養之奈何，則分義理、考訂、詞章三者以試之而已矣。義理必溯源於六經，沿洄於五子，窺天人之要，辨

王霸之分，析異同之故，而得會歸之準，一切刑名法術、老莊荀楊
之談必黜焉，亦必取其書而核其弊之所在。……三者卑無高論，而
可見之施行，以造就吾臺之人才，自古未有空疏無具、鄙陋不文而
可以高談心性、侈語經濟者也。……義理之為正學，不待論矣；漢
鄭康成則考訂也，朱子亦不廢考訂也；……竊謂義理之學，似德行
之科；考訂、詞章之學，似文學，固皆可以聞道也。……宋之興，
程子出，其為人也不立崖岸，其為學也不尚高談，而其為道也，無
可無不可，陶鑄群材，範圍庶類，而天下翕然從之，顏曾之道，復
出於世。而有周茂叔開其先，張子厚承其際，則正學之如日中天
也。……南渡之宋，朱子為一大宗，其學以窮理為主，居敬為本，
格致為入道之門，後學守其道而無弊，故及門如黃幹、蔡沈諸人，
皆得正學之傳，信乎南宋孟子也。正學之至今明者，子朱子一人崇
之也，同時陸象山以頓悟為宗，雖異於朱子，而殊轍同歸，亦不得
黜為異學也。元明之後，理學輩出，如金仁山、許魯齋、王陽明，
皆一代大儒；而朱陸異同，學者遂成數百年水火，此猶同室之操戈，
非崇正學之意也。〔註94〕

本文在內容及體製上，屬於「時務策論」的範疇，洪氏將之分為三橛，上半
部針對歐美基督宗教傳入臺灣而發，中篇申說培養人才之法，其下則論述中
國傳統學術思想之流變與「正學」之衡定。在上篇的部分，由於當時歐美各
國受與清廷簽訂條約之便，傳教士得以進入臺灣傳教。然而，無論是羅馬教
廷的天主教，或是「改革派」的基督教，對於漢民族之固有文化〔註95〕而言，
皆屬於「陌生之異教」，遂經常發生衝突而導致「教案」。因此，洪氏列舉湯
斌（1627～1687）、陸隴其（1630～1692）、陸世儀（1611～1672）、張伯行、
曾國藩（1811～1872）等清代諸儒為例，認為這些儒者能躬行實踐，遂可改革
積習、培養人才，可謂正學。然後，提出各個時期與「正學」相對的「異說」，
並認為基督宗教即是清領時期臺灣之異說。洪氏進而將基督宗教與中國各時
期「異說」相比較，認為雖不至於對儒學的優位性產生挑戰，但也可能影響

〔註94〕　《寄鶴齋古文集（一）》，《全臺文》，第十八冊，頁85～94。
〔註95〕　案：此處之「陌生之異教」係指對漢民族而言；至若基督宗教對平埔族原住
　　　　民而言，則在荷、西殖民統治時期，即已在南部的目加溜灣社等地開始透過
　　　　設置教育機構的方式傳教，相對並非陌生。

一般常民大眾。因此，洪氏建議透過「宣講善書」的社會教育方式，使民眾瞭解儒學之日用倫常與名教德目，減低基督宗教「傳福音」之影響，進一步地認為中國民眾與歐美民眾之別，僅是氣稟所致，中國係一步步地以文化融合「邊疆」地區而成，因而提出在上位者及各級地方行政官員，應當推崇正學，方可使中國不受基督宗教及西方價值觀影響，反可使儒學傳播到歐美各國，影響當地民眾。在中篇的部分，洪氏則提出培養人才、崇尚正學的途徑，標舉朱子、張伯行之書院教育，並認為應以義理、考據、詞章三方教人，論述三種管道之標準。下篇則對中國各時期「正學」之傳承與辨異進行敘述，認為箕子擴充虞廷傳心之未及；揚雄美新失節，不足入祀聖廟；王通雖僭居正學但其旨亦不害道，非荀、楊所及；王安石執拗堅僻，為正學之賊，不得配享四子；陸象山學說雖與朱子有別，但終極目標皆為成德入聖，不應視為異學；王陽明為一代大儒，後人因著眼朱陸異同，導致宗朱者詆王，右王者攻朱，為同室操戈之舉。

筆者認為，在洪氏這篇文章中，可以明顯看出其價值判準係以朱學一系為主，對異於孔孟學說者，即以「異說」繫之。然而，荀子在「儒分為八」之際，亦有傳經之功、積學隆禮之教，是否可因荀學之性論異於孟學，即目之為「異說」？這是不言可喻的。而王安石於宋代一度配祀孔廟，後雖遭撤出，亦僅是與司馬光一系舊黨政見不合，實則王氏本身學養亦非異說，且北宋積弱不振，王氏變法圖強之舉，亦有益於國計民生，此亦儒者所當為之舉，若言其病，則偏聽小人、改革缺乏完善的配套措施，並不宜以「正學之賊」如此激烈言辭視之。不過，在洪氏的觀點中，已不再將陸象山、王陽明視為正學之「異端」〔註96〕，而是以「殊轍同歸」、「一代大儒」目之，並認為朱陸、朱王後學彼此爭論，是一種「同室操戈」的行為。但筆者仍需要說明的是：洪氏認為朱子與象山「殊轍同歸」，若是以終極目標的「成德入聖」而言則可，若是以工夫進路而言，則朱陸仍是「始同終異」，實非陽明刊刻「晚年定論」所言。

〔註96〕 與此相比，康熙年間所修《性理精義》一書，卷首標舉之「先儒姓氏」雖收陸象山，但全書僅止於元代的彭絲，未載明代諸儒言論，可見明中葉以後的姚江王學，在清初仍被李光地等閩學信徒視為「異端」。其〈先儒姓氏〉之詳目，見〔清〕李光地奉敕纂：《御纂性理精義》，收入《景印文淵閣四庫全書》，子部儒家類，第七一九冊，頁594～595。

第二節　清領時期臺灣詩文承載之儒者情懷

　　從先秦以降，言志、美刺、抒情，無一不是詩之功能；而無韻之筆，從昌黎、柳州貫道、明道之說而後，也成爲文人反映思想、情感之載體。臺灣在清領時期中，治臺賢宦、教育官員、本土儒者、僑寓幕賓等「知識分子」形成之群體，除前節以碑記、月課、制藝、策論等途徑表達其思想歸趨之外，在清修臺灣方志及個人別集內，亦可看到上揭人物以詩文體現之儒者情懷。筆者梳理之後，將其表達內容歸納爲四種面向，茲臚列說明、評析於次。

一、個人修養之興發

　　清領時期臺灣儒者、文人在接受教育時，既以朱子學爲正宗，則其在躬行實踐方面，亦必講求從內在的「格、致、誠、正」推擴到外顯的「修、齊、治、平」此一路線。由是，具有愼獨、養氣等與個人修養工夫有關之論述，也出現在這些儒者的詩文之中。茲先就鄭用鑑〈《功過格》序〉之見解加以討論。鄭氏云：

> 士大夫不負所學，不負天子者何事？亦惟是省躬治物，勿之有欺耳！勿欺於人，有何不可告人之心；勿欺於天，有何不可告天之事。既不敢告人，復不敢告天，必恣吾威福，爲所欲爲；視宦途爲壟斷，以人命爲草菅，冀得富貴世世享之。未幾而禍及其身，或及其子孫，始欲邀倖微功，懺悔重過，噬臍何及哉？……歐陽文忠公喜與人談吏治，張芸叟疑而問之，曰：「學問止於潤身，吏事可以及物，況乎一介之士，存之愛物，於人必有所濟。」持此勿欺之一念，日省月考，何患過多而功小哉？且當其自作自記，晝作夜記，如神燃其照，鬼瞰其旁，欲鋪張一事，覆藏一語不可得。果人爲之乎？天爲之乎？抑赫赫王章爲之乎？一思再思，吾誰欺乎？信能遵此《功過格》，朝而考，夕而稽，必求無憾而後即安；雖趙清獻焚香之告，又何多讓焉？吾正願世之人，其各置一帙焉可。〔註97〕

在《淡水廳志》所載鄭用鑑本傳中，鄭氏曾於同治元年被選爲「孝廉方正」，且能掌教淡水廳治之明志書院垂三十載而無過錯，若在個人修養工夫方面無獨到之處，是不可能作到的。透過上揭引文，吾人可以得知，鄭氏認爲知識分子應當在日常生活中，作到愼獨、不欺之工夫，無一事不可告人、不可告

〔註97〕《靜遠堂文鈔》，《全臺文》，第四冊，頁383。

天，而這種愼獨工夫，則可以透過《功過格》的輔助加以進行，配合該書朝夕察識己身一日所作功過，自爲惕厲。然鄭氏僅言及願世人以《功過格》加以輔助，並未提到篤實作工夫後，日久而使舉措自然而然地皆中其節，而腔子裏之心則收虛靈不昧之效，是較爲可惜之處。

　　而在曹謹擔任鳳山知縣時，曾受聘爲幕賓的林樹梅（1808～1851），也同樣重視《功過格》一書。林氏在其別集中，即曾撰〈重刻《功過格》序〉云：

> 今之好善者，刊傳勸善之書不一。其言惠迪吉，從逆凶，天地鬼神昭布森列，讀之者觸目驚心，其有益於世道人心不少矣。而爲人身心性命之要者，尤莫切於《功過格》一書。蓋諸勸善之書，使人知善之當爲，惡之當去，格致之一助也。而此書功過不諱，期於寡過，而有功毋自欺，而必自慊，則誠正之學也。夫中智之士，莫不知善之當爲，惡之當去。乃爲一善輒望報，其有過轉瞬輒忘，卒之善不日積，過且日多，甚且以小善爲無益，小惡爲無傷，此豈知之不明哉。無所持循，以貞其志，而固其爲也。子夏云：「日知其所無，月無忘其所能。」子曰：「吾日三省吾身。」〈魯語〉云：「士朝而受業，夜而計過，無憾。」是古人之學，未有不以日計之者。自時學六經四子爭爲弋獲科名之具，一二賢知之士往往高談性命，不惟儒釋之辨維嚴，即朱陸異同、門戶之見亦如禪學，各標宗旨，而考其切問近思、反身克己之功，茫然不察，是何異黃冠緇流，日論虛無寂滅，無以生天成佛邪！樹梅幼得此書，知即克復條目，顧性禾未養，善米何從？一簣徒勞，進將焉往！每誦「因循怠敚，虺擱一生」之言，未嘗不赧然媿悔，汗流浹背也。然雖日逐塵擾，而是書未敢須臾或雖⋯⋯凡我同人，愼宜以此爲卑邇不足行棄之，果持循勿懈，雖至於聖賢之學不難也。〔註98〕

林樹梅爲同安縣金門後浦（今金門縣金城鎮）人，其父廷福曾任臺灣水師副將、澎湖游擊，林氏時隨其父巡洋，後從學於周凱、高澍然門下。道光十六年（1836，丙申），受曹謹聘爲幕賓，對鳳山縣治周遭之整體建設，曾提出不少極佳之建議。林氏在前揭引文中提及，《功過格》於民間流通的勸善書籍中，可謂最切合身心性命之學的著作，此書強調日常所作舉措，無論纖巨，皆須

〔註98〕　〔清〕林樹梅撰：《歗雲山人文鈔》，收入黃哲永、吳福助主編：《全臺文》（臺中：文听閣圖書公司，2007 年 7 月），第八冊，頁 42～43。

記錄其善惡，於誠正之學有其助力，且日日察識，又與孔門聖賢之教相同。然而，當時學者卻多著眼於門戶之見、師授之別，反於克己復禮、反身而誠等切問近思工夫處未作踐履，是極為諷刺的。因此，林氏認為，從己身年幼一讀此書，得知內容屬於克己復禮之條目，便不敢有時或忘，更希望讀者不因內容淺近而輕視，反應以之輔助，篤實作工夫，當可入賢關而造聖域。這一點，也是筆者認為林氏較前揭鄭用鑑之見解更加積極之處。

　　至於徐宗幹任職按察使銜分巡臺灣兵備道兼理學政期間，所取士人之一的許青麟，也曾撰〈擬崔子玉座右銘〉云：

　　　　無凌人傲物，無予智自賢，省身若不及，處事防未然。有德勿忘報，
　　　　宿怨貴能捐，寡言思後悔，聞過改前愆。詩書與禮樂，春誦兼夏絃，
　　　　忠孝復廉節，時窮守愈堅。內不愧衾影，外必惕冰淵，虛聲誰可盜，
　　　　實行當求全。畢生能若此，聖賢何讓焉。〔註99〕

眾所皆知，銘為有韻之文，在撰寫時，則應達到「尚實」之要求。依呂延濟所云，崔瑗（77～142）之〈座右銘〉作於為兄復仇亡命而蒙赦之後〔註100〕，屬自戒之範疇。因此，該內容所載，則以仁為本，並涉及勿批評他人、守柔不爭、不同流合汙等面向。但許氏此篇仿作觀照之面向，則與崔文有別。許氏係著眼於日常的反躬自省，認為向內應作無愧衾影之慎獨工夫，外發則應作臨淵履冰之持敬工夫。凡事三思而行，當可言寡尤而行寡悔，一旦有過錯，則勿憚改。且亦不可恃才傲物、師心自用，當防範於未然，牢記他人恩惠以報之，捐棄昔日過節，並時時讀書，涵泳其中之義理，外在環境雖不良，亦應恪守標準。由是踐履，則其之一言一行，亦不啻於聖賢矣。筆者認為，許氏在修養工夫方面的見解，實屬儒者襟抱無疑。

　　此外，清領晚期的洪攀桂，於光緒十四年（1888，戊子）所撰〈養氣箴（戊子仲春十二日作）〉，也提出個人修養工夫進路之見解。其說云：

　　　　盈天地間皆人也，盈天地間皆氣也。氣足以兼千萬人者，量足以勝
　　　　千萬人之任；氣足以兼天下者，量足以勝天下人之任。……故天地
　　　　不異其人，異其氣也。而人不異其氣，異其所以養也。……養氣者
　　　　去其害氣也。害氣者何氣也，俠氣也，憤氣也，戾氣也。……而皆

〔註99〕　〔清〕徐宗幹撰：《瀛洲校士錄》，收入黃哲永、吳福助主編：《全臺文》（臺中：文听閣圖書公司，2007年7月），第六冊，頁178。

〔註100〕　〔南朝梁〕蕭統編，〔唐〕李善等注：《六臣注文選》（北京：中華書局，1987年8月），下冊，頁1032。

起於客氣也。氣之養以義理爲主，吾見理未嘗不明，而客氣有時而蔽之；吾赴義未嘗不力，而客氣有時而撓之。客氣長一分，斯正氣少一分，正義消則邪氣起。然則客氣者，雖未入乎邪氣，而已先出乎正氣者也，此客氣之不可不去也。何從而去之乎？於客氣之所見而去之，何從而見之乎？於正氣之所疑而見之，……去其疑於正者，而後得有以養其正者也。養之亦有道，而無本者不得而襲也。故爲之纏綿乎孝弟之間，涵濡乎仁義之內，雍容乎詩書之中，撙節乎禮樂之下；爲寡嗜好以葆其眞，而不可苦也；爲之過人欲以存其天，而不可忽也；爲之抗心希古，而不可有所元也；爲之竭力破俗，而不可有所怫忽也；而猶懼其徇於己，則鄙吝有所必消也，而猶懼其溺於意，則驕矜有所必泯也。有廣大之心必有兢業之見，有包荒之度必有惕屬之神，故不敢有一日之疏其養者，自不致有一日之餒其氣也。〔註101〕

洪氏在開篇即以「盈天地間皆氣也」立論，表面看起來，似乎有明末清初氣學的影子。實則不然。文中的論述重點，仍在於如何「養氣」，而非如亭林、梨洲、船山等三先生一般。因此，洪氏認爲，世人皆受天地所生，彼此無異，異者出於氣稟；人身皆具陰陽二氣，彼此無異，異者在於如何「養氣」。並進而提出，養氣之工夫，即在於撤去所謂的「害氣」。而洪氏認爲的「害氣」，是出於血氣之勇的「俠氣」、七情未中其節所致的「憤氣」及「戾氣」，並舉張良、賈誼、王安石爲代表，認爲張良在博浪沙謀刺秦皇，即屬俠氣；賈誼任長沙王太傅，爲憤氣；王安石自負而不聽諫言，則是戾氣。舉凡此三氣，皆屬與「正氣」對舉之「客氣」。洪氏指出，吾人於義理有時而蔽，於義行有時而餒，即出於客氣之影響。客氣雖不是邪氣之範疇，但亦非正氣之樊籬，故認爲亦當加以消解。並在日用倫常的孝弟仁義、時所講習的詩書禮義中培養正氣，日日作養氣工夫，則正氣自不至於餒也。

筆者認爲，洪攀桂在前揭引文提出的養氣工夫，於對治、培養這兩方面的論述，都頗爲恰當。然而，洪氏在舉例時，則有所失當。蓋賈誼係受周勃等擁立文帝之老臣反對，遂不得一展長才，作〈弔屈原賦〉以自傷。洪氏認爲賈誼「賈太傅悲憫時艱，而長沙一去，抑塞終古，則憤氣也」，言賈氏悲憫時務此爲確語，而抑塞終古之憤氣，則實屬厚責矣。未若唐人劉長卿〈長沙

〔註101〕《寄鶴齋古文集（二）》，《全臺文》，第十九冊，頁197～198。

過賈誼宅〉之「三年謫宦此棲遲，萬古獨留楚客悲。……漢文有道恩有薄，……憐君何事到天涯。」〔註102〕具備「同其情之理解」，而這也與洪氏終其一生皆未曾任官，不能理解君心難測、官場險惡的成長背景有關。至於以王安石爲戾氣之代表，亦有過責之虞。蓋王氏性格執拗，但終非暴戾者流，否則涑水等舊黨領袖，豈能全一身於王氏執政期間？因此，筆者認爲，洪氏此段言論，實於史事有未詳之病。

二、感時憫民之吶喊

由於臺灣的地理環境所限，自古即經常發生颱風、地震，且因遠處海外，官箴、吏治難免容易存著「天高皇帝遠」之心態，以致發生「三年官，兩年滿」與「作官清廉，食飯攪鹽」、「無錢判無案」等俚諺。當天災人禍發生後，治臺賢宦、教育官員或本土儒者、僑寓文人，在救災或覺察弊端以外，亦會透過撰作詩文的方式，將心中感時憫民的情懷展露出來。因此，相較於個人修養工夫的層次，這類的作品也會稍多一些。以下，茲就詩文內容之別而分類加以說明。

首先，在吏治敗壞所造成的人禍方面，如清初來臺採硫磺的浙江仁和生員郁永河（1645～？），就曾在《裨海紀遊》書中記錄平埔族原住民受剝削之困境：

> 然又有暗阻潛撓於中者，則社棍是也。此輩皆內地犯法奸民，逃死匿身於僻遠無人之地，謀充夥長通事，爲日既久，熟識番情，復解番語，父死子繼，流毒無已。彼社商者，不過高坐郡邑，催餉納課而已，社事任其播弄，故社商有虧折耗費，此輩坐享其利；社商率一、二歲更易，而此輩雖死不移也。此輩正利番人之愚，又甚欲番人之貧：愚則不識不知，攫奪惟意；貧則易於迫挾，力不敢抗，匪特不教之，且時時誘陷之。既有以怨訴者，而番語侏離，不能達情，聽訟者仍問之通事，通事顛倒是非以對，番人反受呵譴；通事又告之曰：「縣官以爾違通事夥長言，故怒責爾。」於是番人益畏社棍，事之不啻帝天。其情至于無告，而上之人無由知。是舉世所當哀矜者，莫番人若矣。乃以其異類而歧視之：見其無衣，曰：「是不知寒

〔註102〕〔唐〕劉長卿著，儲仲君箋注：《劉長卿詩編年箋注》（北京：中華書局，1996年7月），頁337。

也」；見其雨行露宿，曰：「彼不致疾」；見其負重馳遠，曰：「若本耐勞」。噫！若亦人也！其肢體皮骨，何莫非人！而云若是乎？馬不宿馳，牛無偏駕，否且致疾；牛馬且然，而況人乎？抑知彼苟多帛，亦重綿矣，寒胡爲哉？彼苟無事，亦安居矣，暴露胡爲哉？彼苟免力役，亦暇且逸矣，奔走負載於社棍之室胡爲哉？夫樂飽暖而苦饑寒，厭勞役而安逸豫，人之性也。異其人，何必異其性？〔註103〕

郁氏認爲，部分從中國原鄉畏罪潛逃到臺灣漢族移民較少之地另謀發展者，由於熟悉平埔族原住民的生活習性及語言，遂在地方官員不熟民情之狀態下，充任夥長、通事，從中牟利。郁氏將這些不肖小吏稱爲「社棍」，認爲他們阻止官員對原住民的教育，係因若原住民受教育之後，即可使用漢語與他人順利溝通，進而將受夥長、通事壓迫的情況說出。因此，這些小吏遂從中阻止原住民接受教育。況且，即便原住民以母語向官方控訴，無法瞭解其語言的官員，仍需透過通事翻譯，於是，不肖通事遂顛倒是非，不僅使控訴者受到官員責罰，又欺騙渠等係因違背通事而受官員處罰，於是，官員不僅無法確知原住民受壓迫的詳情，這些原住民反而更加恐懼通事，只能忍氣吞聲而任其欺壓。郁氏認爲，原住民與漢人皆有相同的人性與需求，怎能因爲語言、文化有別，而將之視爲牛馬之屬。由是，從這篇記錄中，當可明顯看出郁永河對受壓迫者的憐憫之心，具備儒者之襟抱。

其次，在天災方面，由於傳統農業社會，一切農作活動皆須仰仗降雨及人力所爲之灌溉，但清領初期，無論是自然形成的潭，或人爲所致的埤，這些水利設備仍較有限。因此，一旦降雨有限，農民一年的辛苦就容易化爲烏有。在尙無「人造雨」技術的清領時期，面臨這些狀況時，治臺賢宦或本土儒者、地方鄉紳只能將希望寄託於神祇之上。在《陳清端公文集》中，即收錄陳璸在臺灣知縣、臺廈道任內，向城隍、媽祖及玄天上帝求雨的三篇文章。〔註104〕茲舉其〈上帝廟求雨文〉爲例：

〔註103〕〔清〕郁永河撰：《裨海紀遊》，收入黃哲永、吳福助主編：《全臺文》（臺中：文听閣圖書公司，2007 年 7 月），第五十一冊，頁 56～57。

〔註104〕案：《陳清端公年譜》另載陳氏在擔任臺灣知縣期間，亦曾撰文向關帝廟祈雨。但廣州富文齋同治七年（1868，戊辰）重刻《陳清端公文集》、臺灣文獻叢刊《陳清端公文選》（臺北：臺灣銀行經濟研究室，1961 年 9 月）及《全臺文》本《陳清端公文集》皆未收該篇，故筆者此處僅言「三篇」文章。見〔清〕丁宗洛編：《陳清端公年譜》（臺北：臺灣銀行經濟研究室，1964 年 11 月），頁 45。

臺民之耕，止此一熟。及時播種，待雨而足。今雨愆期，其何能穀！已種苗枯，未種手束。民則何辜，而罹斯酷？官之失德，罰及其身，怒有所歸，胡遷於民！某濫竽兩載，罪過千般。自檢行事，無可告天。自問內念，無可對神。致茲旱魃，慚見市人。靦顏拜禱，敢以臆中。歲若不稔，訟獄繁興。盜賊茲熾，民乃遭迍。監司誅責，殊無足憐。神受祀祭，過寧無分。乞回神鑒，收茲炎氛。甘霖立沛，俾得耕耘。此去立秋，節候甚邇。再逾一旬，雨亦無濟。心急言疾，辭乏靁斐。惟神涵覆，如怙如恃。日內得雨，昭示愷悌。敬率官僚，偕我婦子。擊鼓吹笙，粢潔酒旨。為民請命，以受神祉。言止於斯，神之聽之。〔註105〕

　　就筆者所知，在臺灣縣城內的玄天上帝廟，當時有東安坊的大上帝廟（即今臺南北極殿）與鎮北坊的小上帝廟（即今開基靈祐宮）兩座，陳氏雖未明確指出祈雨場所，但今日北極殿仍保存陳璸於福建分巡臺廈道任內所獻之「辰居星拱」匾，該廟後殿則供奉陳璸去職後，鄉人感念其德政而雕刻之神像，又考《陳清端公年譜》所載，陳氏於上帝廟求雨之事在康熙五十一年（1712，壬辰）六月〔註106〕，時陳氏任臺廈道一職，則或可推測陳氏求雨對象即為大上帝廟之玄天上帝。陳氏在文中指出，倘若地方官員德行有虧，請上天降罪於該官員身上，切莫使無辜百姓遭受缺雨之苦。進而自陳心跡，表示任職以來之行事、思維，恐有故作誤為之處，導致連累當地生民。但若缺水而使農人欠收，就容易引發盜賊作亂、刑案頻仍的一連串後遺症，使百姓生活受到嚴重的不安。因此，陳氏向具備水神職能的玄天上帝祈求解除旱象，使農人得以及時耕作。如能應驗，當親率各級官員以誠敬之心、豐盛之供品前往還願酬神。透過這篇文章，吾人可清楚地看到清領時期臺灣循吏之首、政聲最佳的陳璸，以自劾的角度，將缺雨久旱之原因歸咎己身，這種「一方有罪，罪在己躬」的思維，對百姓生活疾苦採取恫瘝在抱的態度，毫無疑問地，是君子儒所當為之舉。

　　缺雨苦旱，將使農人歉收；然而，若霪雨未霽，也會造成災情。在鄭用錫《北郭園詩鈔》中，便收錄其〈苦雨〉一詩：

　　　年華初度已清明，陰雨連旬尚未晴。麥飯紙錢人上塚，提壺布穀鳥

〔註105〕《陳清端公文集》，《全臺文》，第一冊，頁129。
〔註106〕《陳清端公年譜》，頁66～67。

催耕。可憐柳絮飛仍墜，又值秧針插未成。爲祝東皇香自爇，莫教
物候誤蒼生！〔註107〕

這首詩的內容，曾遭僑寓淡水廳的侯官名士楊浚作了一定程度的修改，亦即，
詩中除鄭氏原有之思想外，也呈現了楊氏的儒者氣象。針對楊氏刊本所體現
之思想歸趨，筆者曾撰有〈楊浚刊本鄭用錫詩作呈現之社會關懷〉加以探討。
〔註108〕而綜合稿本及楊氏刊本以觀，吾人可知，鄭氏在此詩中說明，清明時
節已連續降雨旬日，未曾放晴，導致農人唯恐秧苗受寒而無法開始工作，勢
必影響農時。在稿本中，鄭氏認爲有主見之上天，豈肯延誤蒼生？而經過楊
浚修改後，鄭氏則向太陽焚香祝禱，希望上天能解除霪雨，使百姓之農時不
受延誤。兩相比較下，吾人可發現，楊氏修改後之刊本內容，雖然在文獻學
上已失去原始資料的可貴性，但卻更能彰顯鄭用錫以蒼生爲念的儒者情懷。

災情之後，易導致糧食價格上揚；即便臺灣未發生天災，糧食豐收，卻
也容易因官方將米糧大量運往其他福建治下之受災府縣，同樣導致臺灣米價
上揚，人民生活更受波折。鄭氏對此，也在〈中元觀城隍神賑孤〉詩中反應
其情感：

恤祭陰孤飯滿筐，拋遺塵土雜餘糧。可憐南邑珠同貴，莫貸監河半
粒償！（時臺郡米價騰貴，民有食薯葉者）〔註109〕

竹塹雖僅爲淡水廳治，並非郡城所在，但其城隍信仰則位居全臺之冠。每逢
農曆七月十五日，城隍依例出巡「奉旨賑孤」，此係自厲祭演變而來之宗教儀
式。〔註110〕然而，鄭氏認爲，當時臺灣郡城米價高漲，買不起糧食的常民，

〔註107〕《北郭園詩鈔》，頁44。案：「全臺詩‧智慧型全臺詩知識庫」引用《北郭園
詩文鈔稿本》此詩爲「年華初度候清明，陰雨連旬尚未晴。麥飯紙錢人上塚，
提壺布穀鳥催耕。可憐粟賤貧如許，又值秧寒插不成。料想天心應有主，肯
將物候誤蒼生。」可知今本內容應爲楊浚刊刻前所作之修改。見「全臺詩‧
智慧型全臺詩知識庫」網站（網址：http://140.133.9.112/twpx/b/b02.htm，最
後查詢日期：2016年10月21日）。

〔註108〕拙撰：〈楊浚刊本鄭用錫詩作呈現之社會關懷〉，收入翁誌聰主編：《區域研究
與臺灣文學：第十一屆全國臺灣文學研究生學術研討會論文集》（臺南：臺灣
文學館，2015年7月），頁1～31。

〔註109〕《北郭園詩鈔》，頁71～72。案：「全臺詩‧智慧型全臺詩知識庫」引用《北
郭園詩文鈔稿本》此詩爲「恤祭陰孤飯滿筐，拋遺塵土亦餘糧。可憐南邑珠
同貴，莫貸監河半粒償。（時聞臺郡米價騰貴，民有或食薯葉者，適因事嘆及
之。）」可見亦曾受楊浚修改。

〔註110〕案：依《欽定大清通禮》卷十五〈直省祭厲〉載：「直省府州縣歲三月寒食節、
七月望日、十月朔日，祭厲壇於城北郊。」參〔清〕來保、李玉鳴等奉敕撰：

甚至有只能以地瓜葉果腹的情況，在此同時，塹城士民卻以「祭孤」名義大肆鋪張，間有浪費糧食之舉。鄭氏乃對此現象再三太息，認爲並不值得鼓勵。

　　如前所述，水、旱等天災導致之農作歉收，極容易導致人民生活面臨困境。洪攀桂即於光緒十九年（1893，癸巳）二月，以四個夜晚的時間完成〈問民間疾苦對〉一文。其說云：

> 臺灣頻年凶歉，去歲尤甚。或失水利、或遭颺颮、或苦旱潦，膏腴之壤十收二、三，瀕海之居赤地百里；臺南、臺北，無不皆然。想亦氣沴之故，爲上者誠不可不有以補救也。今貧民或嗷嗷待哺矣，沿海地方茹苦葉、齧樹根；采地瓜葉，婦女成群。老弱者，或捧腹呼負負；其強有力，則荷挺而走。遇載米筏，聚而奪之，予姓名以報；或負米行，攫而去之。瀕海者然，即村居墟壚鹵斥之地，亦莫不然。遇乾地瓜轉運出鄉，則群逐而噪；封殖倉臾之家，或群壅其門。匪類且借此爲白日胠篋之爲。其忿氣難制，其饑情可哀也！今或行賑濟，則匪類無所藉口，而饑民有所仰望；施之三、兩月，民情即安。且去冬降嚴霜，今歲當大有，施之惠少而恩普。……臺灣之歉，空乏者固多，溫飽者亦不少。其待賑，不過瀕海之民，孤獨殘弱之家；籍其數，則義倉之粟可以濟之。不濟，則官轉糶以補之；又不濟，則捐富民以施也。……賑濟之事小，而報詳之事大。蓋報詳則可使上吏周知民艱，上達宸聞；或減科、或緩徵，皆可以紓數萬生靈之氣。夫治民者，司民命者也。故凡地方之事，可以擾民、可以害民，無不當去；可以益民、可以補民，無不當興。饑饉之事，民命之所關者也。雖水旱荒歉，原未千里如筐，待哺之民得賑可以生，不得賑未必死；然使民自生自活，非司民命者之所樂也。今見人中流遇風、折桅將覆，未有不匍匐往救者；其不救亦未必死也，然惻隱之心不可以已也。今日之賑，亦猶是也。況上施一分之惠，則民受一日之生。一人之命不可輕擲，況數萬人之命乎！且不得賑雖未必死，而一家之中必有父鬻其子、兄去其弟者；一日之施，全萬千百家父子、兄弟之樂，其爲朝培元氣，不報之於一日，當報之於百年也。〔註111〕

《欽定大清通禮》，收入《景印文淵閣四庫全書》，史部政書類，第六五五冊，頁 246。

〔註111〕《寄鶴齋古文集（一）》，《全臺文》，第十八冊，頁 158～160。

洪氏在文中提及，臺灣向來易受天災影響而歉收，而光緒十八年（1892，壬午）特別嚴重，由於颱風、乾旱、灌溉失調等因素交互影響，導致收成僅有豐年三分之一，沿海地區出現粒米無收之現象，而臺北、臺南等富庶之地也未能倖免。洪氏進而說明生民以荇葉、樹根、地瓜葉果腹的景象，老弱無依者，對此多無能為力；但亦有鋌而走險者，搶奪載運糧食的隊伍或包圍富戶家庭。洪氏認為，這些災民的行為，係出自饑餓難耐所致的忿怒之舉。因此，遂向有司提出賑濟之建議，透過說之以理、動之以情的方式，希望官員一方面救助災民，一方面逐層向上級詳報災情，使臺灣民眾獲得減免、緩徵稅賦的可能。從這篇問對看來，洪氏為國為民的儒者拳拳之心與有感災情而出謀畫策的焦急情緒，由是躍然紙上，讀之令人動容。

　　相較於臺灣尚有耕種之可能，澎湖受限於土壤、水文等因素，在農耕方面，本來就有「先天不良」的困境，一旦面臨天災，人民生活將更難以維持。道光十一年（1831，辛卯）澎湖先遭遇旱災，又因颱風捲起海浪而導致「鹹雨」，使作物枯死而造成饑荒。賢宦通判蔣鏞以身作則，除捐俸之外，亦發起募捐、借米，試圖平抑糧價、解決災情，但翌年饑荒仍然存續。時任分巡興泉永道的周凱，奉命由駐地廈門乘船前往勘災、賑濟。當地生員蔡廷蘭遂向周氏請命，上其所作〈請急賑歌〉云：

> 昔讀寶儉箴，貴粟賤金帛。昔聞袁道宗，蠲賑上六策；又聞林希元，
> 荒政叢言摘。三便與三權，六急從所擇。自古以為然，周恤救藘芘。
> 況茲斥鹵區，民貧土更瘠。年來遭旱災，滿地變焦赤。又被鹹雨傷，
> 狂颶起沙磧；海枯梁無魚，山窮野無麥。老稚盡尪羸，半登餓鬼籍；
> 丁男散流離，死徙無蹤跡。所賴別駕仁，捐廉先施借。向來失預防，
> 社穀祗虛額。乾隆十六年，官捐二百石；移歸臺邑倉，陳腐實可惜！
> 何不撥數千，存貯常平積？平糶假便宜，採運收補益。茲法如堪行，
> 從長一籌畫。炊烟卓午飛，乞火聞鄰婦。涕淚謂予言：「恨死乃獨後。
> 居有屋數椽，種無田半畝。夫壻去年秋，東渡餬其口。高堂留衰翁，
> 窮饑苦相守。夫亡訃忽傳，翁老愁難受。一夕歸黃泉，半文索烏有。
> 嫁女來喪夫，鬻兒來葬舅。家口餘零丁，幼兒尚襁負。吞聲撫遺孤，
> 飲泣謀升斗。朝朝掇海菜，采采不盈手。菜少煮加湯，菜熟兒呼母；
> 兒飽母忍饑，母死兒不久。」爾慘竟至斯，誰為任其咎？可憐一方
> 民，如此什八九。恩賑曾幾多，可能活命否？救荒如救溺，急須援

以手。試問登山無，莫訝從井有！譬諸過涉凶，滅頂濡其首。萬竈
冷無烟，環村空覆白。二酺不供餐，三星常在罶。移糶開武倉，官
惠亦云厚。定價三百錢，准糶米一斗。轉眼給已空，枵腹那能久？
求死緩須臾，望救爭先後。明日天開晴，星纜到浦口；絕處忽逢生，
歡聲呼父母。睹此應傷心，加恩誰掣肘？翻作哀鴻吟，從旁商可否。
乞爲漢韓詔，休笑晉馮婦！救荒如救災，禍比燃眉蹙。杯水投車薪，
燎原勢難撲。嘆息此時情，烏焚巢已覆。告急書交馳，請帑派施穀。
連月風怒號，滔天浪不伏。勞公百戰身，懸民千里目。愁無山鞠窮，
疾奈河魚腹。藜藿雜粃糠，終餐不一掬。哀腸日九迴，何處求半菽？
見公如得父，幸免填溝瀆。去時編戶口，稽查費往復。積困蘇難遲，
倒懸解宜速。我亦鬻桑人，不食黔敖粥；曼倩饑何妨，長歌以當哭。
安得勸發棠，加賑一萬斛。康濟大臣心，補助生民福。會看達九重，
褒嘉錫命服。〔註112〕

蔡氏在〈請急賑歌〉中，援引袁宗道〈救荒奇策何如〉提出之「計糶之策一，
善行其糶之策三；賑之策一，善行其賑之策六」〔註113〕、林希元〈荒政叢言
疏〉持論之「極貧之民便賑米，資貧之民便賑錢，稍貧之民便轉貸」與「借
官錢以糴糶，興工役以助賑，借牛種以通變」等三便、三權之策〔註114〕，呼
籲長官活用賑災之道。進而點出澎湖遭受天災所苦，以及自身所見所聞的慘
況。且受狂風怒吼、巨浪滔天之天候影響，運糧船難以靠岸，因此，蔡氏再
度請求周凱能儘速加派賑糧，方能拯一地生民於巨災之中。筆者認爲，蔡氏
正因有此民胞物與之襟抱，方能受知於周凱，得其教導讀書法，而後歷次主
講引心、崇文、文石等書院，在成進士後，亦能一本初心，成爲治理江西之
賢宦，最終卒於任內。

　　在自然界的天災與吏治敗壞所致的人禍之外，亦有居心叵測之外國勢力

〔註112〕〔清〕蔣鏞撰：《澎湖續編》（臺北：臺灣銀行經濟研究室，1961 年 8 月），
　　　　頁 146～147。

〔註113〕案：此處言「袁宗道」，係據柯榮三〈《全臺詩》蔡廷蘭〈請急賑歌〉之商榷
　　　　──以版本及典故爲主的考述〉，《臺灣研究集刊》2006 年 2 期，頁 95 所考
　　　　證。另覆覈袁氏書，詳參〔明〕袁宗道著，錢伯城標點：《白蘇齋類集》（上
　　　　海：上海古籍出版社，1989 年 6 月），頁 89～91。

〔註114〕〔明〕林希元撰：《同安林次崖先生文集》，收入四庫全書存目叢書編纂委員
　　　　會編：《四庫全書存目叢書》（濟南：齊魯書社，1997 年 7 月）集部第七五冊，
　　　　頁 440。

引入所致之災禍。在清領時期的臺灣，此類禍患當首推鴉片煙。首任漢籍巡臺御史黃叔璥，在其《臺海使槎錄》即記錄云：

> 鴉片煙，用麻葛同鴉土切絲於銅鐺內煮成鴉片，拌煙另用竹筒實以棕絲，群聚吸之。索值數倍於常煙。專治此者，名開鴉片館。吸一、二次後，便刻不能離。暖氣直注丹田，可竟夜不眠。土人服此爲導淫具；肢體萎縮，臟腑潰出，不殺身不止。官弁每爲嚴禁。常有身被逮繫，猶求緩須臾，再吸一筒者。〔註115〕

黃氏敘述其親身見聞，說明鴉片的成癮性與對人體的危害性，故官方屢屢嚴禁。然而，吸食鴉片成癮者，即便遭查緝，吸食者仍難以自拔，甚至有向官方請求先吸食一筒後再受逮捕之情況。與此相關，鄭用錫《北郭園詩鈔》之稿本、刊本，亦有〈鴆毒〉、〈吃鴉歌〉、〈喫鴉感歎〉等詩，言及鴉片煙之毒害。由是，皆可見黃、鄭二氏之儒者精神。至若在〈臺灣阿片特許問題〉文中夸言「臺灣人之吸食阿片，爲勤勞也，非懶惰也；爲進取也，非退守也！」〔註116〕者流，則其心可議、其言亦非儒者所當發矣。

在人禍方面，有前揭外國勢力造成的毒害，亦有因開發臺灣造成之族群械鬥。除閩粵械鬥、漳泉械鬥、泉裔械鬥〔註117〕外，亦有嘉慶十四（1809，己巳）發生的漳泉粵三籍移民與當地原住民噶瑪蘭族之間的械鬥。其後，蒞任噶瑪蘭廳通判的姚瑩，便曾撰〈噶瑪蘭屬壇祭文〉抒發己見：

> ……瑩等共膺此土，保赤爲懷，睹民番之錯處，日久而安；念冥漠之沉淪，心悲以惻！爰廣安民之惠，更修祀鬼之壇，建旛招魂，設屋爲主，傳集三籍各社耆長，涓吉致祭。俾知忘身保衆，死事無別乎公私；木本水源，此日猶申其禋祀。苨楹既置，足以棲靈；生籍雖殊，何妨共食。奮身以爭地，身亡地喪，尚復何爭？爲漢以怨番，

〔註115〕〔清〕黃叔璥撰：《臺海使槎錄》，收入黃哲永、吳福助主編：《全臺文》（臺中：文听閣圖書公司，2007 年 7 月），第五十二冊，頁 51。

〔註116〕連橫：〈臺灣阿片特許問題〉，《臺灣日日新報》昭和五年（1930）三月二日，第四版。案：此文之全文影像，係查詢自《臺灣日日新報》資料庫（網址：http://120.107.160.17/，最後查詢日期：2016 年 12 月 30 日）。

〔註117〕案：閩粵械鬥，如乾隆三十四年（1769，己丑）岡山黃教案；漳泉械鬥，如同治四年（1865，乙丑）嘉義械鬥，使泉、漳移民分居北港街、新港街；泉裔械鬥，如咸豐三年（1853，癸丑）艋舺「頂下郊拚」（頂郊爲居住淡水河沿岸的晉江、惠安、南安等三邑人聚落，下郊爲居住八甲莊一帶的同安人聚落），導致同安人遷往大稻埕。

漢睦番和，可以無怨。如果讐怨兩釋，自能戾氣潛銷。漢乘風而内
渡，速返鄉園；番超脫於沉幽，各登善地。從此人鬼相安，民番永
樂；殊方異域，皆成舜日堯天；滯魄冤魂，盡化和風甘雨；豈不休
哉！尚饗。〔註118〕

姚氏此篇祭文撰於械鬥發生十二年後的道光元年（1821，辛巳）。文中指出，
噶瑪蘭當地由於開發的關係，漢民族與原住民雜處而居，經過十餘年的磨合，
已經逐漸和平共處。但是，在開發過程中，因為械鬥而殞命的各族群、各裔
先民，卻尚處沉淪。因此，姚氏遂利用中元厲祭的場合，建旛招魂，召集漳、
泉、粤三籍「老大」及原住民各社的耆老，在城隍神的鑒察之下，共同祭拜
亡故先民。姚氏認為，先民為爭地而喪身，死後豈有任何需爭之事？漢族與
原住民之先民彼此相互埋怨，但後世居民已和睦共處，則先民亦可化解仇怨、
同享祭祀。一旦仇怨消融，則漢族先民可以魂歸故里，原住民先民亦可各登
善地，使生人、亡魂兩相安。筆者認為，姚瑩能在生者之外，將關懷對象推
擴到死者，體現了儒者「祭如在」、「祭之以禮」之精神。而在姚氏該篇祭文
之末，尚記載了厲祭當日的景況「設厲壇於北郊，祀開蘭以來死亡者。為漳
籍之位於左，泉、粤二籍之位於右；列社番之位於地，以從其俗；城隍為之
主，列位於上。是日，文武咸集，率各民番，盛陳酒醴牲核以祀之；至者二
千餘人。社番亦具衣冠，隨眾跪拜，如漢人禮。祀畢，又使民、番互拜。瑩
乃剴切誦以和睦親上之義，陳說五倫之道，使善番語者，逐句傳繹之。環聽
如堵，多泣下者。」〔註119〕姚氏透過祭祀儀式場合，讓漢族各裔移民及原住
民彼此和解，並講說和睦之道，又讓通曉原住民語言者，將己身言論逐句翻
譯，遂使在場二千餘人受感動者多矣。筆者認為，姚氏此舉，亦為儒者弭紛
止辭襟抱之體現，同樣值得吾人肯定。

　　此外，亦有地方官員未詳察民瘼而致之社會事件。清領晚期臺灣曾發生
「府城三大奇案」，其中之一的「陳守娘命案」，即是一位節婦慘遭婆母與小
姑虐待致死的人倫悲劇。曾任臺灣府儒學訓導的劉家謀（1814～1853），在其
《海音詩》第九十八首，即記陳守娘事云：

闡幽郡伯有傳文，吳女沉冤得上聞；我向昭忠祠外過，披榛空訪守

〔註118〕〔清〕姚瑩撰：《東槎紀略》，收入黃哲永、吳福助主編：《全臺文》（臺中：
　　　　文听閣圖書公司，2007年7月），第五十七冊，頁94。
〔註119〕《東槎紀略》，《全臺文》，第五十七冊，頁94～95。

娘墳！

鄧薿原太守傳安有〈書彰化吳貞女事〉，見《蠡測彙鈔》。陳守娘，
郡城東安坊經廳巷人；夫歿守節，姑強令更適，不可。姑之女常譖
之，百端凌虐，肌無完膚。一日，母女共縛守娘於凳，以錐刺其下
體而斃。里人鳴諸官，臺灣令某欲寢其事，檢屍曰：「無傷也。」眾
憤，毀令輿；令懼，乃定讞。此道光末年事也。初葬昭忠祠後山仔
尾，屢著靈異，祈禱者無虛日；官以其惑民，爲改葬之。〔註120〕

劉氏在詩中前兩句，先敘述臺灣知府鄧傳安爲彰化縣遭性侵而死的貞女吳氏
撰文之事，後兩句始言及陳守娘。由於儒學訓導除教學課士之外，有時亦須
採訪、核實地方上的節孝事蹟，因此，劉氏遂言欲訪守娘墳而未果。筆者認
爲，《海音詩》之優點，在於劉氏在各詩之下，自注詩序，使讀者得以明瞭該
詩所敘事件之始末，而不致受後出文獻所誤，而吾人亦可透過這些序文而窺
知道光三十年（1850，庚戌）至咸豐二年（1852，壬子）臺灣社會之縮影。
如陳守娘事件，劉氏說明該事之時間、地點、經過、結果、影響等項，亦突
顯劉氏表彰氣節、憐憫無辜死難者之儒者精神。

筆者認爲，與劉家謀《海音詩》所載陳守娘事件相較，《臺灣通史》將該
縣令名稱繫於王廷幹身上，又稱陳守娘所嫁者爲張氏，連氏並於《雅言》書
中稱「王廷幹，看錢無看案！後調任鳳山，死於林恭之亂；妻子、臧獲被殺
者二十有八人，吏民無有顧者。亦好貨之罪也。」〔註121〕則有明顯的謬誤。
其一，考王廷幹宦臺期間，從未任職臺灣知縣，與知縣職務相關者，亦僅曾
先後署理嘉義、鳳山二縣，且王氏署理澎湖通判期間，不僅爲節省文石書院
開銷而自任山長，將山長束脩轉供士子膏火所需，又倡捐賓興經費，鼓勵士
子參加鄉試。如此賢宦，在連橫筆下卻成爲貪墨奸宦，甚至死後仍受鳳山吏
民鄙夷。豈人亦有「橘逾淮則爲枳」之變邪？其二，臺南孔廟節孝祠所供奉
之陳守娘牌位爲「欽褒節烈邑民人林壽妻陳氏守娘」〔註122〕，可知陳守娘係
適於同縣常民林壽，而非連橫所言之張氏。由是，亦可知：呈現儒者社會關

〔註120〕〔清〕劉家謀撰：《海音詩》，收入《臺灣雜詠合刻》（臺北：臺灣銀行經濟研
　　　　究室，1958 年 10 月），頁 32。
〔註121〕連橫撰：《臺灣通史》（臺北：臺灣銀行經濟研究室，1962 年 2 月），頁 1019；
　　　　連橫撰：《雅言》（臺北：臺灣銀行經濟研究室，1963 年 2 月），頁 25。
〔註122〕臺南市中西區臺南孔子廟節孝祠現地調查所得資料（現地調查日期：2015 年
　　　　8 月 3 日）。

懷精神之《海音詩》，具備詩史之價值；而《臺灣通史》與《雅言》二書，則
明顯有厚誣賢宦、張冠李戴之失。〔註123〕

三、風土人情之敘寫

　　一地風俗之良窳關乎人心之善惡，因此，自古以來，儒者對於風土人情
就特別注重，各時期所修之方志中，或多或少皆會設置風俗、俗尚等目，用
以記載相關內容。在前節當中，筆者已提到部分治臺賢宦、教育官員、本土
儒者與僑寓文人，認為教育具有導民成俗之功效。此處，筆者再就清領時期
臺灣行政、教育官員與本土儒者、寓臺幕賓所見之臺灣特殊風土民情，略揀
擇數概，並加以敘述、評析。

　　首先，先就清領初期的文獻而觀。郁永河曾在《裨海紀遊》記錄臺灣航
行時對媽祖與水仙之崇信狀況：

> 十八日，有微風，遂行，行一日，舵與帆不洽，斜入黑水者；……
> 舟人大恐，向馬祖求庇，苦無港可泊，終夜徬徨。十九日，猶如昨，……
> 風中蝴蝶千百，繞船飛舞，舟人以為不祥；申刻，風稍緩，有黑色
> 小鳥數百集船上，驅之不去，舟人咸謂大凶，焚楮錶祝之，又不去，
> 至以手撫之，終不去，反呷呷向人，若相告語者，少間，風益甚，
> 舟欲沉，向馬祖卜筶，求船安，不許；求免死，得吉；……舟師告
> 曰：「惟有划水仙，求登岸免死耳！」划水仙者，眾口齊作鉦鼓聲，
> 人各挾一匕箸，虛作掉船勢，如午日競渡狀，凡洋中危急，不得近
> 岸，則為之。〔註124〕

與郁永河白福州同行來臺採硫之友人王雲森，抵達臺灣後，認為應加快速度，
遂與搭乘牛車的郁氏分開，改為乘船北上。但是，當郁氏於四月二十四日抵
達後壠社（今苗栗縣後龍鎮）時，卻見王氏敝衣跣足，告以舟碎身溺，遂詢
問其情況。王氏乃將上揭引文告知郁氏。眾所周知，在只能任憑風向與洋流
帶領航行的清領時期，渡海來臺必經的臺灣海峽，被視為極恐怖「黑水溝」，
無論是閩、粵先民，都曾留下「唐山過臺灣，心肝結歸丸」或「勸君切莫過
臺灣，臺灣恰似鬼門關」的俗諺。王雲森乘船北上時，即遇到海難。由於蝴

〔註123〕今人鄧孔昭先生曾撰《臺灣通史辨誤》一書，指出連氏書中六百餘處錯誤，
　　　　但並未提及陳守娘事件之相關始末，則筆者此概，亦可略為增補。見氏撰：《臺
　　　　灣通史辨誤（增訂本）》（臺北：自立晚報出版社，1991 年 7 月）。
〔註124〕《裨海紀遊》，《全臺文》，第五十一冊，頁 33～34。

蝶、黑鳥等不祥預兆，水手透過向媽祖擲筊，得到人身安全、船隻毀損的答案，於是，又加上「划水仙」之助，方能倖免於難。

透過此段文獻，吾人當可瞭解，先民當初渡海來臺開墾、士人搭船前往省垣赴秋闈，以及往返臺灣與福建沿海口岸之郊商等群體，所遭遇之困難與危險。也可進一步窺知當時對於拯救海難的媽祖、水仙尊王等水神之崇信。況且，即便到了清領晚期，搭船往返臺灣海峽仍是當時的夢魘。徐宗幹在《斯末信齋文編》中，即提及曾在臺灣立石告誡生員「鄉試文武生，勿輕出海口，文於小暑前，武於白露後。」並作〈渡海萬全歌〉「三、四千石新造船，鹿口對渡到蚶泉。三月廿三、四日後，四月初七、八日前。」〔註125〕認爲需在特定時間內，搭乘一定吃水量、一定重量的新造船隻，從鹿港前往泉州蚶江（今泉州市石獅市蚶江鎮），方可避免遭受臺灣海峽的風浪侵襲而殞命，可見其危險之一斑。

而在巡臺漢籍御史黃叔璥的《臺海使槎錄・赤嵌筆談》中，則記載了南臺灣與「海神」媽祖信仰相提並論的「瘟神」王爺信仰。其說云：

> 三年王船備物建醮，志言之矣。及問所祀何王？相傳唐時三十六進士爲張天師用法冤死，上帝敕令五人巡遊天下，三年一更，即五瘟神；飲饌器具悉爲五分。外懸池府大王燈一盞，云僞鄭陳永華臨危前數日，有人持柬借宅，永華盛宴以待，稱爲池大人，池呼陳爲角宿大人，揖讓酬對如大賓；永華亡，土人以爲神，故並祀焉。〔註126〕

由於氣候、地形之故，早期的中國華南地區，容易滋生大型傳染病，而戰亂、天災之後，也易發生大疫，先民在醫藥衛生條件不足之情況下，遂將這些傳染病稱爲「瘟疫」，並認爲瘟疫係由上天派遣的「天行使者」（瘟神）所散播、收治，這些天行使者職司「代天巡狩」、「彰善癉惡」，因而被民眾稱爲「王爺」、「千歲」。對瘟神之恐懼所造成的崇拜，又以閩地爲盛，先民會在固定時程，請道士將迎接抵達凡間的瘟神，依照齋醮科儀祭拜後，再以船恭送出海，稱爲「遊地河」。然而，由於地形、風向、洋流的交互作用，閩地漂放出海的「瘟船」、「王船」，經常抵達澎湖及臺灣西南沿海地區，自閩地渡海發展的臺澎先民，自然瞭解此「王船」之緣由，遂定期建醮祭祀，稱爲「迎王」、「送王」，

〔註125〕《斯末信齋文編》，《全臺文》，第六冊，頁 76。
〔註126〕《臺海使槎錄》，《全臺文》，第五十二冊，頁 53。

或爲之建廟膜拜，進而形成臺灣西南沿海的王爺信仰。〔註127〕黃叔璥這段資料，可說是清領時期較早記錄南臺灣王爺信仰的第一手文獻。黃氏於文中提及，王爺信仰出自唐代的三十六進士，因冤死而受上帝敕命爲五瘟神，代天巡狩、鑒察善惡。因此，供祀的器具皆以五份爲主；而池王爺向陳永華借屋之傳說，則突顯了漢族傳統社會受道教星斗信仰影響所形成之「賢臣良將爲星斗謫凡歷劫」〔註128〕觀念。

　　然而，筆者認爲，黃氏所記錄的這段史料，仍有部分待商榷處。蓋唐代實施進士科尚不久，且當時進士科地位優於明經科，爲士人夢寐以求之地位，若一次出現三十六位進士無辜殞命，兩《唐書》及《資治通鑒》不可能未作

〔註127〕案：有關閩地、臺灣的瘟醮與王爺信仰，前行論述甚彩，較詳實而具代表性者，包括史貽輝：〈略談福州瘟神五靈公〉，《天道》6-7 期（1974 年 4、5 月），頁 19～21；李豐楙：〈王醮科儀與迎王祭典──臺南地區瘟神信仰與地方傳統的交流〉，收入黎志添主編：《香港及華南道教研究》（香港：中華書局，2005 年 4 月），頁 434～484；康豹：〈屏東縣東港鎮的迎王祭典：臺灣瘟神與王爺信仰之分析〉，《中央研究院民族學研究所集刊》70 期（1991 年 3 月），頁 95～211；謝聰輝：〈南臺灣和瘟送船儀式的傳承與其道法析論〉，《民俗曲藝》184 期（2014 年 6 月），頁 9～57；姜守誠：〈試論明清文獻中所見閩臺王醮儀式〉，《宗教學研究》2012 年第 1 期，頁 249～255。然而，這些前行研究成果，多著重在福建、臺灣的瘟醮，筆者遂另闢蹊徑，討論較少受關注的清代全眞道龍門派之瘟醮儀式，撰有〈清代全眞道之瘟醮科儀及其聖班、文檢探析〉，於「靈顯與傳播：國際王爺信仰研討會」（檳城：馬來西亞道教學院、中國華僑大學宗教文化研究所，2016 年 7 月 20 日）發表，並收入王琛發主編：《靈顯與傳播：閩臺與南洋的王爺信仰》（檳城：馬來西亞道教學院：2016 年 7 月），頁 19～35。經會後修訂、增補，以〈清代全眞道龍門派之瘟醮探析──以科儀、聖班、文檢爲觀察核心〉之名，刊登於《武廟宗教文化雜誌》10 期（2016 年 10 月），頁 4～12；11 期（2017 年 4 月），頁 4～10。

〔註128〕案：此觀念並非臺灣所獨有，在清代中國各省亦存在。如以四庫館臣蔣元庭爲首的全眞道龍門派分支天仙派，在《太上清寧七政三光普照集福寶懺》的〈廿八星宿寶誥〉中，即提及「九州布濩，共仰牧伯之尊；廿八司權，咸戴咸靈之赫。昭雲臺而佈武功，相漢主而留偉烈。英風丕振，厚德難名。」認爲輔佐漢光武帝中興的「雲臺二十八將」，對應天上的廿八宿。參胡道靜等主編：《藏外道書》（成都：巴蜀書社，1994 年 12 月），第十五冊，頁 511。而此說之伊始，則爲范曄在《後漢書》的評論。范氏於《後漢書》卷二二論曰：「中興二十八將，前世以爲上應二十八宿，未之詳也。然咸能感會風雲，奮其智勇，稱爲佐命，亦各志能之士也。」代表魏晉時期，民間已有將東漢建國功臣鄧禹等人，視爲天界二十八星宿降世的說法，且此說廣爲人知，遂被范曄載於史論。見〔南朝宋〕范曄撰，〔唐〕李賢等注：《後漢書》（北京：中華書局，1965 年 5 月），第三冊，頁 787。

記載；且唐代所尊奉之道教宗派爲崇尚內煉身神之茅山上清派，而非崇尚符籙的龍虎山正一派，亦即「天師」之稱，在唐代並非祖天師張道陵後代的專屬代名詞，不太可能出現「張天師用法冤死三十六位進士」的史事。因此，筆者認爲，黃氏所聞者，應當是明代以後因正一派取得「總領天下道教事」之地位，遂在民間社會逐漸以訛傳訛所形成的附會之說。

至於清領中期的巡臺御史張湄，也曾賦詩〈氣候・中秋〉，並記錄當時士子聚會「博狀元餅」的風俗：

> 碧天煙淨水雲微，砧杵無聲一鏡飛。畫餅香中人盡醉，嫦娥親見奪元歸。（中秋夜，士子飲博，製大餅以象月，硃書元字，擲四紅者得之，取秋闈佳兆也。）〔註129〕

張湄在詩中敘寫了中秋當夜萬戶無聲，唯見皎潔明月如鏡的背景，參與博餅者一面歡欣飲宴，一面聞著餅香，進而預祝以骰子擲得「四紅」（六個骰子擲出四個四點者）者，能在嫦娥見證下，在鄉試取得佳績歸來。這種中秋博餅的習俗，爲閩省泉、漳二府及粵省潮州府所有，特別興盛於泉州府的金門、廈門二地，並隨著先民傳至臺灣，今日鹿港、臺南等地，仍保留此一習俗。由於廈門係乾隆初年官方唯一允許與臺灣鹿耳門對渡之口岸，因此，張湄所見博餅習俗，可能也是從廈門傳至臺南的情況。而筆者於 2014 年 8 月前往金門從事浯江書院及燕南山書院（朱子任同安主簿時，采風、視學所在地）之現地調查時，適逢金門舉辦「博狀元餅」活動，筆者從中得知，博餅不僅「四紅」對應的狀元，尚包括「一秀」、「二舉」、「四進」、「三紅」等，分別對應科舉制度中的生員、舉人、三甲進士、二甲進士，這些皆表達出士子對秋闈吉兆的渴求。筆者認爲，張湄所見博餅活動，或許亦有可能包括這些項目，但僅舉狀元以該其餘，除突顯參加者競相擲得四紅之頭采之外，亦可避免敘述上的失焦，未必是僅由擲得「四紅」者取得狀元餅的「贏者全拿」制度。

而在清領晚期，在道光末年涖臺任官的徐宗幹，於〈壬癸後記〉中也記載了當時臺灣媽祖信仰的轉變。其說云：

> 壬子三月二十三日，爲天后神誕。前期，臺人循舊俗，迎嘉邑北港廟中神像至郡城廟供奉，並巡歷城廂內外而回。焚香迎送者，日千

〔註129〕〔清〕范咸纂輯：《重修臺灣府志》（臺北：臺灣銀行經濟研究室，1961 年 11 月），頁 767。

萬計。歷年或來、或否，來則年豐、民安。販賈藉此營生，而為此
語也。前任或密屬住持卜筊，假作神語，以為不來；愚民亦皆信之，
省財、省力，地方不致生事，洵為善政。然祈報出於至誠，藉以贍
小民之貿易者，亦未可張而不弛；且迎神期內，從未滋事，故聽之。
十五日，同鎮軍謁廟，男婦蜂屯蟻聚欲進門，非天后神轎夫執木板
辟易之，不得前。偶微服夜巡，自宵達旦，用朱書「我護善良，進
香須做好人，求我不能饒你惡」云云簡明告諭，並大書「販運洋土，
船破人亡」八字於殿前，乘其怵惕之心以道之。神道設教，或可格
其一二耳。……舉國若狂，雖極惡之人，神前不敢為匪；即素犯罪
者，此時亦無畏忌，以迎神莫之敢攖也。是日午後，忽大雷雨，霹
靂不已。郡城舁神輿者，至城門皆覺重至千鈞，兩足不能前，天后
之輿則迅速如駕雲而飛。雨止，聞北港之夫與郡城神輿各夫爭路挾
嫌，各糾約出城後互鬥洩忿。城外溝岸內埋伏多人，為雨驅散；南
門外同行三十餘人，雷斃其二，餘皆被火傷，不知其何為也！非此
雷雨，則鬥必成，而傷害之人多矣。神也靈也，民之福、官之幸也。
〔註130〕

在前揭郁永河《裨海紀遊》的敘述中，媽祖仍僅具備拯救海難的職能。但經
過漢族移民在臺灣發展百餘年之後，透過徐宗幹的記載，吾人已可看出媽祖
神性的「自轉變」，已從單純的海神，變成賞善罰惡、護佑黎元的全能性神祇，
廣受民間社會大眾的崇信。因此，在徐氏筆下，每逢北港媽祖赴郡城進香（北
港方面則稱為「落府」，指媽祖由北港南下府城之意）時，即廣受信徒歡迎，
商販因而營生，惡人也不敢為非。而徐氏也藉著媽祖信仰的力量，要求府城
民眾作好人、不可販售鴉片煙，以收神道設教之效驗。然而，徐氏也見證了
媽祖解難止紛「神蹟」的發生，以雷擊懲罰意圖展開分類械鬥的轎夫首領，
將災難減低到最小的程度，因而受到徐氏的歎服。筆者認為，徐氏此段記錄，
實與干寶「發明神道之不誣」有著異曲同工之妙處。

與徐宗幹任職時間相近的劉家謀，亦在《海音詩》中，記載當時臺灣民
間社會在喪葬、男女情愛、日常生活等面向的俗尚。試觀其說：

有孝男兒來弄鏡，有孝女兒來弄猴；生天成佛猶難必，先遣爺娘黑
獄投。

〔註130〕《斯未信齋文編》，《全臺文》，第六冊，頁73～74。

凡親喪必懺佛；僧於中午飛鈸，謂之「弄鐃鈸」。諺曰：「有孝後生
來弄鐃，有孝查畝來弄猴。」弄猴者，以猴演雜劇也。俗謂男曰「後
生」、女曰「查畝」。按「查畝」二字，無謂；當是「珠母」音訛，
猶南海之言「珠娘」也。〔註131〕

撮合偏饒秘術多，蓮花座下簇青娥；不圖色相全空後，猶捨慈航渡
愛河！

重慶寺，在寧南坊；昔住持以尼，今則僧矣。男女相悅不得遂者、
夫妻反目者，皆乞靈於佛；置醮甕佛座下，以箸系髮攪之，云使人
心酸；取佛前燈油暗抹所歡頭，則變。東安坊嶽帝廟亦有之。皆整
俗者所宜除也。〔註132〕

勞身猶足博饔餐，歲暮無衣意亦寬；不怕飢寒寧怕死，自家斷送入
三棺！

臺郡傭工所得常倍。地暖，冬月不需綿裘也。「三棺」者，猜寶「銅
棺」也、吃鴉片「竹棺」也、狎妓「肉棺」也。〔註133〕

在第一段資料中，劉氏敘述守喪子女延請通俗佛教（又稱「釋教」、「香花」）
之神職人員（俗稱「齋公」）從事救拔亡靈的法事，認為這些儀式展演人員，
會因為出資聘請者的性別有別，而施行「弄鐃」或「弄猴」的不同項目。劉
氏再以理性角度思考，姑不論這些展演關目是否有效，但都具備先將亡故的
尊親置於地獄之前提，如此一來，「曾是以為孝乎」？但劉氏的思考畢竟太過
敏銳，因此，在詩後小注中，作者就不對此多加著墨，以保留溫柔敦厚之風
格。在第二段的敘述裡，劉氏記錄了鄰近臺灣府儒學的重慶寺及東安坊的東
嶽殿，皆提供醮缸供人攪拌，或暗中敷燈油於對方頭髮，藉以祈求神佛幫助
挽回已變心的情人。劉氏認為，這已違背了宗教教義與善良風俗，應加以革
除。至於第三段資料，劉氏則記錄了府城富庶，勞工所得較其他地方為多，
且臺灣氣候溫暖，較不需禦寒之綿衣或皮裘。因此，部分未作妥善打算的勞
工，遂將勞務所得悉數花費在賭博、抽鴉片煙及狎妓等不良習慣之上，而劉
氏將這三種行為稱作「三棺」，更可見其足以戕害人之身心性命。

〔註131〕《海音詩》，《臺灣雜詠合刻》，頁 11。
〔註132〕《海音詩》，《臺灣雜詠合刻》，頁 16。
〔註133〕《海音詩》，《臺灣雜詠合刻》，頁 26。

　　筆者認爲，劉家謀所採錄的這三段資料，部分容或值得持續探討。其一，「弄鐃」確如劉氏所述，係由儀式展演者舞弄鐃鈸等器物，屬於雜要性質，而「弄猴」則未必如是。就筆者所知，「弄猴」較屬於搬演「三藏取經」、「目蓮救母」等故事，在臺灣民間被稱作「擔經」，是一種存在於通俗佛教喪葬法事中的「儀式劇」（ritual opera），與「弄鐃」相同，皆旨在透過戲劇、雜要的演出，減低喪親者心中的悲痛，具有一定程度的心理療癒功能。然而，「弄鐃」、「弄猴」似乎並未因出資者性別差異而有不同的展演。其二，攪醋缸、敷燈油之舉，不僅違背了佛教「色相皆空」之基本信念，且試圖藉助神力以挽回情愛，也是佛教認爲的「我執」，未能參透因緣假合的義理，佛教僧尼在寺中提供這類「服務」，著實太過「入世」。至於劉氏認爲東嶽殿有此舉措。筆者在從事現地調查〔註134〕及檢閱其餘清領時期臺灣文獻時，並未發現廟中有此設置或相關記載，故加以推測，或許是因爲重慶寺職司此項之神祇爲「速報司」，而速報司又是東嶽大帝座前七十五位司官之一，常與「陰陽司」並祀於東嶽大帝兩側，導致劉氏有所混淆。然而，近年臺南當地未能正視劉氏此段文獻所述，反將重慶寺與大天后宮、祀典武廟、祀典興濟宮等其他三座道教廟宇並稱，組成「府城四大月老」，亦不免令人太息再三。

　　臺灣自古以來，藉由輸出物產所形成的貿易行爲，便極爲發達。從荷西殖民的蔗糖、鹿皮開始，到清領初、中葉的白米、蔗糖，到了清領晚葉，由於漢人開發地區逐漸北移及條約開港等因素，輸出的物產，已轉變爲茶葉及樟腦兩種。吳子光〈紀臺中物產〉一文，即言及樟腦的提煉方法與開採情況：

> 臺山惟樟木最大，即古稱豫章材。村人業樟腦者，起山寮作土竈，偵樟樹堅光微臭者，削令成片，先浸漬一宿，拾置釜中，上覆以粗碢，其下以水火逼之，類人炊黍者。氣騰騰上蒸，令透一晝夜，取碢出視，四周凝結如霜，是爲樟腦。初，臺地所產樟腦皆私販於夷人，價值最昂，每百斤值十金十數金不等。後有網市利者，開設匠館以抽其稅，因遂歸官云。又故事，臺郡修造戰艦所需木料，歲由匠首配運輸之官廠，不能無需於樟木，爲燒樟腦太多，則巨樟損剝必多，有誤辦公。故稅館曰：軍工料館亦古人征商抑逐末法也，今錐刀之末，民爭恐後，牛山濯濯，頓改舊觀。然因此故，生番失所

〔註134〕臺南市中西區東嶽殿現地調查所得資料（現地調查日期：2013 年 4 月 15 日）。

憑依，且以山川好生萌蘖，猶存此事於德，產仍無損焉。〔註135〕

吳氏在文中詳細說明樟腦從製竈、揀木、浸漬、蒸餾等一系列的提煉步驟，並敘述樟腦販售途徑之更革始末，進而指出提煉樟腦過度，容易對營建戰船產生排擠效應。然而，吳氏於文末轉述稅務人員的說法，認爲因民眾爭相逐利，開採樟木過度，使原住民失去憑依，則可見出當時小吏並不具備郁永河在《裨海紀遊》對原住民之同理心，吳氏將之記錄下來，實不啻爲《春秋》義法之體現。

至於晚清曾任臺南知府的唐贊袞，在其《臺陽見聞錄》書中，也記錄了〈放生池〉一篇，敘述常民因不同出發點所致的行爲。其說云：

> 龍山寺前有長渠一道，綠膩鴨頭。每到春時，桃花水漲，必有好善
> 者購取鱗介之屬，於此放生。歷年以來，龜、鼈、鰍、鰻、〔虫亮〕、
> 蚶、蛤、蚌、鯿、鱸、鯉、鯽、鱖、鮪、鰊、魴，戢戢鱗鱗，充牣
> 其內。有老饕者，每伺更闌，安置筌笿、罾罟，貫以柳條，燔諸翠
> 釜；是彼欲生之，而此欲殺之矣。〔註136〕

在唐氏筆下，吾人可以得知，清領晚期的臺南，經常有善心人士購買魚貝類在臺南東門外龍山寺前溝渠「放生」。但是，卻也有人企求美味，遂在夜闌人靜時，以各種工具到溝渠捕撈，藉以一飽口腹之欲。因此，唐氏遂感歎這些人的出發點不同，導致行爲有別。不過，筆者需要說明的是，放生之舉，並非佛教所特有，早在佛教尚未東傳之前，中國即已出現商湯「網開三面」、孔子「釣而不綱、弋不射宿」的行爲，證明惻隱之心，係人稟受於天之良知良能，非特定宗教所獨具。而唐氏文中所言之鮪魚，雖非吾人今日所知之黑鮪魚、黃鰭鮪等遠洋大型魚種，但也是鱘、鱸之屬的海水魚，卻被善心人士與淡水魚、潮間帶甲殼類共置一渠，則是否會造成「護生不成反殺生」的結果？這就不言可喻了。

四、學風日盛之企盼

在本書第二、三章，筆者已陸續說明清領時期臺灣官方、民間興辦之教育設施（包括儒學、官設書院、義學、社學、土番社學及民間書院），得知這

〔註135〕《一肚皮集》，《全臺文》，第十三冊，頁576。
〔註136〕〔清〕唐贊袞撰：《臺陽見聞錄》，收入黃哲永、吳福助主編：《全臺文》（臺中：文听閣圖書公司，2007年7月），第五十八冊，頁174。

些教育設施之興辦、修葺，多與治臺賢宦、教育官員、助學富紳有關，而僑
寓士人、本土儒者亦會受聘在上揭教育機構內安硯設教，從而促使臺灣的儒
學發展益朝正向。至於第四章，則分析前揭人物群體之行誼及其與儒學發展
有關之事功。由於這層關係，吾人自然能在這些人物所撰詩文中，梳理出渠
等對所治、所設教乃至所居住區域之學風，得以日漸興盛之希冀。因此，筆者
在清修方志、別集中，揀選此類作品，並舉數例臚列於次，進而加以說明。

　　首先，同樣先就清領初期的斷限而論。鳳山知縣宋永清於康熙四十三年
（1704，甲申）在蓮池潭畔重建縣學聖廟完成後，嘗作〈新建文廟恭紀〉表
達心中的喜悅，其詩云：

> 荷香十里地（廟前蓮花潭，廣十里），喜建聖人居。泮壁流天際，圜
> 橋架水渠。千秋陳俎豆，萬國共車書。巍煥今伊始，英才自蔚如。

〔註137〕
宋氏在詩中先點出聖廟所處位置的環境，認爲十里荷香之地，能興建聖廟，
是一件令人高興之事。頷聯則敘述聖廟前方的天然泮池，池中活水宛若來自
天際，並於水渠之上架設拱橋，使肄業其中之生員，得以從「境教」之中體
悟朱子「源頭活水」之理。接著，又在頸聯申說先聖影響深遠，遂能得到古
今一致推崇，廟食千秋。由是，聖廟工程既已告竣，宋氏遂期盼能陸續培養
出許多蔚然成章之英才。然而，筆者認爲，「萬國車書」出自祖龍之事典，但
宋氏則用以歌頌先聖，是否恰當？這應是可值得再作討論的。

　　時隔十餘年，陳璸在臺灣府儒學聖廟的朱子祠旁興建文昌閣，工程告竣
之日，陳氏爲之作〈文昌閣落成〉一詩云：

> 雕甍畫棟鳳騫騰，遙盼神霄最上層。台斗經天由北轉，彩雲捧日自
> 東升。參差烟戶排青閣，繡錯河山引玉繩。今夕奎光何四映，海陬
> 文運卜方興。〔註138〕

陳氏於詩中說明文昌閣建築的雕梁畫棟，可在樓上遙瞻九天之上的神霄天
界。工程告竣之日，彩雲捧日冉冉升起、北斗與三台星高懸天上，而西方的
奎宿亦大放光芒，一切皆足以預示：孤懸海外的臺灣，自是日之後，文運可
以日漸興盛之吉兆。

〔註137〕〔清〕陳文達編纂：《鳳山縣志》（臺北：臺灣銀行經濟研究室，1961 年 11
　　　　月），頁 150。
〔註138〕〔清〕陳文達編纂：《臺灣縣志》（臺北：臺灣銀行經濟研究室，1961 年 6 月），
　　　　頁 267。

其次，在清領中期的時間斷限中，亦同樣有此類詩文之論述。乾隆十一年（1746，丙寅）以淡水同知攝理彰化知縣的曾曰瑛，興建了中臺灣第一座官設書院——白沙書院，並爲之撰〈白沙書院記〉一文云：

> 白沙書院者，乃余新闢之書院，請名兩巡方聞之執政，而以教育多士之秀者也。夫古之爲教，家有塾、黨有庠、術有序、國有學，儲才育賢之方至備；其爲道似紆，而其收效甚大。有牧民之責者，固宜視爲急務焉。彰化爲諸羅分邑，肇於雍正二年。雖建置未久，而田疇漸闢，村社繁衍、市肆駢集，已成臺北都會之區；子弟之書升掄秀者，亦不乏其人。惟是風俗未淳，教化有待。余於乙丑春，奉命分符北路。蒞任未閱月，更委攝彰篆，目擊富庶之形，不禁喟然歎曰：「是曷可以無教乎！」夫欲昌明大道、丕變民風，設教須自上始。……彰之士庶同沐薰陶，苟得經明行修者爲之師，廣集群英，相舉朝夕講論，其人文蔚起也更易。惜邑無講學所；余不自量，捐俸百二十金，……創立講堂三間，附於學宮之右。……延明經王君宗岱入院掌教。……竊怪今之學者，讀書不窮義旨，尚以帖括爲工，德行廢而弗講；安望行修名立，化於鄉里，施於政治哉！吾願多士宅心詩書道德，潛修實踐，勿事浮華，以爲發政施令之基。其薰陶培養，則又賴於後之君子。〔註139〕

曾氏在文中指出，古代教育制度係採逐次推擴之同心圓方式，在社會結構的各層面中，皆有相對應的教學設施，用以培養賢才。表面觀之，是一種較曲折、迂迴的方法，但效果卻是極大的。因此，曾氏認爲，地方行政官員應以設學立教爲首當之務。然而，彰化自設治以來，人口眾多、商業繁榮，已成爲臺灣當時重要的都會區，縣中亦有補弟子員、登賢書者。但是，彰化的風俗、教化仍明顯不足。因此，曾氏在以本職攝理彰化知縣時，即認爲應當設置教育機構以推動儒家教化。若能聘請經明行修者設教其中，當可使彰化士民在日常生活中得到薰陶。因此，曾氏遂在縣學右側設置白沙書院，請生員王宗岱主講。而曾氏更認爲，當時士人未能專注於經典中富含之義理，而徒知括帖，且又不注重自身德行，如此一來，豈能使自己的德行日臻美善？又怎能正己化人影響鄉黨？甚至如何成爲賢宦而善撫一地百姓？由是，曾氏希望白沙書院肄業士子不可受外在浮華所影響，而應當留意於經典中的義理，

〔註139〕《使署閒情》，《全臺文》，第二冊，頁224～225。

並加以躬行實踐，而書院完成後推行教育之永續方針，則更仰仗於日後的賢宦與書院山長。筆者認為，誠如曾氏所預期，此後，彰化賢宦如張世珍、胡應魁、楊桂森、吳性誠等，或重修書院、或手訂學規，皆使白沙書院之規制更為完整；而主掌書院者如蔡德芳、施士洁、丁壽泉等進士，或廖春波等縣中碩彥，皆作育多士、培植英才，使白沙書院之學風廣播中臺灣。

在澎湖廳通判任內一手擘畫文石書院的胡建偉，當任滿離職轉為鹿港同知時，亦嘗撰〈留別文石書院諸生〉一詩，期勉肄業其中之生員：

> 學舍難忘結構深，杖藜時聽讀書音。雖無韓子興潮化，具有文翁教蜀心。杼柚終當成錦繡，鴛鴦尤冀度金針。諸生勉矣終如始，文石輝煌盡國琛。〔註140〕

胡氏在詩中提及，自身一力規劃文石書院的創設、興建事宜，迄今仍難以或忘學舍之結構，而每次策杖出行時，皆可在書院中聽到生員、士子講習之聲。因此，胡氏自認，雖不如韓愈振興潮州文風之功，但己身實具有西漢文翁教化蜀地之心。由是，胡氏希冀，澎湖雖然地理環境的先天條件較不良，但只要士子願意自始至終勤勉向學，則自能遭逢願指導讀書關竅之度人金針者，進而使澎湖文風如同文石一般輝煌燦爛。筆者在從事現地調查後得知，果如胡氏所期盼，澎湖在清領時期的一位進士、四位舉人，皆與文石書院有著緊密的關係。開澎舉人辛齊光曾主講文石書院，任內善誘後學、重視躬行踐履之教；在胡氏離開澎湖的六十年後，興泉永道周凱奉命前來勘災、賑濟，感蔡廷蘭之可造，遂以讀書、作詩法授之，蔡氏學力大進後，亦曾主講文石書院，收學學半之功，終成開澎進士；而澎湖另二位舉人鄭步蟾（1831～1879）、郭鶚翔（1839～1907）也都曾在晚清期間擔任文石書院之山長，擔荷澎島文風之責任。

在乾隆五十二年（1787，丁未）署理澎湖通判的張瑋，亦撰〈澎湖暮春課士〉一首。其詩云：

> 星河島嶼此天同，浴詠春風共冠童。禮樂百年沾聖化，誦絃多士仰儒宗。珊瑚網下鮫人窟，蚌蛤珠胎夜月中。為語芸窗勤講肄，菁莪樂育望無窮。〔註141〕

〔註140〕〔清〕蔣鏞撰：《澎湖續編》（臺北：臺灣銀行經濟研究室，1961年8月），頁101。

〔註141〕《澎湖續編》，頁101。

張氏於首二句即指出，澎湖諸島猶如天上羅布之群星一般，暮春時節視察生員、童生之課業進度，亦如《論語》所載曾點之氣象一般。進而說明澎湖納入清廷版圖已有百年，士子由是受到儒學影響。進而寄語澎地士人，應勤勉講習經典義理，則文風興盛、菁莪育士之樂，當極爲有望。

而被稱爲「開蘭三大老」之首，於清領時期創設宜蘭唯一一處官設書院——仰山書院的楊廷理，在工程告竣時，嘗撰〈仰山書院新成誌喜〉表達心中的企盼。其詩云：

> 龜山海上望巍然，追溯高風仰宋賢。行媲四知留矩範，道延一線合
> 眞傳。文章運會關今古，理學淵源孰後先。寄語生徒須努力，堂前
> 應有進三鱣。〔註142〕

楊氏指出，蘭地東面海上巍然而立的龜山島，令其直接聯想到宋代楊龜山先生之高風。楊氏在頷聯認爲，龜山先生之德行，足以追步東漢畏金之楊震，而其道傳南方之舉，更使閩地得到聖學之眞傳。因此，頸聯說明文章關乎古今運會之舉，理學淵源先後亦應釐清。因此，楊氏希望仰山書院完工後，肄業其中的士子應當勤勉向學，則當可如楊震鱣魚落於講堂之前的預兆一般，以德才兼備而位至公卿。筆者認爲，楊氏對仰山書院諸生之期許，雖未能達成，但仰山書院也培養出李春波、李望洋等舉人，而開蘭舉人黃纘緒、開蘭進士楊士芳，也曾執掌仰山書院，黃、楊二氏及仰山書院出身的李望洋，又共同發起倡建聖廟，爲宜蘭文風之興盛，作出不可磨滅之貢獻。則仰山書院雖無位至公卿者，但其對宜蘭士習、民風所作的貢獻，遠比三公九卿之職要來得重要許多。

最後，再看清領晚期範圍中的詩文作品。於道光四年（1824，甲申）署理臺灣知府的鄧傳安，曾於道光七年（1827，丁亥）爲時任按察使銜分巡臺灣兵備道兼理學政的孔昭虔（1775～1835）代撰〈重修海東書院碑記〉（孔氏忙碌於剿賊等治安事項，無暇撰作），表達出鄧、孔二人對學風的期許：

> 余於道光四年奉命來臺，每至書院，必詔肄業諸生曰：「閩省自唐以
> 後，始有聞人；然理學之盛，莫過於閩。臺郡被聲教百餘年，人文
> 不讓內地；諸生挾《四書》、《五經》以專心於舉業，自謂能學聖人
> 之學矣，抑思學其學者必志其志，豈徒以文辭乎！溯閩學之上繼濂、

〔註142〕〔清〕柯培元撰：《噶瑪蘭志略》（臺北：臺灣銀行經濟研究室，1961年1月），
　　　　　頁184。

洛，皆由先立乎誠而戒欺以求愜；若徒冀科目重人，鄉會得雋如額，
遂爲不失令名，恐先有愧於鄉先儒而去聖人之道日以遠，非使者所
望於諸生也！」於是士皆知奮。〔註143〕

孔氏於嘉慶六年（1801，辛酉）成進士，道光四年奉派蒞任。在這篇碑記中，
孔氏指出，唐代以後，福建境內逐漸開發而出現名聲遠播者，而理學從龜山
南傳以後，又以閩地之發展最爲鼎盛。臺灣自入清廷版圖後，受百餘年儒風
理學之濡染，人文已不遜於中國諸省。然而，士子由《四書》、《五經》而作
場屋之技，便自以爲可習得聖人之道，卻忽略了當學聖人之志，而非僅學「代
聖人立言」之舉業文字。因此，孔氏回顧閩學上承濂洛三先生之淵源，認爲
理學係以立誠爲本，而非以科第爲重。如果僅重視場屋之術，倘若僥倖中式，
亦愧對先儒之教導，而遠離聖人之道甚遠。因此，孔氏期盼海東書院之士子，
當先立乎其大，學風方可鼎盛。筆者認爲，以孔氏作爲先聖七十一代裔孫以
及漢學派大將孔廣森（1751～1786，戴震弟子）之哲嗣身分，在書院視學時
持論推崇閩學之語，並希冀士子應以宋儒立志爲本，勿視舉業文辭爲要務，
更可得知以朱子學爲主幹之宋學，在清代一直處於主流地位，並未受戴震
（1724～1777）之說所撼動或取代。

兩次出任澎湖廳通判的蔣鏞，親任文石書院山長，以栽培士子爲務，並
視傑出士子如己家人。其詩〈示文石書院諸生〉即云：

寒氈誦習貴心堅，暑繼三冬念勿遷。屏去俗情徵實學，闡來新義獲
眞詮。詩書到熟方生妙，志氣能勤始益專。莫謂科名遺此地，蓬瀛
有願竟登先。〔註144〕

蔣氏以地方父母官這種家長心態切入，期勉士子即便身處寒冬，亦應堅定心
志，認眞實學，切莫始勤終惰，受俗情影響。如此一來，方有可能闡發經典
之中的義理。且若能勤勉學習，方可體會經典精妙之處，而心志也能更加專
注。因此，切莫認爲澎湖籍士子不會中舉，只要願意勤而行之，即有登瀛洲
之可能性。果不其然，在蔣氏兩次任職之後，蔡廷蘭即於道光二十五年（1845，
乙巳）恩科成進士。蔣氏雖未能親見其事，但此亦證明，蔣氏期勉當地士子
勤勉向學，可使文風日盛、科名有望的觀點，是可成立之說法。

〔註143〕〔清〕鄧傳安撰：《蠡測彙鈔》，收入黃哲永、吳福助主編：《全臺文》（臺中：
文听閣圖書公司，2007年7月），第五十六冊，頁123。
〔註144〕《澎湖續編》，頁116。

再觀清領時期臺灣唯一父子雙進士的施瓊芳所撰〈鳳邑琅嶠新建敬聖亭碑序（為李天富作）〉云：

> 天富李君，推本心之惜字，邀同志以建亭。人逢鳳邑名流，義金競釀；家本龍眠賢裔，筆寶知珍。遂呈東壁之圖，同煥南離之耀，化來慧火，都教氣吐蜺虹；送向清流，免俾灰飛蝴蝶。從此風行琅社，星聚瀛壖，有亭翼然，聳雁塔蟾宮之望；其文炳也，收蟲編蠹簡之遺。名壽貞珉，地依紺宇，為溯臺標造字，堪推蒼史之功臣；須知爐可鑄文，定出青雲之學士。〔註145〕

施氏此文作於咸豐五年（1855，乙卯），上揭引文為其中第三部分，用以稱頌發起興建敬聖亭的李天富。施氏稱李天富是鳳山縣之聞人，將敬惜文字的本心，推擴而廣邀琅嶠當地名流共同捐資建造敬聖亭。使車城地區之字紙，可以透過「送聖蹟」的方式，免遭輕賤。而這座依憑地方廟宇而新建的敬聖亭，除收集字紙以「過化存神」之外，更標識著地方人士對子弟雁塔標名、蟾宮折桂的企盼。因此，施氏於文末遂期許當地定出青雲之士。然而，較可惜的地方是，清領晚期的車城一帶，並未再有任何士人科舉中式，這也與當地儒學教育推行較慢，有著一定程度的關係。

而光緒七年（1881，辛巳）任職按察使銜分巡臺灣兵備道兼理學政的劉璈（1815～1889），於光緒十年（1884，甲申）撰成〈示諭臺地各屬士子講求經史由〉一篇公文，表達自身對臺灣轄內士人的期許：

> 文本六經，書不熟，焉能明理？題原四子，義未解，何以立言？臺灣雖文明漸啟之區，國朝二百餘年教澤涵濡，業已人才蔚起；何近時帖括之士，不特六經精義尚鮮講求，即四書白文亦多荒誤。是豈子弟之皆不好學乎？抑徒務虛名之父兄、師保有以誤之耳！本學道前次按臨各郡，曾經出題面試生童。雖不無理法兼到之作，而文理荒謬者所在甚多：非與題旨相背，即於題解未清。至令默寫長題，通場不能下筆。可見在家肄業，全不讀書；專欲夾帶入場，臨時翻閱，襲取文章腔調，僥倖功名。……書理通則文理自通，文與題稱，斯文無不取。夫士憑文取，取士何為？誠以論秀書升，無非求通經以致用。古今來處為名儒、出為名臣者，有不從實學中來哉？……

〔註145〕〔清〕施瓊芳撰：《石蘭山館遺稿》，收入黃哲永、吳福助主編：《全臺文》（臺中：文听閣圖書公司，2007年7月），第九冊，頁81。

固知學有全功，不僅尋章摘句；然必章句先熟，方能義理貫通，斯
文風亦蒸蒸日上。……父師課讀，首在治經；弟子論文，必先窮
理。……該父師亦當研求經史，啓迪後學，勿以自誤者誤人子弟！
勉之！切切！〔註146〕

本文作於光緒十年三月十三日，旨在檢討前次到各府視學所見之問題。劉氏
指出，歲、科二試的題目，皆由《六經》與四子書揀選，若未能熟悉經典中
的義理，要如何明理？要如何「代聖人立言」？當時重視舉業者，不僅未能
瞭解《六經》當中的微言大義，即便是《四書》原文，也多有荒廢不觀的現
象。劉氏認為，並非年輕子弟不願意學習，更重要的，他們的親人、師長可
能就採取「不觀原典，僅由制藝範文入手」的策略，並用以教導子弟。因此，
遂在劉氏視學出題測試時，出現不符題旨、未解題義、默寫不出、挾帶舞弊
等情況，劉氏因而歎息再三，認為這些士子，皆是因循怠惰、不願努力向學
者。由是，劉氏強調，科舉制度之本義，是為揀選出通經致用之士，故自古
以來，以名儒為名臣者，皆是「身通」實學者。故劉氏要求為人尊親、師長
者，應當以身作則，研讀經典中的義理，方能啓發其子弟，從章句中探求義
理之貫通，而使文風蒸蒸日上，不復如往日一般的自誤誤人。

　　筆者認為，劉氏以生員身分參加湘軍，由軍功而任官，無法自科舉出身，
係其憾事。但劉氏在本文也點出為學之重點，應當從原典、義理下手，而非
專務考試之速成，唯有紮實求學，方有成功之可能。相對地，若以當時科舉
的風氣，則無法培養出身通之士。而吾人從其別集的〈稟籌辦全臺鄉會試館
賓興及育嬰養濟義倉各事宜由〉一文，亦可看出劉氏對於臺灣當時士人赴試、
社會救濟等事務，有其熱誠，堪稱同、光二朝臺灣行政官員中頗有治績者。
可惜，上級長官因循苟且，此事遂寢。其後又遭政敵羅織罪名，遂被彈劾而
遠謫苦寒之黑龍江，最終死於流放之地。

　　至於晚清受臺灣巡撫邵友濂（1840～1901）聘為《臺灣通志》總纂之蔣
師轍（1847～1904），在臺灣從事現地考察及檢閱前行志書文獻期間，曾撰〈治
臺八要〉一篇，其中即包括「興文教」之目。蔣氏之說云：

士為四民之首，里有善士，關於風俗非細。國家教澤，不遺海外。
所期於士者，豈亶以能博科第為賢，固欲其讀詩書、明義理，薰德

〔註146〕〔清〕劉璈撰：《巡臺退思錄》，收入黃哲永、吳福助主編：《全臺文》（臺中：
　　　　文听閣圖書公司，2007 年 7 月），第五十九冊，頁 299～300。

善良爲里黨則也。縣各有書院，宜諮良宰，迎延碩學，立之師表，
廣購經史，供其研誦。其有學成名立者，破格獎藉之。率馬以驥，
激奮自衆。文翁化蜀士，昌黎變潮俗，猶以文學言。蒙謂木鐸收效，
固不止此。〔註147〕

蔣氏於光緒十八年（1892，壬辰）來臺，在上揭引文中，明確指出士子的重
要，士子何以重要？並非能在科舉中式而重要，而是因爲士人研讀經典、明
瞭義理，其德、其才，可以爲鄉黨取法，並勸誘一地風俗。因此，蔣氏認爲，
應當由巡撫下令各地行政官員，延請碩學鴻儒主持當地書院教學事務，並大
量添購典籍，使各書院不虞匱乏；若有學習成效頗佳者，也應破格獎掖，以
收激勵來者之效，方能使文風日盛。可惜的是，由於蔣氏提出的各項建議未
受邵氏採用，遂辭任返鄉，而臺灣當時的文風發展，終難挽大廈於將傾。

第三節　清領時期臺灣儒學發展之特色

　　透過本書前揭各章，從皇帝頒行的儒學政策，官方興建之府縣儒學及書
院、社學、義學等輔助教學機構，官方旌表之各式牌坊，民間興辦之書院、
文昌祠、惜字亭，獎掖儒學之治臺賢宦、教育官員、地方仕紳及臺灣重要的
科第人物，乃至這些人物群體透過碑志、制藝、月課、詩文而呈現的思想，
筆者認爲，清領時期臺灣儒學發展之特色，可以歸納爲以下數概，茲論述說
明於次。

一、官方立學態度前後、標的有別

　　自臺灣於康熙二十三年正式設置行政機關之後，迄光緒二十一年割讓日
本爲止 212 年間，僅設置了十四處官方儒學。然而，儒學作爲府、縣正式教
育機構，在設置程序上，並非簡便易行之舉。康熙二十三、二十四年，臺灣
當時的一府三縣，已建置各行政區的聖廟雛型，但尚未得到上級行政官員對
設置就學員額之同意，無法開科取士。〔註148〕因此，清領初期首位奉命擔任

〔註147〕〔清〕蔣師轍撰：《臺游日記》，收入黃哲永、吳福助主編：《全臺文》（臺中：
　　　　文听閣圖書公司，2007 年 7 月），第五十四冊，頁 244。
〔註148〕《臺灣府志》卷二〈規制志・學校〉載：「府學：在寧南坊（仍鄭氏基築）。
　　　　康熙二十三年，臺廈道周昌、知府蔣毓英修。臺灣縣學：在東安坊。康熙二
　　　　十三年，知縣沈朝聘建。鳳山縣學：在縣治興隆莊。康熙二十三年，知縣楊

臺灣最高行政官員——福建分巡臺灣廈門道的儒林人物周昌〔註149〕及首任臺灣知府蔣毓英，便在康熙二十五年（1686，丙寅）二月撰〈詳請開科考試文〉向上級的閩浙總督王新命、福建巡撫張仲舉申請開科取士。文中指出：

> 風俗之原，由於教化；學校之設，所以明倫。臺灣既入版圖，若不講詩書、明禮義，何以正人心而善風俗也？……士爲四民之首，正可藉此以化頑梗之風，而成雍熙之治。除觀風、月課以勵士習，并頒行〈鄉約〉以導民志外，所有一府三縣應照內地事例，建立文廟四座，以崇先聖；旁置衙齋四所，以作講堂。而地方初闢，生員稀少，每學暫設教職一員，聽候部選，以教生徒。歲、科兩考文武生員，照依各府大縣事例，府學取進二十名、縣學各進十五名，以鼓士氣。〔註150〕

> 經國之要，莫重於收人心；而致治之機，莫先於鼓士氣，臺灣既入版圖，萬年起化之源，正在今日。此移風易俗，厚生與正德相維爲用。憲臺與道憲之請建學校、行考校，誠審乎教養之根本，爲海天第一要務也。況今自設立郡縣以來，憲臺與道憲月課、季考獎勵生童，與夫卑縣等按季分題課業，士子蔚然興起，燦然有文章之可觀矣。亟須乘時設官考試，以培養海國之人才。府縣各學，請照內地定例，各設教官二員；歲、科兩試，文武童生府學考入二十名。此一定之例，原無分於府分之大小也。臺、鳳、諸三學，應請酌定上、中、小縣分取入名數，……今者，賦稅已定，荷蒙院憲拳拳不忘海外之士類，專檄查議，會疏舉行。卑府行據各縣之條議，又參以管見之所及，備詳憲酌。臺灣府與臺、鳳、諸三縣，應各設一儒學。府學應設教授一員，訓導一員，各縣每學應設教諭一員、訓導一員。內地叢爾小邑，教職俱經全設；車書一統，應無異同。科、歲兩試，取進文武童生，府學二十名，此直省各府一定之額，固不緣府分之大小而有增減也。臺灣縣係附郭首邑，照大學例取進生員十五名；

芳聲建。諸羅〔縣〕學：在縣治善化里西保。茅茨數椽，規制未備。」可見當時一府三縣雖已有儒學聖廟，但僅是具體而微，如諸羅縣學，更僅是草屋數間、未符聖廟規制的臨時性建築。參《臺灣府志》，頁32。

〔註149〕據《清朝進士題名錄》所載，周昌爲漢軍鑲藍旗籍，於康熙十二年（1673，癸丑）成進士，爲二甲二十七名。見《清朝進士題名錄》，上冊，頁180。

〔註150〕《臺灣府志》，頁235～236。

鳳山、諸羅，照中學例取進生員十二名。廩、增、附之分別，一如
內地，逐年考試註冊；廩、增二項，亦照學定額。其廩膳生員內，
每年挨次考取歲貢，起送廷試。此建學、考校之大概也。未盡規條，
應俟題允之日，於泉州就近移查學政事宜，次第修舉可耳。〔註151〕

上揭引文首段爲周氏所作，指出建置官設儒學，具有使一地士民明瞭人倫、
變化風俗之功能。因此，除特定時程的觀風、月課，用以激勵士子習尚之外，
也透過頒行鄉約，從事社會教育，更進而比照中國其他各省府、縣，設置官
方教育機構，供奉先聖，並作爲日常講習之所。次段則爲周氏文中引述蔣氏
所作，指出人心、民氣，是治理國家最重要的關鍵，設置官學，開科取士，
正可收致此一效果。由是，在設學之後，更應當設置臺灣諸府、縣之學額，
方能培養人才。蔣氏更進一步地指出，臺灣轄內既有納稅之義務，也應有考
取生員之權利，故提出兩項建議，一是仿照其他省份府縣之制度，在臺灣府
儒學設教授、訓導各一人，各縣儒學設教諭、訓導各一人，不能因爲臺灣孤
懸海外，而有不同的情形；二是依據康熙九年（1670，庚戌）裁定「府學二
十名、大縣十五名、中縣十二名、小縣或七名或八名」的學額，使臺灣府儒
學可錄取生員二十人，作爲附郭首縣的臺灣縣，比照大縣之學例，錄取生員
十五人，鳳山、諸羅二縣，則依中縣例，錄取生員十二人，而各官學之廩膳
生、增廣生、附學生之階級分別，也同樣比照其餘府縣之定制。

然而，蔣氏的建議，並未得到周昌完全同意。《臺灣縣志》所收〈生員額
數〉即載「二十五年，臺廈道周昌具詳督、撫兩院，題定照內地中縣之例，
歲、科各取進一十二名。」〔註152〕而《鳳山縣志》、《諸羅縣志》，亦有相同數
額之記載。〔註153〕其後，雍正、乾隆二帝在繼位之初，亦曾各增加一次錄取
之學額，具有「加恩」、優禮士人之目的。〔註154〕

雍正元年（1723，癸卯），增設彰化縣，同時也議定縣儒學之入學員額。
由於地方始闢，遂援康熙九年之成例，視之爲小學，取進生員八人。而乾隆
繼位之初，同樣增加一次錄取生員之額度。〔註155〕

同樣於清領初期雍正五年（1727，丁未）設治之澎湖廳，學額向歸入臺

〔註151〕《臺灣府志》，頁 236～238。
〔註152〕《臺灣縣志》，頁 79。
〔註153〕《鳳山縣志》，頁 17；《諸羅縣志》，頁 77。
〔註154〕《重修臺灣府志》，頁 272。
〔註155〕《重修臺灣府志》，頁 276。

灣縣之中，但澎湖與臺灣之間，相隔「黑水溝」，若童生要渡海赴臺灣參加縣、府、道等三級考試，至少需耗時半年以上。因此，澎湖通判胡建偉在乾隆三十二年（1767，丁亥）接獲歲貢生呂崑玉所上〈隔洋赴考維艱，懇恩轉詳就澎童試造冊送道，俾貧寒得遂觀光等事〉之陳情後，遂聯呈奏請閩浙總督兼督理福建巡撫蘇昌、福建布政使錢琦、臺廈兵備道張珽、知府鄒應元等上級行政官員，說明貧寒士子無以支撐應考盤費，請求援引同樣位處海島的廣東南澳所轄士子雖附饒平縣學額，但皆在南澳同知衙門考試之例，使澎湖童生縣、府二試可直接在澎湖通判衙門考試。得到各級官員同意，於同年開始辦理。〔註156〕其後，兩任按察使銜福建分巡臺灣兵備道孔昭虔、劉重麟分別於道光七年（1827，丁亥）、九年（1829，戊子）在臺灣府學員額中，規定澎湖士子取進定額，不隸屬臺灣縣之學額。〔註157〕然而，在清領時期的 212 年間，澎湖廳仍未單獨設置廳學。

　　與澎湖廳相較，於雍正九年（1731，辛亥）設治之淡水廳，起初，由於未建專學，故學額向歸彰化縣中。自乾隆三十一年（1766，丙戌）開始，即有行政官員、地方士子陸續申請就近舉行縣試，雖曾遭拒，但也一度得到上級同意，後因地方無廩生可具保作結，縣試遂又回歸彰化縣辦理。直到嘉慶十五年（1810，庚午），閩浙總督方維甸巡臺，生員張薰等人呈請自籌經費建學，得到方氏批示交按察使銜福建分巡臺灣兵備道張志緒商議。其後，臺灣道糜奇瑜又於嘉慶十九年（1814，甲戌）呈請閩浙總督汪志伊、福建巡撫張師誠淡水廳設學之事，終於得到允准，並於嘉慶二十二年（1817，丁丑）開始建造聖廟、廳學，進而具備單獨學額。然而，此時距淡水廳之建治，已達八十六年之久。其後，道、咸二帝在位期間，亦曾增加淡水廳之學額。〔註158〕

　　而嘉慶十七年（1809，壬申）建治之噶瑪蘭廳，由於同樣未單獨設學之故，沒有自行學額，故縣試原隸屬淡水廳。通判翟淦雖於嘉慶二十年（1812，庚子）呈請援澎湖例，逕就廳治開考，但並未獲准。至道光十九年（1839，己亥），時任按察使銜分巡臺灣兵備道兼理學政的姚瑩，批示援引澎湖廳之成

〔註156〕《澎湖紀略》，頁 76〜78。案：有關此段指涉之人物官銜，係查詢中央研究院歷史語言研究所架設之「人名權威：人物傳記資料查詢」資料庫（網址：http://archive.ihp.sinica.edu.tw/ttsweb/html_name/search.php，最後查詢日期：2017 年 4 月 19 日）。

〔註157〕《澎湖續編》，頁 21。

〔註158〕《淡水廳志》，頁 135。

例，使噶瑪蘭廳士子之縣、府二試，皆直接於廳治中辦理，而後逐送道考。道光二十二年（1842，壬寅），姚氏呈請閩浙總督顏伯燾、福建巡撫劉鴻翔後，並經上揭官員奏呈內閣，得到部議同意，始得增加噶瑪蘭廳之學額，但仍未單獨設學。〔註159〕迄同治二年，始因淡、蘭二廳人文日盛，淡水廳學額自行運用，不必保留蘭籍，使噶瑪蘭廳另立專學，學額訂爲五名。光緒元年，噶瑪蘭廳改制爲宜蘭縣，原專學、學額，遂由宜蘭縣所沿用。〔註160〕

迄光緒朝的二十一年間，臺灣「快速」建置了恆春縣、淡水縣、宜蘭縣、臺北府、臺南府、安平縣、苗栗縣、雲林縣等官方儒學。然而，臺南府、安平縣，即清領初期之臺灣府、臺灣縣所改置，儒學位置仍舊，僅係因行政區劃調整而易名。恆春縣儒學僅以猴洞山上之澄心亭瓜代文廟，並未建署，而欽差沈葆楨也直接在同治十三年（1874，甲戌）所上〈請琅嶠築城設官疏〉中明言「擬先設知縣一員，審理詞訟，俾民、番有所憑依。界之親勇一旗，以資號召。其餘武營、學官、佐貳，且置爲緩圖，以一事權，而節糜費。」臺灣巡撫劉銘傳於光緒十四年（1888，戊子）所上奏疏，亦云「恆春縣應試文童，近尙無多，向附鳳山併考，請仍其舊。」〔註161〕可知恆春設縣之初，事急從權，故未設學宮，僅暫以澄心亭替代聖廟，供奉先聖及文、武二聖神牌，但時隔十四年後，劉銘傳仍認爲恆春縣生童無多，可循例附鳳山縣考試即可，不必單獨設學開考，故僅請求增設典史一職，並未言及學官。則劉氏所衡量者，僅在於應考者之「量」，而未觀照到學官日常講習之「質」，是較可惜之處。而光緒五年（1879，己卯）所設淡水縣儒學，僅借用艋舺街之學海書院爲之，但仍依府城附郭首邑之規制，設置儒學教諭，先後曾有四人出任。翌年，臺北府儒學建置，則採新建之舉，並設儒學教授一職，先後曾有六人出任。〔註162〕至於苗栗縣自光緒十五年（1889，己丑）建治後，雖因劉銘傳與福建總督卞寶第上疏奏請，使臺南府訓導移駐苗栗，改稱苗栗縣訓導，看似已設學，實則亦無單獨學署，而聖廟也同樣未建置，僅以文昌祠暫代。

〔註159〕〔清〕陳淑均纂，李祺生續輯：《噶瑪蘭廳志》（臺北：臺灣銀行經濟研究室，1963年3月），頁158～164。

〔註160〕王省吾纂修：《宜蘭縣志》卷五《教育志上篇・教育制度沿革篇》（宜蘭縣宜蘭市：宜蘭縣文獻委員會，1961年12月），頁3。

〔註161〕〔清〕屠繼善纂輯：《恆春縣志》（臺北：臺灣銀行經濟研究室，1960年5月），頁42、頁59、頁68、頁220。

〔註162〕陳明終編纂：《臺北市志》卷七《教育志・教育行政與學校教育篇》（臺北：臺北市政府，1988年9月），頁6～7、頁10。

〔註163〕而雲林縣的部分，雖於光緒十六年設學，但卻未建聖廟、學署並設學官，僅以起初縣治所在之林圯埔街文昌祠暫代。〔註164〕

　　表面看來，清領晚期的官員著眼於臺灣的重要性，遂以「廣爲設置官學」的方式突顯「積極治臺」。然而，眞正新建儒學者，僅臺北府、宜蘭縣等二處，其餘或以書院瓜代，或以文昌祠暫行；而行政區域調整後的臺灣府、臺灣縣儒學，則或僅以考棚課士，或借用民房辦公，甚或有未設置教育官員的情形。由是觀之，當可窺知清領初期設置地方儒學之嚴謹態度，迄清末實已不復見。

　　相較於對官方儒學設置之態度，就書院而言，臺灣在清領時期陸續興建包括四處「正音書院」在內的三十五所官設書院。〔註165〕經過筆者統計，除正音書院不論以外，完成於清領初期者，共十三座，設置者之身分包括臺廈道、知府、知縣等行政官員，以及施琅、吳英二位武職之將軍；建置位址則皆在南臺灣的臺灣府、臺灣縣、鳳山縣境，且多處於府治、縣治之內。

　　完成於清領中期者，計有九座。設置者之身分，包括知府、知縣、同知、通判等行政官員，此時中臺灣的彰化縣、諸羅縣，北臺灣的淡水廳、噶瑪蘭廳，以及海外的澎湖廳，始有官設書院之建置，但澎、蘭二廳，終清領時期，也分別僅有文石、仰山一座官設書院。此外，本時期已出現非設置於行政中心處之書院，亦即位於淡水廳北方興直堡、由義學陞格的明志書院。然而，明志書院畢竟只是由民間捐建之義學所陞格，而非有司著眼偏鄉教育而大加擘劃興建之官設書院，且不久之後，淡水同知旋將該書院遷至廳治，如此觀之，實仍有爲德不卒之嫌。

　　至於清領晚期所設置之書院，計有九座。設置者之身分，包括巡撫、知府、知縣、同知、通判等各級行政官員，以及分駐縣治外較大街庄聚落的縣丞與軍營中的營官。在建置位址方面，以中臺灣的五座爲最，北臺灣的三座次之，南臺灣則僅有一座。至於此時期所建置之官設書院，或在縣治週遭，或在商業繁榮的大型街庄，如鹿港文開書院、艋舺學海書院皆然，甚至出現唯一一座專供原住民入學之正心書院，則是較特殊之現象。

〔註163〕〔清〕沈茂蔭纂輯：《苗栗縣志》（臺北：臺灣銀行經濟研究室，1962 年 12月），頁 190。
〔註164〕案：有關雲林縣儒學之始末與分析，詳見本書第二章第二節第十四項所述，不另贅述。
〔註165〕詳見本書第二章第三節之〈表 2-1：清領時期臺灣官設書院資料表〉及該節所分析之各書院相關資料。

　　至於官設義學與社學方面，作爲供居住縣治內或縣治外較偏遠區域之原鄉移民後裔及各族原住民入學之教育機構，本身屬於啓蒙教育之性質，故其設置數量，又遠較前揭儒學、書院爲夥。〔註166〕這些義學、社學之興建，從康、雍到同、光各朝皆有，可見會隨著地方開發速度而設置，且多有專供平埔族原住民入學者。然而，這些義學、社學之存續時間，則明顯較儒學、書院爲短，時有清領初期設置而中葉即告荒廢，遂於晚期重新建置之情況。

　　綜觀上述，筆者認爲，府、縣、廳各級儒學設置之速度，由於臺灣原隸屬福建省，若地方欲設置官學，須由當地之通判或同知向知府、巡道等長官具本，再由巡道、知府依次上報巡撫、總督，經同意後始呈交中央，並通過內閣部議程序，耗時甚夥；且又需考量人口、稅捐、學額等外緣條件〔註167〕，較爲嚴謹，是以清領初期設學速度甚緩。但晚清表面「積極治臺」而廣設官學，實則新建學宮、設置教官者，並不多見，多爲以書院、文昌祠或民居瓜代者，則有失設學立教之美意。相較於儒學，官設書院之設置程序則較爲簡易，僅需由地方行政官員上報至巡撫、總督即可，且較無稅捐、學額等因素需考量，故設置之速度明顯較快。然而，部分官設書院之運作，也常有隨主導者離任而終止，如彰化縣主靜書院、埔裏社廳正心書院、啓文書院，皆因建置者楊桂森、傅若金、丁汝霖之去職，而紛告中輟、衰微乃至荒廢。可見官設書院之建置、維持，與後續繼任者對儒學教育之重視與否，有著一定程度的關係。

〔註166〕案：據本書第二章第四節的統計資料而言，在官設義學、社學方面，臺灣府有四處，臺灣縣有四十七處，鳳山縣有二百六十七處，諸羅縣（嘉義縣）有三十二處，彰化縣有三十處，淡水廳有二十九處以上，恆春縣有十七處，苗栗縣有十二處，澎湖廳有二處，臺東直隸州有八處，埔裏社廳有二十六處，宜蘭縣有一處。

〔註167〕案：如前揭周昌、蔣毓英所上〈詳請開科考試文〉，即提到「賦稅已定」，可見人口、稅捐、學額等，皆是清領時期臺灣設置官學之外緣條件之一。而科舉錄取之名額及學額，又可能因爲朝廷另行「開源」而增加。如咸豐八年（1858，戊午）勒石於學宮外之〈瀛東科名紀事〉即云：「天子崇勵急公，廣開登進。各直省捐賞保固，例以三十萬兩加文、武鄉試定額一名。時學道徐公宗幹，以海外一郡，宜另該得減半，邀恩如例。接篆裕公鐸舉見數十五萬兩先上之，乙卯賢書遂增其一。而文、武學額仍如例廣一次者，每名以二千兩爲率，永遠者每名以一萬兩爲率。」可知徐宗幹曾爲臺灣爭取「捐款減半換取鄉試錄取名額增加」的優惠條件，而官學錄取名額，暫時性增加一次者，每名額需捐款 2000 兩，永久性增加者，則每名額需捐款一萬兩。參《淡水廳志》，頁 136。

由是觀之，吾人可知，清領時期臺灣儒學發展特色之一，即為官方設學立教之標的面向與嚴謹程度不同，嚴於儒學而寬於書院、義學、社學；至若單就官設儒學而言，則初期較為嚴謹而晚期略嫌鬆散。

二、地方仕紳踴躍捐資興學

承前項所述，清領時期的臺灣，以官方力量主導而建置之書院，計三十五所。然而，由於清代制度規定，官員需遵守各種迴避任官之規定。以漢人若出任地方行政官員而言，即不得在籍貫本省或相鄰五百里以內之省分任官，並須迴避親族所在之本籍、寄籍處等。〔註 168〕因此，地方官員對於所蒞任處，可說是「人生地不熟」。如是，地方仕紳的力量，就顯得更加重要。倘若地方仕紳願大力支持行政官員的施政方針，則官員在任期之內，將會較無顧慮。

如本章第一節對清領時期地方行政官員、教育官員、本土儒者等群體於碑誌所發言論之梳理，學校之興廢，關乎一地風氣之良窳。因此，地方行政官員蒞任之初，常以興修學宮為要務。除官員首發倡捐之外，地方仕紳是否願意積極響應，也是這些工程能否順利完成的決定性因素。如《重修臺灣省通志》卷九《人物志》即載楊志申捐地助建府學聖廟之事：

> 康熙二十四年，知府蔣毓英將拓建學宮，志申父墓在焉，告之，請徙而獻其地，毓英嘉之。〔註 169〕

〔註 168〕《欽定大清會典》卷十〈吏部・文選司四〉「密其迴避」注云：「……外官，同宗不論有無服制，凡聚族一處者，俱令迴避。其支分派遠，滿洲蒙古漢軍不同旗、漢人散居各省各府，籍貫迴異者，不迴避。……總督，管轄兩省、三省者，迴避所轄之省。巡撫、藩、臬及道，管轄全省者，迴避至總督所轄之鄰省。巡道管轄數府，及知府以下管轄一府、一州、一縣者，迴避至本省他府、州、縣。」又載「其道、府以上，如有大功服兄弟以上親，同在一省為同知、通判、州縣官者，雖非本屬，亦令官小者迴避。督撫以下至佐雜，皆迴避本省。……如係寄籍者，祖籍、寄籍一體迴避。……教職只令迴避本府，其一府、縣設兩教官，同宗近支迴避同任。……漢人鄰省接壤在五百里者，亦令迴避。」參〔清〕崑岡等修，吳樹梅等纂：《欽定大清會典》，收入續修四庫全書編纂委員會編：《續修四庫全書》（上海：上海古籍出版社，2002 年 4 月），史部政書類，第七九四冊，頁 111～112。又，《欽定大清會典事例》卷四十七〈吏部・漢員銓選〉詳列本籍接壤迴避、親族迴避、師生迴避、揀選人員迴避等項，可作為補充。詳參〔清〕崑岡等修，劉啟瑞等撰：《欽定大清會典事例》，收入《續修四庫全書》，史部政書類，第七九八冊，頁 702～712。

〔註 169〕黃典權等編纂：《重修臺灣省通志》卷九《人物志・人物傳篇》（南投：臺灣省文獻委員會，1998 年 6 月），頁 388。

眾所週知，在傳統社會中，閩南移民除了將「凶葬」改為「吉葬」〔註170〕而可加以挖掘外，皆視先人墳塋為不可侵犯之處。楊志申卻因為其父位於官方擴建聖廟範圍之內，而主動向蔣毓英請求遷移父親墳墓，以配合學宮興修，遂得到蔣氏之嘉許。

同樣地，嘉慶初年及嘉慶晚期，在修復臺灣縣學聖廟、興建淡水廳聖廟時，也得到鄉紳踴躍捐輸之配合：

> 嘉慶九年，知縣薛志亮、教諭鄭兼才率諸紳士捐修；費不足，林朝英獨任之。……朝英復捐置南路租百二十石，以充香燈之費。

> 鄭崇和，字其德，號詒菴，監生。籍金門，設教於淡，因家焉。……建文廟亦捐貲為倡。

> 林紹賢，字大有，國學生。籍同安，移居臺之南路，復徙竹塹。善治生計，家頗饒。宗族待舉火者數千家。義舉如捐建文廟，倡造城垣。

> 林平侯，字向邦，號石潭，籍龍溪，隨父渡臺，居新莊。……尋引疾歸，置義田，設義學，以教養族人。復割田充學租，捐修淡之文廟。

> 道光十年，職員林平侯建充學田六所。一、奶姑山八張犂莊田一所，……又田一所，……又田一所，……一、黃泥塘隘寮莊田一所，……一、四方林莊田一所，……又田一所，……計年實收租穀共一百四十石零五斗八升七合六勺。〔註171〕

從上揭引文中，可以看出，林朝英將修建聖廟不足之經費一力補全，又捐學租作為日常祭祀之費用；而原籍泉州府同安縣的鄭崇和、林紹賢，與漳州府龍溪縣的林平侯，對於淡水廳在建治八十餘年後，終於受核准設置獨立的廳學興建、修護之事，皆捐貲促成之情形，而林平侯更在聖廟告竣後數年，捐置學田六處，使淡水廳學每年有一百四十石的糧食備用。

其次，民間力量踴躍興辦的事務，也表現在捐建書院方面。就筆者所統計，清領時期由臺灣民間主導捐建，以及部分得到官方力量促成之書院，共

〔註170〕 案：閩南渡海來臺之先民，視初次下葬為「凶葬」，並俟數年之後，亡者骨肉皆腐，始加以遷葬，稱為「吉葬」。

〔註171〕 《續修臺灣縣志》，頁150；《淡水廳志》，頁270、頁272、頁269、頁136～137。

計三十二座。〔註172〕在這些由民間自發捐建的書院中，設置於清初者，僅有施世榜捐建之臺灣府南社書院一座；清領中葉設置者有八座，分別位於臺灣府及臺灣、鳳山、諸羅、彰化等四縣，且除引心書院外，其餘書院皆位於縣治之外，已可看出地方鄉紳與官方著眼點之差別所在。而書院捐建者之身分，則包括貢生（含歲貢、拔貢等）、生員、家族及鄉人公建等不同類型，如鹽水港街奎璧書院，原係經商發家致富的糖郊趙相泉家族創立之奎璧社，並經當地廩生沈爲鎔、黃琮等人擴建爲書院；東螺街螺青書院原由鄉人公建，供奉文昌帝君，後經舉人楊啓元等人擴建爲書院。清領晚期設置之書院，共計二十三座，分布於基隆、噶瑪蘭、淡水、苗栗、臺灣、彰化、嘉義、安平、鳳山等行政區，除宏文書院外，其餘書院皆位處縣治、廳治之外；而捐建者之身分，有舉人、貢生（含恩貢、歲貢、副貢等）、生員、鄉紳、世族、商號、鄉人公建等不同類型。較特別的是，在世族方面，板橋林家的林維源、林維讓兄弟及其妹婿莊正共同捐建大觀義學，霧峰林家的頂厝林奠國、下厝林朝棟，則分別捐資參與超然書院、宏文書院之建造；至於商號方面，寓鰲頭街的蔡源順、蔡泉成、楊同興等三商號，共同發起興建文昌祠，並在祠中設置鰲山書院，而舉人江呈輝發起創設崇基書院時，也得到基隆港各船行、新義順、育英社等地方商號之捐資。由是，吾人可以得知，隨著時間更隔、社會結構逐漸變動，民間產生不同的「有力人士」，從清初學有所成的貢生，到中期的地方經商致富者，再到晚葉的世族、商號、同業組織，這些地方主導者，皆有捐資興建書院、鼓勵文風發展之舉措。

再者，地方仕紳、有力人士對於書院興建完成的後續維護及肄業士子之膏火費用方面，亦有其貢獻。如新莊林平侯、澎湖陳傳生、臺中曾玉音、鹿港林文濬等地方仕紳，皆有捐修書院之事蹟：

> 林平侯……置義田，設義學，以教養族人。復割田充學租，捐修淡之文廟，省城之貢院、義倉，郡城之月城考棚，海東書院，淡、蘭交界之三貂要路。

> 陳傳生，鎮海澳岐頭社人。性純厚，事母孝，與弟大業共敦義讓。……傳生又好義，遇捐修書院、祠廟及津梁、道路，皆竭力捐助，不吝重貲。人尤偉之。

〔註172〕詳見本書第三章第一節之〈表 3：清領時期臺灣民間捐建書院資料表〉及該節所分析之各書院相關資料。

> 曾玉音，字文瑄，嘉慶癸酉歲貢。賦性淳厚，善事寡母。……生平
> 樂施，見義必爲：於家則立祠堂，修族譜，置書田，創祀業，篤宗
> 族，卹親戚；於鄉則建文祠，修橋路，賑窮乏孤寡，助昏嫁喪葬；
> 於邑則捐修聖廟、文祠、書院、學署、城寨、倉廒，靡不贊成，多
> 貲弗吝。喜談經濟。

> 林文濬，字金伯，泉州永凝衛人。誥封中憲大夫軍功六品銜林振嵩
> 第三子。少長渡臺，代父理生計。父歿，喪葬盡志，奉母尤謹。……
> 文濬克承先志，力敦義舉。嘗爲宗族母黨，置祀田卹族中寡婦無改
> 適，且爲延師教其孤。鄉人德之。在彰尤多建立倡造。縣城改建，
> 文昌閣重新，白沙書院、學署新建，鹿港文開書院、天后宮、龍山
> 寺及鹹水港眞武廟、各處津梁道路，或獨建、或倡捐，皆不吝多貲
> 以成事。〔註173〕

透過上揭引文，吾人可知，林平侯不僅仿效范仲淹設置義田、義學教養族人，或如前揭所述，捐修淡水廳聖廟、捐置聖廟學田，更將捐輸之善舉，推擴到臺灣府城的海東書院、校士院考棚，淡、蘭二廳交界之三貂角古道，以及省城福州之鄉試貢院、義倉修復工程，可見當時淡北林家富足之處。以航運經商致富的鎮海澳岐頭社（今澎湖縣白沙鄉岐頭村）人陳傳生，除能孝養老母、友于昆弟，又能踴躍參與捐修文石書院、澎湖各祠廟及往來道路、橋梁之事。四張犁街（今臺中市北屯區四民里一帶）人曾玉音，在宗族置學田，在犁頭店街（今臺中市南屯區南屯里一帶）興建文昌祠，並在彰化縣治參與捐修聖廟、文昌祠、白沙書院、學署等工程。而渡海來臺代父經營鹿港日茂行的林文濬，能紹述父志，舉凡延師、置田，善護族中孀婦、遺孤，以及修建彰化縣治之縣學文昌閣、白沙書院、學署、文開書院及廟宇、道路、橋梁工程，林氏或獨資捐建，或參與捐輸促成，可見當時因鹿港與蚶江對渡之便，導致郊商致富之情況，而林氏願花費重金捐輸各種教育機構之修建，亦足以體現重視文風之精神。

又如彰化吳洛、臺南楊志申、臺北陳遜言等人，則有捐助學租、獎掖學風之舉措：

> 吳洛，字懷書，泉州晉江人。居邑治東門街。乾隆庚午歲貢。……
> 洛遊臺，御史高公客諸幕。及高公秩滿回朝，適彰化初設縣治，洛

〔註173〕《淡水廳志》，頁269；《澎湖續編》，頁26；《彰化縣志》，頁246，頁246～247。

留彰墾闢田園，置產成家，……如在泉修府學大成殿、明倫堂，充
清源書院租。在臺充海東、南湖書院租，在彰充白沙書院租；及捐
建學宮之類，凡有義舉，罔弗贊襄。

楊志申，字燕夫，初居郡城東安坊，……初，臺邑學租，歲入不敷
於用。志申首捐彰邑田，歲入穀一百六十六石，以助課費。又念臺
邑聖廟油燈等費無出，言諸司訓陳元恕，願續捐。未幾，病且篤，
亟召其子至，命割鳳邑田，計歲入穀一百九十六石充臺學。

陳遜言，字秉三，號訒夫，籍同安，隨父渡臺，居大隆同。……以
勤起家。……嘗以租息充學海書院爲肄業資，捐建學宮、城垣，立
義倉、義渡。歲歉，減佃租。以好施稱。延師教子孫，復拓舍以居
從游者，貧助膏伙，遠款樸糧。〔註174〕

透過上揭資料，吾人可以得知，由晉江渡臺擔任巡臺御史高山幕僚的吳洛，
在彰化建治之初，即停留當地開墾而發家。吳氏致富後，不僅能回饋鄉里，
捐修泉州府學聖廟，並爲清源書院捐置學租，也爲臺灣、彰化兩縣的海東、
南湖、白沙書院捐置學租，值得肯定。楊志申則將自身位爲彰化、鳳山兩縣
的田租，捐助臺灣縣學聖廟，作爲支應課費、香燈經費之用。而陳遜言則在
致富之後，以田產孳息所得，捐助學海書院肄業士子之費用，又能設置學塾，
使遠道就讀者無後顧之憂。

　　由是觀之，吾人可知，清領時期臺灣儒學發展特色之一，即爲地方仕紳、
世族、商號等有力人士，願意花費家產參與捐建、修護聖廟、書院、文祠等
文教設施之工程，並捐置學田、學租作爲縣學、書院之運作經費，對於臺灣
儒學之發展，有其力焉。

三、官民積極設置書院之時間迥異

　　透過上兩項資料之梳理，吾人已可得知，臺灣在清領時期，官方主導興
建三十五座書院〔註175〕，民間興建三十二座。此一現象，除揭示了官方立學
設教的側重面向，與地方仕紳踴躍參與助學事項之特色外，在興建年代上面，
亦可歸結第三項特色。筆者茲透過〈表2-1：清領時期臺灣官設書院資料表〉

〔註174〕《彰化縣志》，頁242～243，頁243；《淡水廳志》，頁271～272。
〔註175〕案：此處包括康熙二十二年（1683，癸亥）初攻佔臺灣時，由施琅興建之西
　　　　定坊書院，以及雍正七年（1729，己酉）興建之四座正音書院。康熙二十二
　　　　年雖尚未設置行政機構，然眾多清修、戰後志書皆將之納入，姑從之。

與〈表3：清領時期臺灣民間捐建書院資料表〉整理出清領時期臺灣於各皇帝在位期間興建書院之數量，如〈表5：清領時期各帝在位期間興建書院表〉及〈圖1：清領時期各帝在位期間臺灣興建書院比率圖〉所示。

表5：清領時期各帝在位期間興建書院表

皇帝年號	書院數量	百分比	備註與說明
康熙22～61	12（官12，民0）	18%（官34%，民0%）	總數比例次高；官建書院比例最高。
雍正	6（官5，民1）	10%（官14%，民3%）	
乾隆	9（官6，民3）	13%（官17%，民9%）	
嘉慶	8（官3，民5）	12%（官10%，民16%）	
道光	12（官4，民8）	18%（官11%，民25%）	總數比例次高；民建書院比例與光緒朝同爲最高。
咸豐	3（官0，民3）	4%（官0%，民9%）	
同治	4（官0，民4）	6%（官0%，民13%）	
光緒1～21	13（官5，民8）	19%（官14%，民25%）	總數比例最高；民建書院比例與道光朝同爲最高。
小計	67（官35，民32）	100%	

資料來源：筆者據表2-1及表3統計並自行製表。

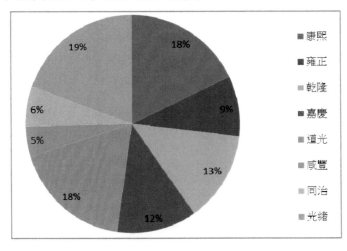

圖1：清領時期各帝在位期間臺灣興建書院比率圖

　　透過上表、圖資料，吾人可以得知，就不分官建、民建之書院興建量及比率來看，光緒在位期間所興建者最多，其次則爲康熙、道光二朝，而後，依次爲乾隆、嘉慶、雍正、同治、咸豐諸朝。此現象與鄧洪波教授在《中國書院史》所統計的「書院最多的是乾隆，……其次是康熙朝，……第三是光緒朝，……。以下依次是道光、同治、嘉慶、雍正、咸豐、順治朝。」〔註176〕相比，興建書院數量多寡之排序，有許多差異之處。再以臺灣的官設書院數量觀之，依序爲康熙、乾隆、雍正、光緒、道光、嘉慶以及未建置官設書院的咸豐、同治，然而，若忽略雍正朝興建的四座正音書院，則會由第三位迅速下降爲嘉慶之後的倒數第三位，僅較咸、同二朝爲多。至於臺灣的民建書院數量而言，則以道光、光緒並列第一，其次依序爲嘉慶、同治、乾隆、咸豐、雍正以及民間未建置書院的康熙朝。由是，可知清領時期的官方、民間，積極設置書院的時序迥異。筆者認爲，這是因爲清領初期臺灣各地無學，且一般漢族移民溫飽仍有問題，故官方積極建置書院，期使民衆得被教化；而時序愈晚，民間經濟條件漸興，且名教、科舉等儒學傳統價值與行爲也益發深入人心，遂多有捐資設置書院之舉。

　　至若換算爲時期斷限言之，清領初期的康、雍二帝在位期間，興建書院比率爲 28%，僅四分之一強；清領中期的乾、嘉二帝在位期間，興建書院比率爲 25%，僅四分之一；而清領晚期的道、咸、同、光四帝在位期間，興建書院比率則爲47%，爲二分之一弱。

　　再就《中國書院史》所收〈表6.2：清代書院分省統計表〉所示，臺灣書院之數量（56），雖難以追步江西（323）、福建（162）、廣東（342）、四川（383）等文教昌明之省分，較北京（18 座）、天津（15）、蒙古（5）、青海（7）、寧夏（11）、新疆（10）、東北（黑龍江6，吉林10，遼寧20，合計36）、上海（37）、海南（39）更多。〔註177〕以原先「孤懸海外」一府的二百餘年及建省後的十年時間，在興建書院之數量上，勝過蒙古、青海、新疆、海南等邊陲地帶，固無可喜之處，然卻能勝過清廷的「龍興之地」與「天子腳下」，亦可見臺灣當時文風之鼎盛。

　　至若道光九年（1829，己丑）由陳壽祺（1771～1834）總纂，並於道光

〔註176〕鄧洪波：《中國書院史》（臺北：國立臺灣大學出版中心，2005 年 6 月），頁541。
〔註177〕各地書院數量，詳見《中國書院史》，頁535～537。

十五年（1835，乙未）由魏敬中（1778～1860）纂修之《福建通志》〔註178〕，在卷六十二至六十六〈學校〉中記載，清代期間福建各府新建、修建書院之數量，除去正音書院之外，福州府有二十三座，興化府十五座，泉州府十八座，漳州府十九座，延平府十二座，建寧府、邵武府皆七座，汀州府十七座，福寧府六座，臺灣府八座，永春州、龍巖州皆五座。〔註179〕資料之斷限雖僅及道光年間，亦可得知身處海外的臺灣，在書院數量上，雖不及省垣榕城及漳、泉、汀、興、延等五府，但也較建寧、福寧、邵武三府及永春、龍巖二州之數量爲多，且透過前揭〈表5：清領時期各帝在位期間興建書院表〉所載，吾人可知，臺灣截至道光繼位之前，書院數量已有三十一座（扣除四座正音書院之後），則《福建通志》所載臺灣書院數額，實非全豹。倘若以三十一座而計之，則將位居全閩之冠，具有極可觀而「可怕」的象徵意義。

此外，近年重修之《福建省志・教育志》，其〈表 1-2：福建古代主要書院表〉所載，福建省所轄十府二州在清代興建書院之數量，分別爲福州府四十五座，福寧府十座，興化府十三座，泉州府三十座，永春州十一座，漳州府五十三座，延平府二十六座，建寧府五十八座，邵武府十六座，汀州府一百十一座，龍巖州五十八座，臺灣則爲三十七座。〔註180〕如此觀之，則臺灣僅遜於汀州、建寧、漳州、福州四府及龍巖州，並較泉州、延平、邵武、興化、福寧五府及永春州爲勝。然則，筆者認爲，此志書所列書院數量，實亦有商榷處。蓋臺灣在清領時期並非僅有三十七座書院，雪峰書院亦非位於彰化縣，而位處閩西的汀州府，其書院數量也不太可能高過行政文教樞紐的福州十邑、商業貿易繁榮的泉州五縣。因此，可知《福建省志・教育志》該表，容或值得再仔細推敲。

由是觀之，臺灣於清領時期各帝在位期間興建書院之數量，無論是官建、民建、總量，皆與清代中國呈現之興建發展趨勢有著極爲明顯的區別。而以

〔註178〕案：此《福建通志》於道光九年由陳壽祺總纂，因陳氏於道光十四年逝世，翌年遂由魏敬中接續纂修，但因經費有限，遲至同治七年始進行霮刊。故其內容所記載者，大底成於道光年間。

〔註179〕筆者就《福建通志》卷六二至六六所載資料自行統計而得，詳參〔清〕陳壽祺等撰：《福建通志》（臺北：華文書局股份有限公司，1968 年 10 月，影清同治十年重刊本），第三冊，頁 1268～1363。

〔註180〕筆者就《福建省志・教育志》所載〈表 1-2：福建古代主要書院表〉自行統計而得，詳參福建省地方志編纂委員會編：《福建省志・教育志》（北京：方志出版社，1998 年 4 月），頁 67～81。

行政區域論之，臺灣興建書院之數量，固無法與文教昌明之省分相提並論，但也較清廷龍興之地、天子腳下及其他邊陲地帶為勝；以全閩十府二州觀之，臺灣書院之數量，雖難以追步福、漳、泉、汀、興、延等發展久遠之大府，但也較閩北之建寧、福寧、邵武三府與閩中之永春、龍巖二州為多，皆足以證明臺灣在清領時期興建書院之蓬勃生命力，是足以為清領時期臺灣儒學發展特色之一。

四、官民多認同宋學價值

臺灣在清領時期興建的府縣儒學及官設書院、義學、社學數量既夥，所需師資亦是一大重點，這些師資之學思養成過程，與其籍貫有一定程度之關係。提出「臺灣儒學」一詞〔註181〕的陳昭瑛教授，在分析鳳山縣之儒學教育時，曾持論「又查歷任縣儒學教諭，發現清一色為閩籍，《鳳山縣采訪冊》中錄有第一任教諭黃賜英到乾隆二十一年（一七五六）到任之教諭李鍾問等二十一位教諭名單，全部為福建人。可見鳳山儒學必然和閩學之間有師承關係。」〔註182〕認為鳳山縣之儒學發展，與閩學——朱子學，有一定程度之關聯。筆者認為，容或是因為陳氏該文係作為地域性儒學發展分析之故，遂未能引述較重要之清代規制。筆者翻查《欽定大清會典》及《欽定大清會典事例》、《清史稿》等書，前者卷十〈吏部·文選司四〉「密其迴避」注即載「教職只令迴避本府，其一府、縣設兩教官者，同宗近支迴避同任。」〔註183〕；後者卷四十七〈吏部·漢員銓選〉亦載「教職原係專用本省，止迴避本府。」〔註184〕而《清史稿·職官志·儒學》則記載「府教授（正七品）、訓導（從八品）。

〔註181〕案：據陳昭瑛教授在《臺灣儒學：起源、發展與轉化》書前〈自序：斯人千古不磨心〉所述，其〈論臺灣的本土化運動：一個文化史的考察〉節本，發表於《中外文學》23卷9期（1995年2月）後，引發政治認同立場上的論戰，進而發現「臺灣儒學」一詞，並在同年四月在中研院史哲所「當代儒學」計畫的第三次學術研討會提交〈當代儒學與臺灣本土化運動〉一文，正式提出該詞彙。詳見氏著：《臺灣儒學——起源、發展與轉化》（臺北：正中書局，2000年3月；臺北：國立臺灣大學出版中心，2008年4月，再版），序頁2。然而，在陳氏之前，丁榕萍已於1983年提出同樣的詞彙，詳見氏撰：〈清代教育與臺灣儒學〉，《花蓮師專學報》14期（1983年10月），頁11～35。

〔註182〕陳昭瑛：〈清代臺灣鳳山縣的儒學教育〉，《臺灣儒學——起源、發展與轉化》，頁143。

〔註183〕《欽定大清會典》，收入《續修四庫全書》，史部政書類，第七九四冊，頁112。

〔註184〕《欽定大清會典事例》，收入《續修四庫全書》，史部政書類，第七九八冊，頁702。

州學正（正八品）、訓導。縣教諭（正八品）、訓導，俱各一人。教授、學正、教諭，掌訓迪學校生徒，課藝業勤惰，評品行優劣，以聽於學政。訓導佐之。（例用本省人，同府、州者否。）」〔註185〕可見清代文官之中，擔任府、縣儒學教育官員者，皆於原籍所處省分任職，僅需迴避籍貫所在之府、州即可。證諸戰後初期所修《新竹縣志》卷七《教育志》書中，詳載嘉慶二十二年起任職之淡水廳儒學訓導，道光十三年（1833，癸巳）起由彰化縣儒學教諭兼署之淡水廳儒學教諭，乃至光緒五年淡、新分治後的新竹縣儒學訓導名單中，官員之籍貫皆為福建省，而光緒十五年之後任職的四名新竹縣儒學訓導，始出現臺灣省的嘉義、鳳山籍。〔註186〕即可得知，臺灣在清領時期的教育官員，在建省以前，皆由福建省籍且非臺灣府所轄各縣籍貫之儒者擔任，而建省之後，則由臺灣、福建兩省儒者出任，並非僅鳳山縣或其他特定地域有此現象。亦即，臺灣儒學與閩學之間的關係，並非一地之殊性，而是臺灣各地之共相。這些教育官員既來自福建各府、縣，在日常講習、月課試士所持之理路，自然以閩地盛行的宋學、朱學為定本。臺灣各地之生員、士子受此薰習，自然容易養成以朱學為主之思想觀點。

　　再者，從清領初期康、雍二帝及中期乾隆與教育、思想有關的御製文、上諭而言〔註187〕，吾人當可瞭解，自康熙開始的祖孫三代，明白確立尊孔、尊朱之學術基調。而順治〈臥碑〉、康熙〈上諭十六條〉、〈訓飭士子文〉及雍、乾二帝之上諭，也多有規範士習、崇尚朱學之論述。因此，科舉之定本，也以宋儒之學為正宗。至於官方教育機構所藏書籍，也可體現這一點。茲舉西部的臺灣縣、彰化縣、淡水廳為例：

> 《十三經註疏》、《易圖解》、《詩義折中》、《欽定三禮義疏》、《春秋直解》、《小學纂註》、《近思錄集解》、《大學衍義輯要》、《大學衍義補輯要》、《小學實義》、《豫章學約》、《實踐錄》、《四禮翼》、《四禮初稿》、《學政全書》、〈御製訓飭士子文〉、《呂子節錄》、《從政遺規》、《聖諭廣訓》、《人臣儆心錄》、《訓俗遺規》、《養正遺規》、《教女遺規》、《在官法戒錄》、《鰲峯書院規條》、《十七史全書》、《宏簡錄》、

<hr>

〔註185〕《清史稿》，第十二冊，頁3358。

〔註186〕郭輝等纂：《臺灣省新竹縣志》卷七《教育志》（新竹：新竹縣政府，1976年6月），頁11～14。

〔註187〕有關康熙、雍正、乾隆祖孫三代與教育、思想有關之御製文、上諭，詳見本書第二章第一節〈清領時期之御製儒學政策〉所載，不另贅述。

《大清律》、《禮部則例》、《續增條例》、《御製詩集文集》、《雞雛待哺圖》、《福建通志續志》。〔註188〕

《欽定學政全書》、《欽定國子監則例》、《御論》、《聖諭廣訓》、《欽定周易折中》、《欽定書經傳說》、《欽定詩經傳說》、《欽定古文淵鑑》、《欽定朱子全書》、《欽定子史精華》、《欽定四書文》、《易經註疏》、《書經註疏》、《詩經註疏》、《孝經註疏》、《論語註疏》、《春秋註疏》、《儀禮註疏》、《周禮註疏》、《禮記註疏》、《孟子註疏》、《爾雅註疏》、《公羊註疏》、《穀梁註疏》、《通鑑綱目前編》、《綱目正編》、《綱目續編》、《史記》、《昭明文選集成》、《漢魏叢書》、《唐宋八家古文》、《王步青前八集》、《（王步青）後八集》（……自《周易折中》至《後八集》共二十九部，係前邑主楊桂森頒發）、《小學集註》（……前學道憲葉〔引者案：即葉世倬〕頒發）、《道統錄》、《思辨錄輯要》、《二程文集》、《居業錄》、《李延平集》、《許魯齋文集》、《胡敬齋文集》、《學規類編》、《羅整庵存稿》、《讀禮志疑》。（自《道統錄》至此係頒發），以上統共書籍四十四部。〔註189〕

《十三經註疏》、《史記》、張清恪公正誼堂本四十四種：《周濂溪集》、《二程文集》、《張橫渠集》、《朱子文集》、《楊龜山集》、《羅豫章集》、《李延平集》、《張南軒集》、《黃勉齋集》、《陳克齋集》、《許魯齋集》、《薛敬軒集》、《胡敬齋集》、《陸宣公集》、《韓魏公集》、《司馬溫公集》、《文文山集》、《謝疊山集》、《楊椒山集》、《二程粹言》、《伊洛淵源錄》、《上蔡語錄》、《朱子學的》、《學蔀通辨》、《薛文清公讀書錄》、《居業錄》、《道南原委》、《困知記》、《思辨錄輯要》、《讀禮志疑》、《讀朱隨筆》、《問學錄》（《松陽鈔存》附）、《眞西山集》、《熊勿軒集》、《聞過齋集》、《羅整菴存稿》、《陳剩夫集》、《張陽和集》、《陸稼書集》、《道統錄》、《二程語錄》、《朱子語類》、《濂洛關閩書》、《學規類編》。〔註190〕

透過上揭引文，吾人可以得知，臺灣縣儒學的藏書，包括漢唐群經註解、宋

〔註188〕《續修臺灣縣志》，頁164。
〔註189〕《彰化縣志》，頁142～143。案：原典載明各書之冊數，爲引文之便，悉刪去，僅留下書籍名稱。
〔註190〕《淡水廳志》，頁134。

儒義理著作、清代廷臣奉敕纂修書籍（《詩義折中》、《人臣儆心錄》、《學政全書》等）、清儒對宋學思想詮釋之作（《近思錄集解》）、清代服膺宋學之儒臣纂輯之書（《大學衍義輯要》、《大學衍義補輯要》、《呂子節錄》、《從政遺規》、《訓俗遺規》至《在官法戒錄》等四種）、皇帝詩文及繪畫（〈御製訓飭士子文〉、《聖諭廣訓》、《御製詩集文集》、《雞雛待哺圖》等）及史書、法令、學規、方志等項。彰化縣儒學所藏書籍，包括清代廷臣奉敕纂修書籍、漢唐群經註解、朱子手訂史書（《通鑑綱目》）、漢魏六朝著作、唐宋古文、清代服膺宋學儒臣著作（《王步青集》、《思辨錄輯要》、《讀禮志疑》）、宋明性理學者著作（《二程文集》、《居業錄》、《李延平集》、《許魯齋文集》、《胡敬齋文集》、《羅整庵存稿》）及學規等項。而淡水廳儒學因建置相對較晚，故所收藏之書籍，僅有漢唐群經註解、史書及張伯行《正誼堂全書》中的四十四種著作，種類雖較臺灣、彰化二縣為少，但卻更專注於性理之學。從臺灣、彰化、淡水三處官設儒學之藏書，吾人當可瞭解，清代由朝廷或兵備道、知縣頒發之書籍，也以宋儒或步趨宋儒思想者之著作為主，間有群經註解、史書及文學總集，但並未出現與朱學扞格、頡頏之陸學、王學著作，可見當時官方儒學認定士子所應習讀之書籍，即以宋代濂洛關閩一系或其步趨者之著作為尚。

　　而在臺灣東北角的噶瑪蘭廳，時任福建巡撫的孫爾準（1772～1832）於道光四年（1824）巡視臺灣時，認為蘭地文風不興係因書籍短缺、諸生無法增廣見聞之故所致。遂由閩垣鰲峯書院抽撥《四庫》版經史及先儒語錄、文集數種，交臺灣府發給仰山書院存貯，但在《噶瑪蘭志略》編纂時，仍未收到。而《噶瑪蘭廳志》於咸豐二年刊行時，則在卷八〈雜識・紀物〉詳列孫氏所頒四十六種書籍之作者、版本、卷次與內容撮要、書籍重要性，則當時殆已交付仰山書院庋藏。〔註191〕吾人由陳淑均、李祺生二人所列詳目——特別是收錄明儒陳建（1497～1567）《學蔀通辨》一書，亦可得知噶瑪蘭廳仰山書院所藏官方發給之書籍，除宋以前之《史記》、《諸葛武侯集》、《陸宣公文集》等外，大多具備宋儒——甚至是朱子學及其後學之立場。

　　承上所述，清領時期的臺灣行政官員、教育官員，乃至游宦幕賓、本土儒者，在其學術養成階段所接觸之著作，既然多為宋儒性理之學，故在訂立學規、勒銘撰序、日常著述等情況下，亦呈現出重視濂洛學術、視道南一系為正學之思想傾向。正如本章第一、二節所述，這些官員、儒者之思想基調，

〔註191〕《噶瑪蘭志略》，頁 65；《噶瑪蘭廳志》，頁 441～448。

亦體現出對朱子學或宋儒義理之學的認同，因此，前行研究也多將清領時期
之臺灣儒學，視爲朱子學之延續。

　　此外，筆者在從事「臺灣民間宗教與社會」、「清代臺灣儒學與文化」課
程備課所進行的現地調查，以及執行《媽祖文化志》專案〔註192〕之調查撰述，
皆得知清領時期的臺灣各地區，皆有因堅守宋儒一系「節烈貞孝」價值觀之
婦女〔註193〕，她們或以身殉夫，或守節養親教子，或義不受辱而自盡，遂受
到當時社會的肯定，並經行政官員、教育官員訪察核實而呈報上級，得到朝
廷頒旨旌表。這些婦女的生命故事，或在生前、身後入祀各地之節孝祠，隨
洙泗之光而名益顯；或爲民眾建祠奉祀，成爲保佑生民的地方守護神，如大
甲林春娘由獨祀之貞節媽廟改祀鎮瀾宮，臺南辜婦媽廟奉祀辜湯純妻林氏
等，皆爲顯證。這些現象之出現，皆說明了當時民間社會對宋學價值觀一定
程度的認同。

　　由是，吾人當可持論，官方、民間對宋儒價值觀之肯認與內化，係清領
時期臺灣儒學發展的特色之一。

五、科第人物數量受地域開發程度影響

　　吾人既然透過清修志書《臺灣通志》、戰後文獻《清代進士題名錄》等書，
得知臺灣在清領時期成進士者，計有三十一人，扣除以漢軍旗籍登第的陳夢
球，以及早期分別有寄籍、冒籍嫌疑的王克捷、莊文進二人外，其餘二十八

〔註192〕案：此專案係臺灣媽祖聯誼會委託，由蕭師登福擔任總召集人，共分信仰源
　　　　流歷史、文物史蹟、信俗祭典、文學藝術與學術研究、信仰組織變遷發展等
　　　　五大項，由臺灣十餘所大學任教之學者及民間田野工作者參與團隊。筆者負
　　　　責分析、撰寫臺灣自 1945 到 2013 年的媽祖學術研究成果。此外，並實際進
　　　　行臺灣 180 座興建於清領時期或地域性重要之媽祖廟現地調查。進而關注臺
　　　　灣流傳的各種媽祖經典，分析其中的義理思想歸趨，陸續撰成數篇文章，在
　　　　國際、國內學術會議提交宣讀。詳見拙撰：〈明代以降媽祖經典之人文思想探
　　　　析——以本體、心性、工夫爲觀察核心〉，收入江寶釵主編：《媽祖信仰文化
　　　　暨在地人文藝術國際學術研討會論文集》（雲林縣北港鎮：北港朝天宮，2013
　　　　年 8 月），頁 263～279；拙撰：〈《天上聖母經》對儒家、道教義理之接受及
　　　　其教化功能析論〉，收入吳煬和主編：《慈心鳳德：阿猴媽祖論文集》（屏東：
　　　　阿猴媽祖文教基金會，2014 年 6 月），頁 109～129；拙撰：〈臺灣媽祖經典《天
　　　　上聖母修善消劫眞經》呈現的儒家義理〉，「2013 台灣宗教及其研究的典範與
　　　　挑戰」學術研討會（臺北：臺灣宗教學會，2013 年 7 月 7 日）宣讀。
〔註193〕有關臺灣在清領時期守節婦女之論述，詳見本書第三章第四節〈臺灣各式旌
　　　　表及其價值觀〉，不另贅述。

位進士，在地域分布上，也有著相當明顯的差異。筆者透過〈表4：清領時期
臺灣進士資料表〉，可以得知這些進士之出身籍貫，並將之統計如〈表 6：清
領時期臺灣各行政區進士人數表〉及〈圖2：清領時期臺灣各行政區進士人數
比率圖〉所示。

表6：清領時期臺灣各行政區進士人數表

行政區	進士人數	進士比率	備註（進士姓名）
臺灣縣（含安平縣）	10人	36%	黃驤雲、施瓊芳、張維垣、陳望曾、施士洁、黃裳華、葉題雁、張覲光、江昶榮、許南英
彰化縣	9人	32%	曾維楨、蔡鴻章、蔡德芳、施炳修、丁壽泉、蔡壽星、邱逢甲、施之東、李清琦
鳳山縣	1人	4%	蕭逢源
嘉義縣	4人	13%	郭望安、黃登瀛、林啓東、徐德欽
淡水廳（含淡水縣）	2人	7%	鄭用錫、陳登元
澎湖廳	1人	4%	蔡廷蘭
噶瑪蘭廳	1人	4%	楊士芳

資料來源：筆者據〈表4：清領時期臺灣進士資料表〉進行歸納、統計。

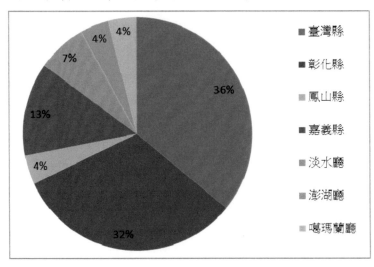

圖2：清領時期臺灣各行政區進士人數比率圖

　　透過上揭表、圖，吾人可以得知，清領時期臺灣成進士數量最多之行政區，爲清領早、中期臺灣行政中心所在之臺灣縣（含清末之安平縣），共培養出十位進士，佔 36%；其次爲彰化縣，培育了九位進士，佔 32%；嘉義縣爲第三，培養出四位進士，佔 13%；淡水廳（含清末之淡水縣）居四，培養出二名進士，佔 7%；至於澎湖廳、噶瑪蘭廳、鳳山縣，則分別僅有一人成進士，皆爲 4%。在彰化縣的進士名單中，除曾維楨、邱逢甲、李清琦外，其餘六人皆爲鹿港籍，可見鹿港因與蚶江對渡之便，而導致商業繁榮，從而促使學風鼎盛，至於非鹿港籍的曾、李二人，則爲清領時期臺灣唯二入翰林者，亦可想見彰化縣當時之文風。

　　經由量化分析，筆者認爲，臺灣縣作爲臺灣的行政中心、郡城附郭，漢人入墾開發的時間較早，儒學教育設施方面較多；彰化縣於雍正初年設治，漢人入墾亦較早，書院、社學、義學之數量也較多。兼以臺灣縣之鹿耳門與廈門對渡，彰化縣之鹿港與蚶江對渡，遂使此二縣較能接觸到中國各省的儒者、文士，接收文風，遂能培養出爲數較多的進士，此現象亦符合傳統俗語「一府二鹿三艋舺」所云。相對於此，鳳山、諸羅二縣雖同樣開發較早，但卻缺乏對渡之「正港」口岸，因而商業活動亦較少，進而培養出較少的進士數量。而淡水廳、淡水縣雖僅培養出二名進士，但其一即「開臺黃甲」鄭用錫，鄭氏與其堂弟鄭用鑑二人先後主掌明志書院三十餘年，雖未再培養出進士，但也使竹塹成爲「北臺文學之冠」。至於以艋舺爲主的臺北週遭地區，開發速度較晚，清領時期雖未培養出進士，但大龍峒一帶的舉人陳維英，卻歷任北臺灣明志、學海、仰山及私人性質之樹人等書院，造士多人。是故，即便臺北未有進士產生，但在陳維英的培養下，亦爲臺灣儒學蓬勃發展之重要地域之一。

　　由是，吾人可知，臺灣在清領時期各行政區產生的進士數量，與開發時間早晚、教育機構數量、商業繁榮程度、對渡口岸有無，皆有正面的關係。亦即，地域之開發一應程度決定登第人物之多寡，此亦清領時期臺灣儒學發展特色之一。

六、文昌神系信仰蓬勃發展

　　文昌本爲《史記・天官書》記載之星辰崇拜〔註194〕，兩漢儒者進一步以

〔註194〕〔漢〕司馬遷撰：《史記》（北京：中華書局，1959 年 9 月，《三家注》本），
　　　　　第四冊，頁 1293。

當時「天人同質同構」之「氣化論」角度，認爲文昌六星乃天地精華所聚，具有輔弼天綱、成就天象的職能。〔註195〕其後，六朝蜀地又出現具備英靈、雷神、蛇神崇拜之梓潼神〔註196〕，宋代以後，梓潼神更因預示功名的神性，遂被皇室與士人視爲掌握考核祿籍仕進的神祇。〔註197〕此後，陸續出現敍述梓潼神本生、家世及累世顯化事蹟的道典，以及宣揚其勸世救劫宏願的經書。〔註198〕梓潼神遂轉爲以孝成神、累世顯化的功國神靈，進而在元仁宗延佑三年（1316），由宋理宗景定五年（1264）的「神文聖武孝德忠仁王」加封爲「輔元開化文昌司祿宏仁帝君」，並賜廟額爲「佑文成化」，文昌星與梓潼神遂正式合二爲一，成爲「文昌帝君」。〔註199〕然而，文昌帝君信仰也導致部分科第出身的儒者不滿，如明代的禮部尙書周洪謨（1420～1492）即要求罷除京城與各學校的文昌帝君祀典，並得到皇帝同意。〔註200〕曾任《明憲宗實錄》總

〔註195〕《史記索隱》引《孝經援神契》語，見《史記》，第四冊，頁 1294；又見〔日〕安居香山、中村璋八輯：《緯書集成》（石家莊：河北人民出版社，1994 年 12月），中冊，頁 958，唯「文昌」之後，多一「宮」字。

〔註196〕有關梓潼神之崇拜原型，詳見拙撰：〈清代臺灣官方與民間之文昌信仰場域及其現況探析〉，收入梓潼旅遊文化研究中心編：《中華文昌文化——第二屆海峽兩岸學術研究論文集》（成都：成都時代出版社，2016 年 12 月），頁 383～414。

〔註197〕《清河內傳·宋制》云：「七曲名山聞天下，而士之發策決科者，皆有歸焉。」收入〔明〕張宇初等編纂：《正統道藏》（北京：文物出版社，上海：上海書店，天津：天津古籍出版社聯合影印上海涵芬樓藏北京白雲觀所藏明刊本，1988 年 3 月）洞眞部譜錄類騰字號，第三冊，頁 287 上。吳自牧《夢梁錄》卷十四〈外郡行祠〉云：「梓潼帝君廟，在吳山承天觀，此蜀中神，專掌注祿籍，凡四方士子求名赴選者，悉禱之。封王爵曰『惠文忠武孝德仁聖王』，王之父母，及妃、及弟、若子、若孫、若婦、若女，俱襃賜顯爵美號，建嘉慶樓，奉香燈。」參〔宋〕孟元老等著：《東京夢華錄（外四種）》（上海：古典文學出版社，1956 年 11 月），頁 253。

〔註198〕《太上无極總眞文昌大洞仙經》，收入《正統道藏》洞眞部本文類荒字號，第一冊，頁 496 上～512 上；《清河內傳》，《正統道藏》洞眞部譜錄類騰字號，第三冊，頁 286 中～292 上；《梓潼帝君化書》，《正統道藏》洞眞部譜錄類騰字號，第三冊，頁 292 中～326 中；《元始天尊說梓潼帝君應驗經》，《正統道藏》洞眞部本文類昃字號，第一冊，頁 815 上～816 上；《元始天尊說梓潼帝君本願經》，《正統道藏》洞眞部本文類昃字號，第一冊，頁 816 中～820 上。

〔註199〕《清河內傳·元加封寶詔》、〈元加封廟額〉，另見《梓潼帝君化書·序》，《正統道藏》，第三冊，頁 293 上～293 中。

〔註200〕《明史》卷五十〈禮志·諸神祠〉云：「梓潼帝君者，……夫梓潼顯靈於蜀，廟食其地爲宜。文昌六星與之無涉，宜敕罷免。其祠在天下學校者，俱令拆毀。」參〔清〕張廷玉等撰：（北京：中華書局，1974 年 4 月），第五冊，頁1308、頁 1310。

裁官的儒臣曹安（英宗正統甲子年〔1444〕舉人，成化二十二年〔1486〕在世），亦在其著作《讕言長語》提出質疑與批評，認爲文昌當爲星神而非人神。〔註201〕

　　入清之後，對文昌帝君之態度，在儒學信仰者之間，同樣產生兩種歧異。筆者在本章第一節已敘述兩位治臺名宦張伯行、陳璸對文昌帝君的崇敬態度，而嘉慶年間的「帝師」朱珪更是文昌帝君的信徒，也力請將之納入朝廷祀典。〔註202〕至於持反論者，如理學名臣蔡新（1707～1799）之父，即因本籍漳浦人士於縣學內建文昌閣祭祀文昌帝君，卻無法阻止此舉，又缺乏地方官支持，憤而遠赴北京控訴，文昌帝君信仰遂於康熙、雍正年間一度遭朝廷明令禁止。〔註203〕

　　承前所述，張伯行任福建巡撫期間，即主張臺灣各行政區域將歷任官員生祠改建爲文昌祠或紫陽書院，係推動臺灣在清領時期文昌信仰的主導者。而透過〈表 3：清領時期臺灣民間捐建書院資料表〉之分析〔註204〕，吾人可以得知，臺灣在清領時期由民間力量主導興建的三十二座書院中，更有二十一座屬於文昌祠之性質。可見當時臺灣民間對於文昌帝君信仰之蓬勃發展。

　　再透過〈表 3-1：清領時期臺灣民間興建文昌祠資料一覽表〉，吾人亦可得知，清領時期的臺灣，民間曾先後興建二十四座文昌祠。〔註205〕這些文昌祠廟興建者之身分，或爲科第人物，如舉人陳學光於中舉後，發起倡建新埔街文昌祠，並於廟中設置私塾，當地人稱「文明書院」；舉人丁捷三等人倡建

〔註201〕《讕言長語》云：「天下學宮皆立文昌祠，奉之以主，可也；而人其像，春秋祀之以牲，世俗相傳其神爲周時賢士張仲死後爲之，《搜神記》又按《清河內傳》爲吳會間人張戶老之子名亞，又有七十三化之說，近又刊七十九化書，使人可驚可怪，而儒者亦信之。不知北斗之前有星曰文昌，史謂其理文司祿，但一星耳！有是星，則有是神。祠而奉之，在理雖未之有，亦崇文之義焉。予見作此祠之文多矣，惟山西大同〈文昌祠記〉，進士松陽盧璣之言爲當。」參〔明〕曹安撰：《讕言長語》，收入《景印文淵閣四庫全書》（臺北：臺灣商務印書館，1985 年 3 月），子部雜家類，第八六七冊，頁 34 下～35 上。

〔註202〕有關文昌帝君納入祀典之理由，詳參《欽定大清會典事例》，《續修四庫全書》，史部政書類，第八〇五冊，頁 25～27。

〔註203〕〔清〕陳其元撰，楊璐點校：《庸閒齋筆記》（北京：中華書局，1989 年 4 月），頁 149～150。

〔註204〕案：有關臺灣清領時期民間興建各書院之文昌祠性質，另可參看本書第三章第一節各項之詳細敘述，不另贅述。

〔註205〕案：另有龍潭文昌祠、白河碧溪社二座，皆未詳始建年代及興建者係官方或民間，姑且略去。

褒忠莊萃英祠，並參與麥藔街彰德祠之重建；舉人林鳳池號召竹山各文社同人，捐資興建林屺埔街文昌祠，後一度成為雲林縣儒學聖廟之用；舉人李騰芳等人將原訂奉命興建的明善堂、義倉等設施，改為興建桃仔園街文昌祠等，皆為此範疇之顯證。或為各級生員，如歲貢生曾玉音捐建犁頭店街文昌祠，並由其成立之文社與其他文社共同捐建四張犁街文昌祠；歲貢生黃昌選捐建楠梓阬街文昌祠，成為鳳山縣在清領時期唯一一所見載於志書的文昌祠；生員劉耀黎等人共同於惜字亭旁倡建鹹菜甕莊文昌祠，體現文昌信仰與惜字風俗的結合；恩貢生陳肇芳等人與新竹知縣方祖蔭共同倡捐大甲街文昌祠等。或為地方鄉紳，如陳士陶等倡建鹿港街文祠，潘定民獨資興建芝山文昌祠，例貢生王懋昭捐建東勢角街文昌祠，例貢生林際春等捐建苗栗街文昌祠等。或為地方公建，如滬尾街、大崙腳莊、麥藔街、高梘頭、海豐厝、麻豆街等地之文昌祠，皆由地方人士或當地文人集資興建，在在呈現出民間社會各階層對文昌帝君之廣泛崇信。而在這二十四座文昌祠裡，南臺灣、中臺灣興建的年份，多有早於文昌帝君納入朝廷祀典者，而北臺灣所建文昌祠之年份，則皆在文昌帝君納入祀典之後。一方面固然與開發先後有關，另一方面也與臺灣位處海外、治臺賢宦多所提倡文昌信仰之緣故有一定程度之關係。

此外，清領時期的臺灣社會，對於相傳由倉頡所造之文字，亦有一定程度之重視、崇敬，遂在各地域出現僱人揀拾字紙、建亭焚化字紙、定期恭送「聖蹟」之現象。〔註206〕並在書院、文昌祠內，供奉倉頡之神像或神位。更甚者，晚清時期尚有行政官員、教育官員、科第人物、本土生員等身分，因為商販在貨物的包裝紙或金銀紙錢上印製文字，而出示禁令，提供替代方案。〔註207〕亦可見當時社會上的儒者群體，對於文字的敬惜態度。

由是，筆者認為，文昌神系信仰之蓬勃發展，亦可視為清領時期臺灣儒學發展的特色之一。

七、儒學教育民間化之興盛

承本節第五項所述，臺灣在清領時期一共培養了三十一位進士，排除有

〔註206〕 案：有關臺灣各行政區在清領時期興建的惜字亭，詳見本書第三章第三節〈臺灣之惜字亭及其敬字觀〉，不另贅述各亭相關內容。

〔註207〕 案：有關這些行政官員、教育官員、科第人物、本土生員對敬惜文字之表現與禁令，詳參林文龍、程大學、胡鍊輝編纂：《重修臺灣省通志》卷六《文教志‧社會教育篇》（南投：臺灣省文獻委員會，1993年6月），頁137～141。

寄籍、冒籍疑慮者之後，尚有二十餘位。在這些進士中，曾維楨、黃驤雲、葉題雁、李清琦等人中式後之事功與文教活動，皆在中國各省；而鄭用錫、施瓊芳、楊士芳、蔡德芳、施士洁、丁壽泉、林啓東、徐德欽、邱逢甲、陳登元等人，或無意任官，或丁憂守制，或因事所阻，遂陸續返回臺灣，轉而受聘於官設、民間書院等教育機構，如鄭用錫主掌淡水廳明志書院，施瓊芳、施士洁父子先後擔任臺灣府海東書院山長，蔡德芳、丁壽泉任職彰化縣白沙書院，施士洁掌教臺灣縣崇文書院，徐德欽主講嘉義縣玉峰書院，丘逢甲主講臺灣縣宏文書院，楊士芳擔任宜蘭縣仰山書院山長，林啓東主講嘉義縣羅山書院，陳登元則擔任西學堂監督，在在皆戮力培育後進成才，在落實儒學教育層面而言，有其貢獻。

其次，在舉人層次，臺灣於清領時期登賢書的二百五十餘位舉人中，卓肇昌曾任職鳳山縣屏山書院，辛齊光主講澎湖廳文石書院，郭成金任職淡水廳明志書院，陳維英陸續主講北臺灣官方的淡水廳明志書院、噶瑪蘭廳仰山書院、艋舺學海書院與民間的大龍峒樹人書院，陳肇興在彰化設帳課徒，陳學光在新埔捐建文昌廟並興辦私塾「文明書院」，吳子光主講彰化縣文英書院，李望洋主講宜蘭縣仰山書院，江呈輝興辦基隆廳崇基書院、蔡國琳主講臺灣縣蓬壺書院等，而蔡廷蘭未成進士前，也曾於臺灣縣引心書院、臺灣府崇文書院、澎湖廳文石書院主講，對於儒學教育的普及，皆有推擴之功。〔註208〕

再者，在清領時期，臺灣民間的文昌祠、朱子祠及崇祀文昌神系的文人結社中，亦多有會文、講學、考課之制度，這些民間結社也經常擴大成為書院。在這些文祠、文社之中，透過月課、宣講、敬字等活動的實施，也使儒學相關價值逐漸普及於當時的臺灣民間社會。比至清季、日據更替之時，如高棵頭文昌廟、集集明新書院、四湖雲梯書院等部分書院、文昌祠，先後轉型為鸞堂，亦有科第人物如楊士芳、李望洋等人發起成立碧霞宮、新民堂等鸞堂，並透過扶鸞降眞的方法，保存漢族文化傳統與儒學之價值觀。

此外，赴秋闈而不售的諸多地方生員，亦有興辦書房教學，或受人延攬課徒的現象。他們的才華，未必遜於進士、舉人，鄉試失利的原因，也有可

〔註208〕案：有關前段、本段列舉之進士、舉人及其掌理書院、興辦私塾之事跡，可
　　　　參看本書第四章第三節〈臺灣重要進士、舉人事蹟述評〉各項所述，不另贅
　　　　引。

能是因家貧而無法前往應試，或體弱難以支持秋闈之磨難，甚至是所作制藝不合座師、房師之掄才標準，種種原因不一，遂絕意仕進，轉而設帳、坐館。而據明治三十一年（1899）的官方普查資料顯示，當時全臺灣尚有 1822 處私設書房（各市街有 173 處，各庄有 1649 處），遍及清領時期的各縣、廳，就讀其中的男、女學生合計 33625 人（男性 33592 人，女性 33 人）〔註209〕，可見當時臺灣儒者在落實儒學民間化方面的貢獻。

　　透過這些資料，吾人亦可得知，儒學教育落實在民間並且得以蓬勃發展，亦為清領時期臺灣儒學發展的特色之一。

〔註209〕〈全島書房近況〉，收入《臺灣慣習記事（中譯本）第貳卷上》，頁189。

第六章　結　論

　　透過前揭第二至第五章之分析、論述，吾人已可以瞭解清領時期之臺灣儒學發展，係由官方將崇儒尊朱之既定國策從上至下地頒行，在實際推動時，則由官方教育（包括各行政機關設置之儒學，各官設書院記載之學規與藏書，官方設置之社學與義學，對原住民施行同化教育等項）、民間教育（包括書院定期或不固定之考課、文昌祠廟結社之定期或非定期式「會文」）、社會教育（捐建惜字亭並倡導人民敬惜文字，每月朔望由官員至當地儒學明倫堂宣講《聖諭廣訓》與〈訓飭士子文〉，派遣善於演說者至各地召集民眾宣講《聖諭廣訓》及善惡報應故事，以及旌表孝友、義行、節孝等符合宋儒價值觀之特定行為等）環環相扣而進行。但是，在臺灣儒學教育之發展過程中，若欠缺在各地留下善政之行政官員、教育官員，學有所成並透過科舉出仕或設帳、坐館等方式，在各地推擴自身才學、落實儒學民間普及化之寓臺與本土儒林人物，以及地方上願意自動捐資興學或被動配合之仕紳、世族，即便發展儒學之規劃再詳實，同樣無濟於事。因此，對於獎掖儒學有功之行政官員，提振士習之教育官員，各層級、各地來臺之儒者，以及捐資興學、踴躍參與儒學設施修建之儒商良紳，吾人亦須加以稽考其善政、興學之事蹟與行誼。而這些賢宦、教官、寓臺文士及本土儒者之思想歸趨，又可透過方志、別集、總集等文獻所載之碑碣、奏議、詩文、序跋、制藝、策論、書信等項，加以梳理、歸納。由是，吾人更應對本書在前揭各章所得到之成果，以及從事分析、調查、撰作過程中所受之局限與發現之問題，乃至於後續可從事之延伸性課題，皆作一簡要之敘述。

第一節　本研究之成果

　　筆者通過對清廷諸帝實錄、清修方志、清代政書、日據調查專書、戰後初期各縣市志書、晚近各鄉鎮新修志書、前行研究成果等文獻之梳理，並配合現地調查、深度訪談等研究法，得到數項結論，茲臚列敘述於次。

一、官方儒學教育政策以崇尚宋學、朱學爲基調

　　首先，從清廷諸帝實錄、御製文集記載中，吾人可以得知，自順治入關以後，在成文之《大清律例》外，皇帝也透過制訂〈臥碑〉，頒發廷臣〈上諭〉，親臨學宮訓誡士子，撰作「御製序」、「御製文」等方式，產生對生員以上士人具有制約效果之官方教育政策。自康熙以迄乾隆祖孫三代，不僅封孔子先世五代爲王爵，也將朱子由東廡先賢升爲大成殿配享十二哲之一，確立了尊孔、尊朱此一崇儒右文之基調。

　　其次，從清修諸多臺灣志書在〈學校志〉之記載中，臺灣府及各縣、廳在官方儒學聖廟東、西二廡從祀者中，自兩漢以降，唯北宋周、張、程、邵五夫子被尊爲具備「明道修德之實」之「先賢」〔註1〕，又承明嘉靖、萬曆之制，於周、程、朱四子尊翁及蔡西山（1135～1198）外，另於雍正二年（1724，甲辰）八月增祀張子尊翁，使其得以「先儒」之名，與先聖兄長、四聖配尊翁一同陪祀崇聖祠兩側；而曾一時與朱學相頡頏之陸、王心學，乃至於兩漢諸多經師，則皆冠以肯定其「授業、解惑之功」之「先儒」之名，僅位列二廡。此則無一不體顯出清代官方係以濂洛關閩之學爲正宗。〔註2〕

　　再者，透過清廷諸帝實錄所載〈上諭〉，以及清修臺灣志書所轉引〈上諭〉、「規訓」，可以得知康熙、雍正二帝要求生員端正士習，應確立學習聖賢大道之志向，而非貪求科第名次之出發點；雍正、乾隆父子則更要求士子，在作舉業文字時，應貫徹「清眞雅正」之態度，從先儒著作沉潛經義，革去陳言，

〔註1〕據《彰化縣志》卷四〈學校志・先師廟神位序次〉所載，周、程、邵、張五子，皆於雍正三年由「先儒」改稱「先賢」。參〔清〕周璽纂輯：《彰化縣志》（臺北：臺灣銀行經濟研究室，1962年11月），頁128、頁130。然而，筆者覆覈雍正三年之《實錄》及《欽定皇朝通典》卷四十八記載文廟制度資料，皆未發現相關記載。

〔註2〕案：清領時期孔廟二廡及崇聖祠從祀之先賢、先儒名單，用以體現濂、洛、關、閩五先生地位之高於漢儒、陸王處，除了清代諸多方志的記載外，筆者另就臺灣現存的清領時期聖廟、戰後新建孔廟，皆逐一前往進行現地調查而加以歸納。

不徒因襲昔日試卷，方能確實代聖賢立言。而雍正帝進而主張以官方力量主導，在各省行政中心設置書院，藉以輔助士子摒除陋習，端正文風。此外，康熙帝對於容易勸百諷一、對人心產生「誨淫誨盜」等負面影響之小說，則認為應透過官方力量加以取締、查禁。凡此種種，皆係頒行地點包括臺灣在內之官方儒學教育政策。

此外，透過清領初期志書、賢宦治臺記聞、幕客見聞與清領晚期官員著作之比對分析，吾人也可以瞭解，對於臺灣各地之原住民，在願意「薙髮易服，以示歸化」之平埔族方面，清領初期治臺官員係採取設置社學、以《朱子小學》、《四書》等書，作為施行同化教育之方針；而山區原住民，則多以消極之分界、禁墾為主。對於這些原住民所處之社會實況，賢宦如黃叔璥，幕客如郁永河，或妥善記錄各地原住民生活習慣之異同，或對於原住民遭漢人欺壓而發出不平之鳴，皆為儒者真精神之體現。迄清領晚期，治臺官員對山區原住民之態度，則改為積極「開山撫番」，如王凱泰《訓番俚言》、吳光亮《化番俚言》及周有基、陳文緯所訂恆春縣義塾學規，皆呈現出這些行政、軍事官員之態度。上揭王凱泰等四人論述中，雖時有以漢民族價值觀為出發點，對原住民生活習慣及風俗產生了「前理解」式之批評，較為偏頗；但也有部分便民、導民之措施，以及設置學堂供原住民子弟免費入學，就啟迪民智、變化氣質層面而言，則亦不失為應給予肯定之善政。

二、官設教育機構之建置與參與之儒者

首先，透過清代政書、清修方志、日據時期調查專書及戰後專書記載之分析，並搭配現地調查所得，吾人可以得知，臺灣在清領時期中，共設立了十四處府、縣儒學，係地方行政區之正式教育機構。然而，清廷在臺灣設置官學之態度，卻有前期嚴謹而後期輕忽之差異，且亦非每一行政區皆單獨設學，如澎湖、埔裏社、南雅、基隆四廳及臺東直隸州，終清領時期皆未設學。再以光緒年間八處新設儒學而言，恆春縣儒學係以猴洞山澄心亭權充，遭纂修縣志之文士屠繼善非議，而臺灣巡撫劉銘傳更認為該縣學子數量有限，直接併入鳳山縣考試，不必單獨設學開考；淡水縣儒學則借用艋舺學海書院；苗栗、雲林二縣儒學以文昌祠瓜代；遷至中部之臺灣縣、臺灣府儒學，則或借用民房辦公，或以考棚作為課士之所；僅臺北府、宜蘭縣二處儒學為新興建之建築，較具規模。顯示其他各府、縣並未作好通盤規劃，是較可惜之處。

其次，筆者在梳理清修諸多方志、日據時期調查專書及戰後專書記載後發現，作爲輔助官方儒學不足處而設置之書院，在清領時期 212 年間，曾先後建置三十五所官設書院（含四所正音書院）。這些書院之建置者，有巡撫、道臺、知府、知縣、同知、通判、縣丞等各級地方行政官員，以及施琅、吳英、丁汝霖等武職將軍、營官。起初之官設書院皆位於縣治，直到清領中期，臺灣始出現非設置於行政中心之官建書院——明志書院，但亦僅是由民間捐建之義學陞格而成。迄乎清領晚期，則有設置於縣治週遭、商業繁榮之大型街庄聚落，乃至專供原住民學童就讀之官設書院。然而，經由實際探討，筆者認爲：官設書院之建置非難，而後續之維持實難。倘若繼任者對儒學教育或書院之硬體設施、師資能力等面向，未能加以重視，則前任官員所建置之書院，極容易中輟或荒廢，如彰化主靜書院、埔里啓文書院、魚池正心書院，皆是吾人所確知之顯證。

再者，透過對清修方志、戰後新修志書所載科第人物、地方儒者傳略之分析，吾人得知，清領時期臺灣部分進士在登第之前，即曾受聘在官設書院主講，如蔡廷蘭之出任崇文書院主講，並兼理文石書院，即是顯證；而在殿試錄取返鄉之後，鄭用錫、施瓊芳、楊士芳、蔡德芳、施士洁、丁壽泉、徐德欽、邱逢甲等人，皆有受聘出任官設書院山長、主講其中之記錄，其中，又以鄭用錫任教明志書院的時間最長。未能成進士之儒林人物，如鄭用鑑、陳維英師弟二人，鄭氏主講明志書院三十年，陳氏則同時任學海、明志、仰山三座官設書院講席多年，二人栽培後進、育士多人，也促成北臺灣儒學文風之發展。

而在本土儒者之外，亦有自中國各省渡海來臺，受聘主講官設書院者，如浙江吳文溥、福建俞荔先後掌教海東書院，廣東傅修主講南湖、屏山書院，湖南楊典三主掌仰山書院，福建林豪三次出任文石書院山長等，對於臺灣儒學之發展，也有其貢獻，亦不應加以忽視。

此外，透過清修方志記載，吾人亦可得知，供縣治內、縣治外較偏遠地區之原鄉移民後裔，以及平埔族原住民就讀之社學、義學，也是官設教育機構之一。但義學、社學本身係作爲啓蒙教育使用，故設置之數量雖遠比儒學、書院爲多，然其存續時間亦較前二者爲短。唯部分義學，亦有擴大爲書院身可能性，如臺灣府崇文書院、鳳山縣屏山書院、彰化縣白沙書院、諸羅縣玉峰書院等，皆是由義學轉型、擴建而成。

　　透過這些正式、輔助、啓蒙等三種教育機構之設置與運作，以及科第人物、外省儒者之參與，對於臺灣在清領時期之儒學發展，實具有一定程度之促成。

三、民間踴躍興辦書院、文昌祠，儒者亦參與其發展

　　透過梳理清修志書、日據調查專書及戰後新修方志之記載，並配合現地調查進行分析，吾人當可瞭解，臺灣在清領時期，曾以民間力量主導，或部分受官方支持而先後興建三十二所書院。這些書院捐建者之身分，包括舉人、貢生（含歲貢、拔貢、恩貢、副貢等，僅缺乏優貢生所倡建者）、府縣學生員、家族、鄉紳、世族、商號及鄉人公建等不同類型，反映臺灣民間社會各階層對設學立教之重視。而民間書院設置之地點，起初僅位於府治城門外；迄清領中期，臺灣府及臺灣、鳳山、諸羅、彰化等四縣已皆有民間捐建之書院，且除一座位於縣治內，其餘書院皆座落於縣治外，已可看出民間興學與官方辦學著眼處之不同；至清領晚期，則基隆、宜蘭、淡水、苗栗、臺灣、彰化、嘉義、安平、鳳山等行政區內，皆有民間捐建之書院存在，且僅一座書院位處縣治內，其餘皆在縣治、廳治城外。更重要者在於，清領中期開始出現地方家族興建之書院，如鹽水經商致富之趙氏家族，即主導了奎璧書院前身「奎璧社」之興起；清領晚期則有世族如板橋林家、霧峰林家參與大觀義學、超然書院之興建或重修，亦有由地方商號發起、參與募捐之鰲山書院、崇基書院出現。其中，大觀義學更具備了弭平漳泉移民分類械鬥之功能。

　　這三十二所民間捐建之書院，前身多爲民間社學，雖有二十一座具備文昌祠性質，反映了《彰化縣志・學校志》所言「大都有文昌祠，即有社學」之現象。但在這些書院中，亦有十六所具備定期月課制度、三所採取臨時考課，甚至有治臺行政官員不辭勞苦定期前往講學、考課之情形，如鹿港同知孫壽銘即定期前往鰲山書院、藍田書院講學、課士，故亦非僅供單純祭祀之文昌祠，而是具有透過文昌信仰場域之「境教」，使士子得以安心肄業之功能。

　　而透過清代官員別集、清修志書之記載，吾人也可以得知，在具文昌祠性質之書院外，臺灣民間亦曾陸續捐建二十四座文昌祠，治臺賢宦、教育官員、科第人物對文昌信仰之態度，也不盡相同。如陳璸、楊桂森、謝金鑾、鄭兼才、鄭用鑑、林樹梅、吳子光等人，皆肯定文昌信仰衍生之善書《陰騭文》、《文昌孝經》、《功過格》等書，具有一定程度輔助個人修養、移風易俗

之功能；而謝金鑾、鄭兼才作爲教育官員，也對文昌信仰與聖學正宗間之定位，提出了「微言」式批評，吳子光則直接批評徒知祭祀而不能躬行實踐文昌帝君之廣積陰騭、孝友敬讓精神者，可以看出清領時期臺灣儒者一方面踴躍參與文昌帝君信仰，一方面也對社會大眾徒知祭祀而未能踐履帝君之教，表達儒者之憂心。

此外，經由對清修志書、戰後新修方志之分析，吾人也可以得知，清領時期臺灣部分進士如蔡廷蘭，在中式之前，即曾受聘在民間捐建之引心書院主講；亦有登第返臺後，受聘出任書院山長之現象，如蔡德芳掌教鰲山書院，即爲顯例；而楊士芳更是由民間家塾轉型之書院所培養，是較爲特別之現象。至於未能成進士之舉人，在登賢書之前後，也曾倡設教育機構並課士其中，前者如陳維英之於大龍峒樹人書院，後者則如陳學光之於新埔文昌祠所附私塾「文明書院」，皆爲當地儒學發展付出心力，其貢獻亦值得吾人肯定。

四、官方與民間對於宋儒思想價值之普遍認同

首先，透過對清代政書、清廷諸帝實錄、清修方志之分析，吾人已然確知，從康熙到乾隆所訂定之尊朱教育政策，也可知曉清領時期派任臺灣之教育官員，皆由福建省非臺灣府所轄各縣、廳出身者爲之；迄臺灣於晚清建省之後，始改由臺灣、福建二省士子出任，對於閩學、朱子學之認同，是相當正常之現象。

其次，在清修諸多臺灣方志所載學規之中，如劉良璧〈海東書院學規〉言及「理必程、朱，法則先正，不能易也。」覺羅四明勘定〈海東書院學規〉援引程、朱語錄；胡建偉〈文石書院學約〉要求士子嚴辨理欲，並援引程、朱語錄希望士子躬行實踐，舉龜山、定夫等程門實例；楊桂森〈白沙書院學規〉提出「凡讀一句孝弟之書，便要將這孝弟事，體貼在自己身上。」、「立品莫如嚴義利之辨」；林豪〈續擬文石書院學約〉提出「性理不可不講也」〔註3〕等，這些撰成於清領中、晚期之學規，仍認同程、朱一系。而曾任海東書院山長之莆田進士俞荔所撰〈復性篇〉，更是完全體現宋儒義理思想之架構。

〔註3〕〔清〕劉良璧纂輯：《重修福建臺灣府志》（臺北：臺灣銀行經濟研究室，1961年3月），頁561；〔清〕余文儀纂修：《續修臺灣府志》（臺北：臺灣銀行經濟研究室，1962年4月），頁357～258；〔清〕胡建偉纂輯：《澎湖紀略》（臺北：臺灣銀行經濟研究室，1961年7月），頁82～84；《彰化縣志》，頁143～144；〔清〕林豪纂修：《澎湖廳志》（臺北：臺灣銀行經濟研究室，1964年6月），頁121。

這些現象，皆說明清領時期臺灣官設書院對宋儒思想價值之認同。

再者，在梳理清修方志〈藝文志〉、戰後新點校之清代官員及儒者別集所載資料後，吾人可以明顯得知：治臺行政官員、教育官員，多有在碑銘、序文、日常撰述之中，體現出肯認宋儒思想價值乃至於其道統、學統之現象；透過清修志書〈學校志〉所載藏書，吾人亦可瞭解，官方教育設施中之藏書，除群經註疏、史書、文學總集之外，多爲宋儒性理之學，或後儒、廷臣服膺宋學者所撰述之著作，也可看出清領時期官方對宋儒思想價值之認同。

此外，吾人也得知臺灣部分民間捐建之書院，如道東、修文二處，本身即爲朱子祠之性質；清領時期渡海來臺之外地儒者、本土儒者，也多有在其碑誌、撰述、策論中，體現宋儒價值判準之現象。更可窺知臺灣各行政區域在清領時期皆產生了許多恪守宋儒節烈貞孝價值觀之婦女，他們可歌可泣之生命故事，也得到官方、民間一致推崇與肯定，進而有轉型爲地方保護神之案例。這些現象，皆可看出清領時期臺灣民間對宋儒思想價值之認同。

五、科第人物多寡與地方文教、開發程度及對渡口岸有無有關

透過對清修志書、戰後新修方志所載清領時期臺灣科第人物之分析，吾人可以得知，清領時期臺灣所培養出之三十一位進士、二百餘位舉人，這些科第人物之養成，與漢民族入墾開發時間之早晚，當地官設、民間教育設施之多寡，地域商業繁榮程度之興衰，對渡口岸之有無等因素，皆存在著一定程度之關係。

臺灣縣作爲清領時期臺灣之行政中心、郡城附郭，漢人入墾開發時間較早，官設儒學教育設施較多；彰化縣於雍正初年設治並建置儒學，漢人入墾亦較早，書院、社學、義學之數量也較多。兼以臺灣縣之鹿耳門與廈門對渡，彰化縣之鹿港與蚶江對渡，遂使此二縣較能接觸到中國各省之儒者、文士，從而接收文風，遂能分別培養出進士十人、九人，以及舉人近百人、近六十人，兩縣舉人數量相加，已佔清領時期臺灣舉人總量之六成。〔註4〕與此相對，鳳山、諸羅二縣雖同樣開發較早，但卻缺乏對渡之「正港」口岸，商業活動遂較少，進而培養出較少進士數量。

〔註4〕臺灣縣之舉人詳目，見廖漢臣、沈耀初纂修：《臺南縣志稿》卷八《人物志》（臺南縣新營鎮：臺南縣文獻委員會，1960 年 3 月），頁 69～74；彰化縣之舉人詳目，見毛一波纂修：《彰化縣志稿》卷八《教育志》（彰化縣彰化市：彰化縣文獻委員會，1958 年 9 月），頁 227～233。

　　至於澎湖之開發時間，雖遠較臺灣爲早，但因當地未獨立設置官學，僅有官設之文石書院及部分民間私塾存在，又受限於土壤不利農耕之先天因素，而轉爲漁業、商貿，但卻因風浪過大而未被選爲對渡口岸，種種因素的交互影響之下，在清領時期遂僅培養出進士蔡廷蘭一人及辛齊光等四位舉人。而位處東北角之宜蘭，其開發、設治，已在乾、嘉年間，設治之初，雖已有官設之仰山書院，但卻缺乏正式官學，且境內同樣欠缺通商口岸，故僅產出進士楊士芳一人、舉人黃纘緒等十三人。〔註5〕

　　綜觀上述各項結論，吾人可以確知，清領時期之臺灣儒學，具備各類型之教育設施、祠廟、旌表標的等硬體，以及獎掖儒學發展之人物、教學規範與進程、儒林人物之思想、論述等軟實力之面向，進而與社會常民大眾密切相關，一定程度地影響了日據時期與戰後臺灣民間社會之文化習慣，值得吾人正視、肯定。《福建通志》對書院設施之遺漏，《清儒學案》對儒林人物之缺收，皆係因纂作者未曾親自從事實地採錄所致失察之處。吾人生於斯、長於斯，更應深入探尋影響臺灣傳統社會之清領時期儒學發展。

第二節　本研究之局限與發現之問題

　　筆者透過文獻研究、現地調查等法，對於清領時期 212 年之臺灣儒學發展，進行分析、論述。然而，在從事研究調查過程中，難免遇到部分瓶頸與困難，也發現了部分問題。惟先聖有「知之爲知之，不知爲不知，是知也」之語，老聖亦持「知，不知，上；不知，知，病」之論。因此，謹將本研究之局限與發現之問題敘述如下。

一、公、私部門對儒學設施或遺址態度有別

　　由於筆者係採取文獻研究搭配現地調查法進行，因此，在研究進行過程中，時常需在自身從事研究撰述、教學及校內、外服務〔註6〕之空暇時間，前

〔註5〕宜蘭縣之舉人詳目，見盧世標纂修：《宜蘭縣志》卷八《人物志》（宜蘭縣宜蘭市：宜蘭縣文獻委員會，1962 年 6 月），頁 25～26。案：該〈科舉表〉所載連旭椿爲雙溪（今新北市雙溪區）人，故刪去。

〔註6〕筆者自 2011 年 9 月迄 2017 年 6 月爲止，共登載 9 篇期刊論文（其中 2 篇爲臺灣 THCI 刊物，2 篇爲邀稿論文，另有 1 篇登載於中國大陸之人文社會科學核心期刊）、20 篇專書論文、發表 26 篇會議論文，並參與執行 10 項校外專案（其中 3 項專案爲團體合作，7 項爲個人獨力接受委託執行）、從事 15 場專題演講。

往各縣市進行現地調查。在調查過程中，難免發現各地方政府、公立學校、民間單位對於儒學設施或其遺址、舊址之態度有別。

在官設儒學方面而言，現存官設儒學及所屬設施，如臺南市孔子廟、鳳山縣崇聖祠、彰化縣孔子廟，皆被認列為文化資產（臺南、彰化孔廟為國定古蹟，鳳山崇聖祠為直轄市定古蹟），得到主管機關妥善維護。然而，已經在日據時期或戰後遭拆除改作他用，或轉賣他人之昔日各地官設儒學，包括臺灣（安平）縣儒學（今臺南地方法院）、諸羅（嘉義）縣儒學（今震安宮及中央廣場）、淡水廳儒學（今美學生活館附近）、宜蘭縣儒學（今中央停車場）、淡水縣儒學（今高氏大宗祠）、雲林縣儒學（今竹山竹筍市場）等，卻未能在遺址設置告示牌，使各地遊客、當地學子，得知昔日文風鼎盛之景況。

在官設書院方面，現存泰山明志、鳳山鳳儀、鹿港文開、南投藍田等書院，仍能得到各主管機關編列經費進行修復、維護。對於已拆除之書院，各地方政府態度則有所不同。如臺北明道書院前方，由臺北市文獻委員會於1983年立碑說明其始末。再如鳳儀書院在近年修復過程中，筆者曾於2014年1月行文高雄市政府文化局，表示因講授大一國文、臺灣民間宗教與社會等相關課程，申請進入參觀，得到善意回應與開放，從中得知：文化局及施工單位對於《鳳山縣采訪冊》記載書院內之敬字亭遺蹟，能妥善保存並設置說明告示牌，值得吾人肯定；但卻未能因為記載於同書並保存於曹公祠之「鳳儀崇祀五子並立院田碑」實體碑碣，而在鳳儀書院修復完成後，重新供奉濂、洛、關、閩五先生，就有些為德不卒了。

在民建書院方面，現存內門萃文、西螺振文、屏東、員林興賢、西湖雲梯、草屯登瀛、臺北樹人、和美道東、宜蘭登瀛、集集明新、大肚磺溪等書院，以及板橋大觀義學，皆能得到主管機關或所有權人妥善修復與維護，值得肯定。但是，同樣地，已經遭到拆除之書院舊址，所面臨之處理方式，亦不盡相同。在積極重視方面，如里港雪峰書院，其惜字亭得到現址使用者里港國小校方重視；因地震而毀壞之新港登雲書院，嘉義縣政府不僅在1977年於文昌國小立碑建亭，並陳列昔日書院老照片加以紀念，校園辦公室樓上亦興建登雲書院文昌祠，用以供奉先聖；同樣因地震毀壞之清水鰲山書院，當地文昌里長楊介猶則在舊址外牆架設大型看板以說明始末；作為最後一座民建書院之基隆崇基書院，亦由保存聖位牌之基隆慶安宮設置以崇基書院為名

之自習中心，並重新安奉三座聖位牌，繼承當年書院未竟之志業。而在消極忽視方面，如潮州朝陽書院，其舊址現今仍為荒煙蔓草叢生之處；臺南南社書院、路竹鳳崗書院、斗南奎文書院、臺中超然書院、宏文書院等處之遺址，即便前行成果已指出位置所在，但皆未見地方政府在該地設置相關告示牌，頗為可惜。

至若惜字亭方面，主管單位亦有明顯不同之處理態度。在積極正視層面，如龍潭聖蹟亭、美濃瀰濃庄敬字亭、竹山社寮敬聖亭、鹿谷聖蹟亭、枋寮石頭營聖蹟亭，前兩者被認列為直轄市定古蹟，後三者則為縣定古蹟；僻處郊區田間之苗栗縣通霄鎮城北里惜字亭，亦得到通霄鎮公所正視，在一旁設置告示牌，說明興建年代與發起人、供奉神位與其用意；但《續修臺灣縣志》記載之祀典武廟前惜字亭，卻因產權爭議，已於 2014 年遭地主毀損拆除，後來才在原址重新復建一座惜字亭。

而在科第人物故居、相關文物及各式旌表方面，主管機關或所有權人、地方耆老之態度明顯較為正面。如馬公蔡廷蘭進士第，經澎湖縣政府修復完成後，已於 2015 年對外開放參觀；鹿港丁壽泉進士第、宜蘭楊士芳進士第，其後人也都歡迎外界前往參觀，且在從事楊士芳相關調查時，楊氏曾就讀之陳家家塾「登瀛書院」後人陳文隆先生，也開車引導筆者前往楊士芳故居，並介紹其旗桿座之由來；花壇曾維楨進士故居雖未對外開放，但附近白沙坑文德宮之執事人員，仍親切介紹廟中保存之曾氏文物翻拍照片，並講述曾氏與當地民俗活動「迎燈牌」之關係。供奉、配祀貞節婦女之臺南辜婦媽廟、彰化節孝祠、大甲鎮瀾宮、馬公開臺天后宮、宜蘭節孝祠，筆者在進行現地調查時，也都得到廟方管理人員協助，北投周氏節孝坊、新竹李錫金孝子坊、臺南重道崇文坊等旌表牌坊，亦得到主管機關妥善修復或遷移。

由是可知，地方政府、文化資產主管機關、所有權人對於儒學設施、科第人物故居、各式旌表之處理態度，現存者大多能得到修復、維護，令人肯定；但已遭拆除消失之設施、旌表，除極少數案例外，大多未能在其原址設置告示牌，較為可惜。

二、各地纂修志書，選錄人物、設施標準不一

從日據時期開始，無論是總督府及其所轄單位進行之普查成果，如《臺灣教育志稿》、《臺灣慣習記事》、《臺灣私法》等書；抑或戰後由臺灣省文獻

委員會、各縣市文獻委員會各自採錄所成之《臺灣省通志》、《重修臺灣省通志》及各縣市志稿；乃至於晚近各縣市、行政區自行延請、公開招標，由學者或機關行政人員、地方田野工作者加以編纂之志書，對於臺灣在清領時期儒學設施、儒林人物之選錄標準，有時也會出現不一之情況。

在日據時期文獻中，資料較為詳實者，係《臺灣教育志稿》，其次則為刊登於《臺灣慣習記事》第六卷下第九、十、十一號與第七卷第二號，由安藤靜先生於 1906、1907 年調查之〈儒學書院及學租書院租的舊慣（一至四）〉，並成為《臺灣私法》述及臺灣各地儒學、書院材料之底本。

而在戰後迄今之志書文獻中，由於各書纂修人員組成來源不一，因此，對於科第人物、儒學設施之去取標準，也有所不同。較早期之纂修成果，頗能關注該地區在清領時期之儒學、教育發展狀況，如戰後由外省渡臺公務人員於 1959 年編纂、1987 年增印之《基隆市志‧教育篇》，除列出轄內舉人江呈輝、連日春之生平，敘述崇基書院之始末外，亦對轄內生員之基本資料進行敘述，然較可惜者，在於未能列出這些生員入學之歲科年份。〔註7〕由在地人士於 1997 年編纂之《新埔鎮誌》，對於新埔籍生員之科名、鄉貫以及轄內各書房、私塾沿革，則較為詳實，較為可惜處，則在解釋典故出處時，易有魯魚帝虎之誤。〔註8〕延請執教上庠之文、史學者所纂修者，如 2010 年出版之《重修路竹鄉志》，在〈文化篇‧教育章〉中，即妥善運用清領、日據、戰後之志書文獻，列出鳳崗書院大致位置與轄內社學之數量。〔註9〕然而，如 1998 年出版的《鹽水鎮志》，對於奎璧書院之介紹，則僅據《臺灣私法》行文，未能搭配護庇宮現存碑碣及左近趙氏宅第相關文物考訂發起人，遂出現「趙家之創建」之語，也未載明書院相對位置，亦未介紹促使奎璧社成為奎璧書院之主導者沈為鎔、黃琮琪，使有志探尋者難以按圖索驥及明瞭先正事蹟，較為可惜。〔註10〕

〔註7〕童裕昌編纂：《基隆市志》第十七種《教育篇》（基隆：基隆市政府，1987 年5 月增印），頁 4～7，頁 12。
〔註8〕范木沼總編輯：《新埔鎮誌》（新竹縣新埔鎮：1997 年 7 月），頁 320～323，頁 386～392，頁 430～432。
〔註9〕鄭瑞明總編纂：《重修路竹鄉志》（高雄縣路竹鄉：高雄縣路竹鄉公所，2010 年 12 月），頁 1063。
〔註10〕謝宏昌、丘為君主筆：《鹽水鎮志》（臺南縣鹽水鎮：臺南縣鹽水鎮公所，1998 年 2 月），頁 337～338。

三、各地聖廟復建後，鮮能肯認治臺賢宦事功

清領時期在臺灣各地留下善政之行政官員、教育官員，或在離任後，由當地士庶撰寫〈去思碑〉並加以刻石；或在逝世後，由地方人士呈請入祀當地聖廟之名宦祠。這些行為，除用以表彰德政、事功外，也具有「死而不亡者壽」之意涵——筆者於國立彰化師範大學國文學系大學部修習顏師天佑開設之《史記》課程時，便曾聽顏師感慨地說道：「一個人形軀上的死亡，並非真正的死亡，相反地，當一個人永遠消失在大眾的記憶中，那他就真的死亡了！」同樣地，對於臺灣在清領時期獎掖儒學有功之眾多賢宦，足以紀念其德政、事功之聖廟名宦祠，進而使後人認識這塊土地上曾有之賢宦，卻僅有臺南孔子廟一處留存。

然而，就筆者進行之現地調查所得資料知，臺南孔子廟名宦祠所奉祀十位官員中，施琅、蔣毓英、靳治揚、陳璸、陳大輦等五人，係對儒學發展有一定程度貢獻者；但在清領、戰後志書文獻記載中，對臺灣府此地域儒學發展同樣有功之衛臺揆、周元文、夏之芳、林天木、楊二酉、張湄、陳玉友、蔣允焄、張珽、朱景英、奇寵格、蔣元樞、孫景燧、萬鍾傑、鄧傳安、周凱、徐宗幹、吳大廷等十八位漢、滿籍行政官員，以及林謙光、林慶旺、丁蓮、董文駒、許德樹、袁弘仁等六位教育官員，則始終未能入祀其中。而作為郡城附郭、全臺首邑之臺灣縣，由於聖廟早已拆除，改為地方法院使用，因此，原縣學聖廟節孝祠、孝子祠所祀牌位，已移至府學聖廟供奉，但縣學聖廟所祀之名宦、鄉賢，則得不到同等待遇。因此，沈朝聘、李中素、王仕俊、陳璸、周鍾瑄、薛志亮、姚瑩、沈受謙等行政官員，以及陳道銓、陸登選、鄭兼才、陳元恕等教育官員，對於臺灣縣儒學發展之貢獻，也就無法透過入祀聖廟所屬祠廟而加以肯定了。

其次，主體尚存但部分附屬祠廟遭拆除之聖廟，有彰化縣孔子廟一處。此聖廟雖於戰後進行修復，但今日建築已不再設置名宦祠，難以使在地學子瞭解張鎬、曾日瑛、張世珍、胡應魁、薛志亮、楊桂森、吳性誠、鄧傳安、興廉、孫壽銘等人對該區域儒學發展所付出之功績。

而已遭拆除並於戰後新建之各地孔廟，筆者亦曾一一前往進行現地調查，除高雄市孔子廟設有目前未對外開放之名宦祠與鄉賢祠外，其他各縣市孔廟皆未設置名宦祠。即便是由文石書院改建之澎湖孔子廟，也未能供奉昔日在澎湖廳提振儒學甚至是建設、維持文石書院有功之陸鵬、胡建偉、韓蜚

聲、蔣鏞、王廷幹、鄧元資等人。又如宜蘭縣孔廟，僅設置節孝祠而未設置
名宦祠，較難彰顯楊廷理、姚瑩、仝卜年、董正官之貢獻。不過，宜蘭昭應
宮、宜蘭設治紀念館皆供奉楊廷理神像，宜蘭五穀廟則奉祀仝卜年、董正官
神位，而對於蘭陽地區儒學發展及族群和諧有大功績之姚瑩，則未能得到後
人肯定。

再者，亦有較特殊之情況，即新竹市孔廟及臺北市孔廟兩處。此兩所聖
廟皆未設置名宦祠，但前者設置了鄉賢祠，奉祀王世傑、鄭崇和、徐立鵬、
鄭用錫、鄭用鑑、林占梅、辛志平等七人，表彰他們對於新竹開發、文教方
面之貢獻；後者設置了弘道祠，祠中現僅供奉陳維英，肯定陳氏對於北臺灣
儒學發展之付出。觀此舉措，可說是較具史德之用心。

綜觀上述，戰後新建之各地聖廟雖未再設立名宦祠，但臺灣民間對於留
下善政之清領時期官員，仍存著感恩之心。筆者在從事「臺灣民間宗教與社
會」備課所作歷次現地調查中得知，除前揭宜蘭民間廟宇之奉祀情形外，尚
有臺南北極殿大上帝廟供奉陳璸神像，永康鹽行禹帝宮供奉蔣元樞神像，臺
南總趕宮供奉楊廷理神位，嘉義城隍廟供奉周鍾瑄神像，鳳山鳳儀書院外左
近設置曹公祠（後改稱曹公廟）供奉曹謹神位（改稱廟後，始增祀神像），而
這些官員均曾對於臺灣儒學發展作出貢獻，皆值得加以肯定。

四、有時欠缺其他有力之文獻，以便分析論述

筆者在進行文獻分析時，對於部分儒者在其著述所呈現之義理思想，亦
所用力焉。因此，清領時期之宦臺儒者、本土儒者是否曾有別集、著作傳世？
方志、總集是否收錄其作品？便顯得頗為重要。在這方面，臺灣於戰後已陸
續出版臺灣銀行經濟研究室《臺灣文獻叢刊》等志書，龍文出版社印行《臺
灣先賢詩文集彙刊》、臺灣文學館出版「臺灣古典作家精選集」這類別集選注
之作品，以及《全臺詩》、《全臺文》、《全臺賦》等總集，乃至於《清領時期
臺灣儒學資料彙編》、《臺灣地區現存碑碣圖誌》等工具書，對於本書之分析
與撰述進行，皆有極大幫助。

然而，在分析、撰述時，仍有部分困難無法加以解決，此困難即肇因於
文獻之亡佚或難以尋找。如鄭用錫嘗撰《欽定周易折中衍義》達數十萬言，
屬於宋儒義理《易》之體系，但此書「未刊」，又曾撰《周禮解疑》，但現今
鄭氏著作中，皆無法窺知這兩本書籍之大要與實質內容，無法更進一步地用

以分析鄭氏之思想歸趨。又如《陳清端公文集》載陳璸曾刊行《臺廈試牘》，清修志書亦載夏之芳刊行《海天玉尺編》前、後集，楊二酉刊行《梯瀛集》，張湄刊行《珊枝集》，張珽刊行《臺陽試牘》，但這些臺灣最高行政官員或巡臺御史在歲、科二試所揀選之優秀制藝作品，亦早已亡佚，現今僅有徐宗幹刊行之《瀛洲校士錄》傳世，但徐書原有三輯，《全臺文》編纂時，已僅有一輯留存。由是，吾人也無法對夏之芳所處清領初期，楊二酉、張湄、張珽所處清領中期，徐宗幹所處清領晚期之臺灣儒者、諸生制藝作品進行比較分析，同樣地，吾人也無法透過這些試牘、選集，分析本土儒者在義理思想方面對於朱子學之認同程度了。

　　由是，可知筆者在從事分析、調查及撰寫過程中，所產生之局限性，係受文獻未刊、亡佚這種「杞宋無徵」之情形所致；而筆者從事現地調查所發現之問題，則多屬於地方主管機關、所有權人、民間祠廟或纂修單位對於儒學設施遺址、提振儒學之賢宦，以及儒林人物故居與相關文物之重視程度有別，在這方面，現存之設施多能得到重視，而已拆毀之設施遺址，或人亡政息、時移世異之賢宦，則較不受到地方政府主管單位之正視與肯定。因此，更應呼籲各地方政府主管單位對於儒學設施遺址、儒林人物相關文物之重視，方能較為全面地呈現臺灣在清領時期儒學、教育發展之面貌。

第三節　本研究之發展性

　　在完成本書之後，筆者認為，吾人更可進一步地透過文獻研究、現地調查等管道，陸續建構《臺灣儒學人物史》、《臺灣儒學發展史》、《臺灣孔廟與書院綜覽》、「臺灣聖廟與文昌信仰之延續與轉變」、「臺灣科第人物與地域型祠廟之關係」、「晚清臺灣儒者面臨大環境變動之對應策略與其思想立場」、「臺灣各期儒學發展及儒者關注價值之異同」等延續性課題，運用歷時性、共時性之比較分析方式，使臺灣儒學成為一個有機且具多元面向之研究課題。

徵引文獻

一、**古籍**（依朝代及姓氏筆畫排序）

1. 〔晉〕杜預注，〔唐〕孔穎達正義，浦衛忠等整理：《春秋左傳注疏》（北京：北京大學出版社，2000 年 12 月）。

2. 〔漢〕何休注，〔唐〕徐彥疏，浦衛忠整理：《春秋公羊傳注疏》（北京：北京大學出版社，2000 年 12 月）。

3. 〔漢〕司馬遷撰：《史記》（北京：中華書局，1959 年 9 月）。

4. 〔漢〕班固撰，〔唐〕顏師古注：《漢書》（北京：中華書局，1962 年 6 月）。

5. 〔魏〕王弼注，〔唐〕孔穎達疏，盧光明、李申整理：《周易正義》（北京：北京大學出版社，2000 年 12 月）。

6. 〔晉〕干寶、陶潛撰，李劍國輯校：《新輯搜神記、新輯搜神後記》（北京：中華書局，2007 年 3 月）。

7. 〔南朝宋〕范曄撰，〔唐〕李賢等注：《後漢書》（北京：中華書局，1965 年 5 月）。

8. 〔南朝梁〕蕭統編，〔唐〕李善等注：《六臣注文選》（北京：中華書局，1987 年 8 月）。

9. 〔唐〕李隆基注，〔宋〕邢昺疏，鄧洪波整理：《孝經注疏》（北京：北京大學出版社，2000 年 12 月）。

10. 〔唐〕劉長卿著，儲仲君箋注：《劉長卿詩編年箋注》（北京：中華書局，1996 年 7 月）。

11. 〔唐〕韓愈撰，馬其昶校注，馬茂元整理：《韓昌黎文集校注》（上海：上海古籍出版社，1986 年 12 月）。

12. 〔宋〕蘇洵著，曾棗莊、金成禮箋注：《嘉祐集箋注》（上海：上海古籍出版社，1993 年 3 月）。

13. 〔宋〕程顥、程頤著，王孝魚點校：《二程集》（北京：中華書局，1981年7月）。

14. 〔宋〕朱震撰：《漢上易傳》，收入〔清〕永瑢、紀昀等纂修：《景印文淵閣四庫全書》（臺北：臺灣商務印書館，1986年3月），經部易類，第十一冊。

15. 〔宋〕朱熹撰：《四書章句集注》（北京：中華書局，1983年10月）。

16. 〔宋〕朱熹撰：《晦庵先生朱文公文集》，收入朱傑人等主編：《朱子全書》（上海：上海古籍出版社；合肥：安徽教育出版社，2002年12月），第二十至廿五冊。

17. 〔宋〕孟元老等著：《東京夢華錄（外四種）》（上海：古典文學出版社，1956年11月）。

18. 〔明〕王景等奉敕編修，黃彰健校勘：《明太祖實錄》（臺北：中央研究院歷史語言研究所，1984年5月）。

19. 〔明〕宋濂等撰：《元史》（北京：中華書局，1976年4月）。

20. 〔明〕林希元撰：《同安林次崖先生文集》，收入四庫全書存目叢書編纂委員會編：《四庫全書存目叢書》（濟南：齊魯書社，1997年7月），集部第七五冊。

21. 〔明〕袁宗道著，錢伯城標點：《白蘇齋類集》（上海：上海古籍出版社，1989年6月）。

22. 〔明〕張宇初等編纂：《正統道藏》（北京：文物出版社，上海：上海書店，天津：天津古籍出版社聯合影印上海涵芬樓藏北京白雲觀所藏明刊本，1988年3月）。

23. 〔明〕陳第撰：《毛詩古音攷》，收入《景印文淵閣四庫全書》，經部小學類，第二三九冊。

24. 〔明〕曹安撰：《讕言長語》，收入《景印文淵閣四庫全書》，子部雜家類，第八六七冊。

25. 〔清〕丁宗洛編：《陳清端公年譜》（臺北：臺灣銀行經濟研究室，1964年11月）。

26. 〔清〕允祹等奉敕撰：《欽定大清會典》，收入《景印文淵閣四庫全書》，史部政書類，第六一九冊。

27. 〔清〕王必昌纂輯：《重修臺灣縣志》（臺北：臺灣銀行經濟研究室，1961年11月）。

28. 〔清〕王瑛曾編纂：《重修鳳山縣志》（臺北：臺灣銀行經濟研究室，1962年12月）。

29. 〔清〕王先謙撰，沈嘯寰、王星賢點校：《荀子集解》（北京：中華書局，1988年9月）。

30. 〔清〕王先慎撰，鍾哲點校：《韓非子集解》（北京：中華書局，1998 年 7 月）。

31. 〔清〕六十七撰：《使署閒情》，收入黃哲永、吳福助主編：《全臺文》（臺中：文听閣圖書公司，2007 年 7 月），第二冊。

32. 〔清〕世宗撰：《世宗憲皇帝御製文集》，收入《景印文淵閣四庫全書》，集部別集類，第一三〇〇冊。

33. 〔清〕朱仕玠撰：《小琉球漫誌》（臺北：臺灣銀行經濟研究室，1957 年 12 月）。

34. 〔清〕朱汝珍輯：《詞林輯略》（臺北：明文書局，1985 年 5 月）。

35. 〔清〕李光地奉敕纂：《御纂性理精義》，收入《景印文淵閣四庫全書》，子部儒家類，第七一九冊。

36. 〔清〕余文儀纂修：《續修臺灣府志》（臺北：臺灣銀行經濟研究室，1962 年 4 月）。

37. 〔清〕吳子光撰：《一肚皮集》，收入黃哲永、吳福助主編：《全臺文》（臺中：文听閣圖書公司，2007 年 7 月），第十至十四冊。

38. 〔清〕沈茂蔭纂輯：《苗栗縣志》（臺北：臺灣銀行經濟研究室，1962 年 12 月）。

39. 〔清〕周元文纂輯：《重修臺灣府志》（臺北：臺灣銀行經濟研究室，1960 年 7 月）。

40. 〔清〕周璽纂輯：《彰化縣志》（臺北：臺灣銀行經濟研究室，1962 年 11 月）。

41. 〔清〕周鍾瑄編纂：《諸羅縣志》（臺北：臺灣銀行經濟研究室，1962 年 12 月）。

42. 〔清〕周凱撰：《內自訟齋文選》，收入黃哲永、吳福助主編：《全臺文》（臺中：文听閣圖書公司，2007 年 7 月），第七冊。

43. 〔清〕來保、李玉鳴等奉敕撰：《欽定大清通禮》，收入《景印文淵閣四庫全書》，史部政書類，第六五五冊。

44. 〔清〕林豪纂修：《澎湖廳志》（臺北：臺灣銀行經濟研究室，1964 年 6 月）。

45. 〔清〕林樹梅撰：《歗雲山人文鈔》，收入黃哲永、吳福助主編：《全臺文》（臺中：文听閣圖書公司，2007 年 7 月），第八冊。

46. 〔清〕郁永河撰：《裨海紀遊》，收入黃哲永、吳福助主編：《全臺文》（臺中：文听閣圖書公司，2007 年 7 月），第五十一冊。

47. 〔清〕胡建偉纂輯：《澎湖紀略》（臺北：臺灣銀行經濟研究室，1961 年 7 月）。

48. 〔清〕柯培元撰:《噶瑪蘭志略》(臺北:臺灣銀行經濟研究室,1961 年 1 月)。

49. 〔清〕姚瑩撰:《東槎紀略》,收入黃哲永、吳福助主編:《全臺文》(臺中:文听閣圖書公司,2007 年 7 月),第五十七冊。

50. 〔清〕范咸纂輯:《重修臺灣府志》(臺北:臺灣銀行經濟研究室,1961 年 11 月)。

51. 〔清〕胡建偉纂輯:《澎湖紀略》(臺北:臺灣銀行經濟研究室,1961 年 7 月)。

52. 〔清〕胡傳纂輯:《臺東州采訪冊》(臺北:臺灣銀行經濟研究室,1960 年 5 月)。

53. 〔清〕施瓊芳撰:《石蘭山館遺稿》,收入黃哲永、吳福助主編:《全臺文》(臺中:文听閣圖書公司,2007 年 7 月),第九冊。

54. 〔清〕高拱乾纂輯:《臺灣府志》(臺北:臺灣銀行經濟研究室,1960 年 7 月)。

55. 〔清〕馬齊等奉敕修:《聖祖仁皇帝實錄(一)》,收入《清實錄》(北京:中華書局,1985 年 9 月),第四冊。

56. 〔清〕馬齊等奉敕修:《聖祖仁皇帝實錄(二)》,收入《清實錄》(北京:中華書局,1985 年 9 月),第五冊。

57. 〔清〕馬齊等奉敕修:《聖祖仁皇帝實錄(三)》,收入《清實錄》(北京:中華書局,1985 年 9 月),第六冊。

58. 〔清〕徐宗幹撰:《斯未信齋文編》,收入黃哲永、吳福助主編:《全臺文》(臺中:文听閣圖書公司,2007 年 7 月),第五、六冊。

59. 〔清〕徐宗幹撰:《瀛洲校士錄》,收入黃哲永、吳福助主編:《全臺文》(臺中:文听閣圖書公司,2007 年 7 月),第六冊。

60. 〔清〕徐珂編撰:《清稗類鈔》(北京:中華書局,1986 年 3 月)。

61. 〔清〕唐贊袞撰:《臺陽見聞錄》,收入黃哲永、吳福助主編:《全臺文》(臺中:文听閣圖書公司,2007 年 7 月),第五十八冊。

62. 〔清〕倪贊元編纂:《雲林縣采訪冊》(臺北:臺灣銀行經濟研究室,1959 年 2 月)。

63. 〔清〕張伯行撰:《正誼堂文集》(上海:商務印書館,1936 年 6 月,《叢書集成初編》本)。

64. 〔清〕張玉書等奉敕編:《聖祖仁皇帝御製文第三集》,收入《景印文淵閣四庫全書》,集部別集類,第一二九九冊。

65. 〔清〕張廷玉等撰:《明史》(北京:中華書局,1974 年 4 月)。

66. 〔清〕崑岡等修,吳樹梅等纂:《欽定大清會典》,收入續修四庫全書編

纂委員會編：《續修四庫全書》（上海：上海古籍出版社，2002 年 4 月），史部政書類，第七九四冊。

67. 〔清〕崑岡等修，劉啓瑞等纂：《欽定大清會典事例》，收入《續修四庫全書》，史部政書類，第七九八、第八〇三冊、第八〇四冊。

68. 〔清〕陳璸撰：《陳清端公文集》，收入黃哲永、吳福助主編：《全臺文》（臺中：文听閣圖書公司，2007 年 7 月），第一冊。

69. 〔清〕陳文達編纂：《臺灣縣志》（臺北：臺灣銀行經濟研究室，1961 年 6 月）。

70. 〔清〕陳文達編纂：《鳳山縣志》（臺北：臺灣銀行經濟研究室，1961 年 11 月）。

71. 〔清〕陳淑均纂，李祺生續輯：《噶瑪蘭廳志》（臺北：臺灣銀行經濟研究室，1963 年 3 月）。

72. 〔清〕陳培桂纂：《淡水廳志》（臺北：臺灣銀行經濟研究室，1963 年 8 月）。

73. 〔清〕陳朝龍撰：《新竹縣采訪冊》（臺北：臺灣銀行經濟研究室，1958 年 10 月）。

74. 〔清〕陳朝龍撰，林文龍點校：《合校足本新竹縣采訪冊》（南投：臺灣省文獻委員會，1999 年 1 月）。

75. 〔清〕陳壽祺主修：《福建通志臺灣府》（臺北：臺灣銀行經濟研究室，1960 年 8 月）。

76. 〔清〕陳壽祺等撰：《福建通志》（臺北：華文書局股份有限公司，1968 年 10 月）。

77. 〔清〕陳其元撰，楊璐點校：《庸閑齋筆記》（北京：中華書局，1989 年 4 月）。

78. 〔清〕曹振鏞等奉敕修：《仁宗睿皇帝實錄（二）》，收入《清實錄》（北京：中華書局，1986 年 7 月），第二十九冊。

79. 〔清〕曹士桂撰，雲南省文物普查辦公室編：《宦海日記校注》（昆明：雲南人民出版社，1988 年 8 月）。

80. 〔清〕屠繼善纂輯：《恆春縣志》（臺北：臺灣銀行經濟研究室，1960 年 5 月）。

81. 〔清〕郭慶藩撰，王孝魚點校：《莊子集釋》（北京：中華書局，1961 年 7 月）。

82. 〔清〕鄂爾泰等奉敕修：《世宗憲皇帝實錄（一）》，收入《清實錄》（北京：中華書局，1985 年 10 月），第七冊。

83. 〔清〕鄂爾泰等奉敕修：《世宗憲皇帝實錄（二）》，收入《清實錄》（北京：中華書局，1985 年 11 月），第八冊。

84. 〔清〕嵇璜等奉敕編：《欽定皇朝文獻通考》，收入《景印文淵閣四庫全書》，史部政書類，第六三三冊。

85. 〔清〕黃叔璥撰：《臺海使槎錄》，收入黃哲永、吳福助主編：《全臺文》（臺中：文听閣圖書公司，2007 年 7 月），第五十二冊。

86. 〔清〕黃逢昶撰：《臺灣生熟番紀事》（臺北：臺灣銀行經濟研究室，1960 年 4 月）。

87. 〔清〕章甫撰：《半崧集簡編》（臺北：臺灣銀行經濟研究室，1964 年 5 月）。

88. 〔清〕聖祖御製，張玉書等奉敕編：《聖祖仁皇帝御製文集》，收入《景印文淵閣四庫全書》，集部別集類，第一二九八冊。

89. 〔清〕聖祖御製，允祿等奉敕編：《聖祖仁皇帝御製文第四集》，收入《景印文淵閣四庫全書》，集部別集類，第一二九九冊。

90. 〔清〕慶桂等奉敕修：《高宗純皇帝實錄（二）》，收入《清實錄》（北京：中華書局，1985 年 12 月），第十冊。

91. 〔清〕慶桂等奉敕修：《高宗純皇帝實錄（十四）》，收入《清實錄》（北京：中華書局，1986 年 5 月），第二二冊。

92. 〔清〕蔣毓英等撰修：《臺灣府志三種》（北京：中華書局，1985 年 5 月）。

93. 〔清〕蔣毓英撰，陳碧笙校注：《臺灣府志校注》（廈門：廈門大學出版社，1985 年 11 月）。

94. 〔清〕蔣鏞撰：《澎湖續編》（臺北：臺灣銀行經濟研究室，1961 年 8 月）。

95. 〔清〕蔣師轍撰：《臺游日記》，收入黃哲永、吳福助主編：《全臺文》（臺中：文听閣圖書公司，2007 年 7 月），第五十四冊。

96. 〔清〕劉良璧纂輯：《重修福建臺灣府志》（臺北：臺灣銀行經濟研究室，1961 年 3 月）。

97. 〔清〕劉家謀撰：《海音詩》，收入《臺灣雜詠合刻》（臺北：臺灣銀行經濟研究室，1958 年 10 月）。

98. 〔清〕劉璈撰：《巡臺退思錄》，收入黃哲永、吳福助主編：《全臺文》（臺中：文听閣圖書公司，2007 年 7 月），第五十九冊。

99. 〔清〕鄭用錫撰：《北郭園詩鈔》（臺北：臺灣銀行經濟研究室，1959 年 5 月）。

100. 〔清〕鄭用錫撰：《述穀堂制藝》，收入黃哲永、吳福助主編：《全臺文》（臺中：文听閣圖書公司，2007 年 7 月），第四冊。

101. 〔清〕鄭用鑒撰：《靜遠堂文鈔》，收入黃哲永、吳福助主編：《全臺文》（臺中：文听閣圖書公司，2007 年 7 月），第四冊。

102. 〔清〕鄧傳安撰：《蠡測彙鈔》，收入黃哲永、吳福助主編：《全臺文》（臺

中：文听閣圖書公司，2007 年 7 月），第五十六冊。

103. 〔清〕錢大昕撰，陳文和主編：《嘉定錢大昕全集》（南京：江蘇古籍出版社，1997 年 12 月）。

104. 〔清〕盧德嘉纂輯：《鳳山縣采訪冊》（臺北：臺灣銀行經濟研究室，1960 年 8 月）。

105. 〔清〕錢儀吉纂錄，貴筑黃彭年編訂：《碑傳集》光緒十九年江蘇書局刻本。

106. 〔清〕謝金鑾、鄭兼才合纂：《續修臺灣縣志》（臺北：臺灣銀行經濟研究室，1962 年 6 月）。

107. 〔清〕謝金鑾撰：《二勿齋文集》，收入黃哲永、吳福助主編：《全臺文》（臺中：文听閣圖書公司，2007 年 7 月），第二冊。

108. 〔清〕薛紹元總纂：《臺灣通志》（臺北：臺灣銀行經濟研究室，1962 年 5 月）。

109. 〔清〕藍鼎元撰：《東征集》，收入黃哲永、吳福助主編：《全臺文》（臺中：文听閣圖書公司，2007 年 7 月），第五十冊。

110. 〔清〕藍鼎元撰：《平臺紀略》，收入黃哲永、吳福助主編：《全臺文》（臺中：文听閣圖書公司，2007 年 7 月），第五十冊。

111. 〔清〕懷蔭布、黃任、郭賡武纂修：《重修泉州府志》，收入上海書店出版社編：《乾隆泉州府志》（上海：上海書店出版社，2000 年 10 月）。

112. 〔清〕顧棟高輯，吳樹平、李解民點校：《春秋大事表》（北京：中華書局，1993 年 6 月）。

113. 吳德功纂輯：《彰化節孝冊》（臺北：臺灣銀行經濟研究室，1961 年 5 月）。

114. 吳德功撰：《瑞桃齋文稿》，收入黃哲永、吳福助主編：《全臺文》（臺中：文听閣圖書公司，2007 年 7 月），第十七冊。

115. 吳德功撰：《觀光日記》，收入黃哲永、吳福助主編：《全臺文》（臺中：文听閣圖書公司，2007 年 7 月），第五十四冊。

116. 林百川、林學源合纂：《樹杞林志》（臺北：臺灣銀行經濟研究室，1960 年 1 月）。

117. 洪繻撰：《寄鶴齋古文集》，收入黃哲永、吳福助主編：《全臺文》（臺中：文听閣圖書公司，2007 年 7 月），第十八、十九冊。

118. 洪繻撰：《寄鶴齋駢文集》，收入黃哲永、吳福助主編：《全臺文》（臺中：文听閣圖書公司，2007 年 7 月），第廿三冊。

119. 連橫撰：《臺灣通史》（臺北：臺灣銀行經濟研究室，1962 年 2 月）。

120. 連橫撰：《雅言》（臺北：臺灣銀行經濟研究室，1963 年 2 月）。

121. 黃臥松編：《崇文社文集》，收入黃哲永、吳福助主編：《全臺文》（臺中：

文听閣圖書公司，2007 年 7 月），第卅二至卅五冊。

122. 臺灣總督府編：《揚文會策議文集》，收入黃哲永、吳福助主編：《全臺文》（臺中：文听閣圖書公司，2007 年 7 月），第卅、卅一冊。

123. 臺灣總督府民政部學務課編：《臺灣教育志稿》（臺北：臺灣總督府，1918 年 8 月，二版）。

124. 趙爾巽等撰：《清史稿》（北京：中華書局，1977 年 12 月）。

125. 鄭鵬雲、曾逢辰纂修：《新竹縣志初稿》（臺北：臺灣銀行經濟研究室，1959 年 11 月）。

126. 〔日〕伊能嘉矩著，江慶林等譯：《臺灣文化志（中譯本）》（臺中：臺灣省文獻委員會，1991 年 6 月）。

127. 〔日〕相良吉哉編：《臺南州祠廟名鑑》（臺北縣永和市：臺灣大通書局，2002 年 3 月，影印臺灣日日新報社臺南支局 1933 年 12 月本）。

二、今人專書及專書論文（依姓氏筆畫及出版年份排序）。

1. 毛一波纂修：《彰化縣志稿》卷八《教育志》（彰化縣彰化市：彰化縣文獻委員會，1958 年 9 月）。

2. 王省吾纂修：《宜蘭縣志》卷五《教育志上篇・教育制度沿革篇》（宜蘭縣宜蘭市：宜蘭縣文獻委員會，1961 年 12 月）。

3. 王鎮華著：《書院教育與建築——臺灣書院實例之研究》（臺北：故鄉出版社，1986 年 7 月）。

4. 王啓宗著：《臺灣的書院》（臺中：臺灣省政府新聞處，1987 年 6 月）。

5. 王國璠編纂：《臺北市志》卷九《人物志・賢德篇》（臺北：臺北市政府，1988 年 9 月）。

6. 王世慶編纂：《重修臺灣省通志》卷七《政治志・建置沿革篇》（臺中：臺灣省文獻委員會，1991 年 6 月）。

7. 王時萍總編纂：《石岡鄉志》（臺中縣石岡鄉：臺中縣石岡鄉公所，2009 年 5 月）。

8. 中華綜合發展研究院應用史學研究所總編纂：《員林鎮志》（彰化縣員林鎮：彰化縣員林鎮公所，2010 年 12 月）。

9. 江慶柏編著：《清朝進士題名錄》（北京：中華書局，2007 年 6 月）。

10. 何寧撰：《淮南子集釋》（北京：中華書局，1998 年 10 月）。

11. 何培夫主編：《臺灣地區現存碑碣圖誌：臺南縣篇》（臺北：國立中央圖書館臺灣分館，1994 年 12 月）。

12. 何培夫主編：《臺灣地區現存碑碣圖誌：高雄市・高雄縣篇》（臺北：國立中央圖書館臺灣分館，1995 年 6 月）。

13. 何培夫主編：《臺灣地區現存碑碣圖誌：屏東縣‧臺東縣篇》（臺北：國立中央圖書館臺灣分館，1995 年 12 月）。

14. 何培夫主編：《臺灣地區現存碑碣圖誌：雲林縣‧南投縣篇》（臺北：國立中央圖書館臺灣分館，1996 年 12 月）。

15. 何培夫主編：《臺灣地區現存碑碣圖誌：彰化縣篇》（臺北：國立中央圖書館臺灣分館，1997 年 5 月）。

16. 何培夫主編：《臺灣地區現存碑碣圖誌：臺中縣市‧花蓮縣篇》（1997 年 12 月）。

17. 何培夫主編：《臺灣地區現存碑碣圖誌：臺北市‧桃園縣篇》（臺北：國立中央圖書館臺灣分館，1999 年 3 月）。

18. 何培夫主編：《臺灣地區現存碑碣圖誌：宜蘭縣‧基隆市篇》（臺北：國立中央圖書館臺灣分館，1999 年 6 月）。

19. 李汝和主修：《臺灣省通志》卷五《教育志‧制度沿革篇》（臺北：臺灣省文獻委員會，1970 年 6 月）。

20. 李雄揮、程大學、司琦編纂：《重修臺灣省通志》卷六《文教志‧學校教育篇》（南投：臺灣省文獻委員會，1993 年 4 月）。

21. 李雄揮、程大學、陳清添編纂：《重修臺灣省通志》卷六《文教志‧教育行政篇》（南投：臺灣省文獻委員會，1994 年 5 月）。

22. 李世偉著：《日據時代臺灣儒教結社與活動》（臺北：文津出版社，1999 年 6 月）。

23. 李豐楙撰：〈王醮科儀與迎王祭典——臺南地區瘟神信仰與地方傳統的交流〉，收入黎志添主編：《香港及華南道教研究》（香港：中華書局，2005 年 4 月），頁 434～484。

24. 李鎮岩著：《臺灣的書院》（臺北縣新店市：遠足文化事業股份有限公司，2008 年 1 月）。

25. 李建德撰：〈清儒劉沅《孝經直解》之民間經典詮釋觀探析〉，收入汪中文主編：《語文與文化教學論叢（三）》（新北市：新文京開發，2012 年 12 月），頁 33～57。

26. 李建德撰：〈明代以降媽祖經典之人文思想探析——以本體、心性、工夫為觀察核心〉，收入江寶釵主編：《媽祖信仰文化暨在地人文藝術國際學術研討會論文集》（雲林縣北港鎮：北港朝天宮，2013 年 8 月），頁 263～279。

27. 李建德撰：〈《天上聖母經》對儒家、道教義理之接受及其教化功能析論〉，收入吳煬和主編：《慈心鳳德：阿猴媽祖論文集》（屏東：阿猴媽祖文教基金會，2014 年 6 月），頁 109～129。

28. 李建德撰：〈臺灣道教閻羅信仰初探——以宮廟供祀及經懺文檢為探討範

圍〉，收入趙欽桂執行編輯：《道教與民間宗教神祇學術研討會論文集：保生文化祭.2013》（臺北：臺北保安宮，2015 年 1 月），頁 13～35。

29. 李建德撰：〈楊浚刊本鄭用錫詩作呈現之社會關懷〉，收入翁誌聰主編：《區域研究與臺灣文學：第十一屆全國臺灣文學研究生學術研討會論文集》（臺南：臺灣文學館，2015 年 7 月），頁 1～31。

30. 李建德撰：〈清代臺灣官方與民間之文昌信仰場域及其現況探析〉，收入梓潼旅遊文化研究中心編：《中華文昌文化——第二屆海峽兩岸學術研究論文集》（成都：成都時代出版社，2016 年 12 月），頁 383～414。

31. 李建德撰：〈清代全真道之瘟醮科儀及其聖班、文檢探析〉，收入王琛發主編：《靈顯與傳播：閩臺與南洋的王爺信仰》（檳城：馬來西亞道教學院：2016 年 7 月），頁 19～35。

32. 李建德：〈淺述扶鸞與儒學的密切關聯〉，收入《2016 丙申年第三屆全國扶鸞觀摩大會鸞文彙集 福建東山伏魔聖者聖駕巡禮影像紀實》（高雄：高雄意誠堂關帝廟，2017 年 4 月），頁 268～283。

33. 宋鼎宗總編輯：《第一屆臺灣儒學國際學術研討會論文集》（臺南：國立成功大學中國文學系，1997 年 6 月）。

34. 吳文璋主編：《儒學與社會實踐：第三屆臺灣儒學國際學術研討會論文集》（臺南：國立成功大學中國文學系，2003 年 2 月）。

35. 吳振漢總編纂：《大溪鎮志》（桃園縣大溪鎮：桃園縣大溪鎮公所，2004 年未題月份）。

36. 吳聲祥總編輯：《新豐鄉志》（新竹縣新豐鄉：新竹縣新豐鄉公所，2009 年 3 月）。

37. 林衡道總編審：《臺灣古蹟全集》（臺北：戶外生活雜誌社，1980 年 5 月）。

38. 林慶彰、蔣秋華主編：《清領時期臺灣儒學參考文獻》（新北市板橋區：華藝學術出版，2013 年 11 月）。

39. 林文龍編著：《臺灣史蹟叢論》（臺中：國彰出版社，1987 年 9 月）。

40. 林文龍著：《臺灣的書院與科舉》（臺北：常民文化事業股份有限公司，1999 年 9 月）。

41. 林文龍著：《彰化書院與科舉》（臺中：晨星出版有限公司，2012 年 2 月）。

42. 林文龍、程大學、胡鍊輝編纂：《重修臺灣省通志》卷六《文教志·社會教育篇》（南投：臺灣省文獻委員會，1993 年 6 月）。

43. 胡道靜等主編：《藏外道書》（成都：巴蜀書社，1994 年 12 月）。

44. 洪敏麟編著，潘敬蔚主編：《臺南市市區史蹟調查報告書》（臺中：臺灣省文獻委員會，1979 年 6 月）。

45. 范木沼總編輯：《新埔鎮誌》（新竹縣新埔鎮：新竹縣新埔鎮公所，1997 年 7 月）。

46. 馬肇選著：《臺灣書院小史》（彰化：臺灣省立彰化社會教育館，1971 年 11 月）。

47. 高啓進撰：〈金門舉人林豪與澎湖相關文獻初探〉，收入《澎湖研究第六屆學術研討會論文輯》（澎湖縣馬公市：澎湖縣政府文化局，2007 年 12 月），頁 41～73。

48. 曹永和、王世慶總編纂：《臺灣文獻書目解題（一）》（臺北：國立中央圖書館臺灣分館，1987 年 11 月）。

49. 曹永和、王世慶總編纂：《臺灣文獻書目解題（二）》（臺北：國立中央圖書館臺灣分館，1988 年 6 月）。

50. 曹永和、王世慶總編纂：《臺灣文獻書目解題（三）》（臺北：國立中央圖書館臺灣分館，1988 年 6 月）。

51. 曹永和、王世慶總編纂：《臺灣文獻書目解題（四）》（臺北：國立中央圖書館臺灣分館，1988 年 6 月）。

52. 莊金德編著：《清代臺灣教育史料彙編》（臺中：臺灣省文獻委員會，1973 年 4 月）。

53. 郭輝等纂：《臺灣省新竹縣志》卷七《教育志》（新竹：新竹縣政府，1976 年 6 月）。

54. 郭伶芬著：《清代臺灣知識份子社會參與之研究》（臺中：必中出版社，1993 年 10 月）。

55. 陳其寅、龍運鈞編纂：《基隆市志·人物篇》（基隆：基隆市政府，1988 年 4 月增印）。

56. 陳明終編纂：《臺北市志》卷七《教育志·教育行政與學校教育篇》（臺北：臺北市政府，1988 年 9 月）。

57. 陳金田譯：《臨時臺灣舊慣調查會第一部調查第三回報告書：臺灣私法第一卷》（臺中：臺灣省文獻委員會，1990 年 6 月）。

58. 陳炎正主編：《東勢鎮志》（臺中縣東勢鎮：臺中縣東勢鎮公所，1995 年 6 月）。

59. 陳名實著：《閩臺儒學源流》（福州：福州人民出版社，2008 年 12 月）。

60. 陳昭瑛著：《臺灣儒學──起源、發展與轉化》（臺北：正中書局，2000 年 3 月；臺北：國立臺灣大學出版中心，2008 年 4 月，再版）。

61. 張義清總編輯：《員林鎮志》（彰化縣員林鎮：彰化縣員林鎮公所，1990 年 2 月）。

62. 張正昌主纂：《蘆竹鄉志》（桃園縣蘆竹鄉：桃園縣蘆竹鄉公所，1995 年 1 月）。

63. 張建隆著：《尋找老淡水》（臺北縣板橋市：臺北縣立文化中心，1996 年 7 月）。

64. 張溪南總編輯：《白河鎮志》（臺南縣白河鎮：臺南縣白河鎮公所，1998年2月）。

65. 張子文、郭啓傳、林偉洲合撰：《臺灣歷史人物小傳：明清暨日據時期》（臺北：國家圖書館，2003年12月）。

66. 張子文、郭啓傳、林偉洲合撰：《臺灣歷史人物小傳：明清暨日據時期（修訂版）》（臺北：國家圖書館，2006年12月）。

67. 張志遠著：《臺灣的敬字亭》（臺北縣新店市：遠足文化事業股份有限公司，2006年5月）。

68. 張瑞和著：《維繫傳統文化的命脈——員林興賢書院與吟社》（臺中：晨星出版有限公司，2009年11月）。

69. 淡江大學中國文學系主編：《臺灣儒學與現代生活國際學術研討會論文集》（臺北：臺灣學生書局，2000年12月）。

70. 許錫專編：《登瀛書院的歷史》（南投縣草屯鎮：南投縣草屯鎮公所，2002年8月）。

71. 許書銘等作：《南瀛神明傳說誌》（臺南縣新營市：臺南縣政府，2010年6月）。

72. 童裕昌編纂：《基隆市志》第十七種《教育篇》（基隆：基隆市政府，1987年5月增印）。

73. 黃得時編著：《臺灣的孔廟》（臺中：臺灣省政府新聞處，1981年9月）。

74. 黃開基纂修：《和美鎮志》（彰化縣和美鎮：彰化縣和美鎮公所，1990年3月）。

75. 黃鼎松總編輯：《苗栗市誌》（苗栗縣苗栗市：苗栗縣苗栗市公所，1998年2月）。

76. 黃典權、葉英、賴建銘纂修：《臺南市志》卷七《人物志》（臺南：臺南市政府，1979年2月）。

77. 黃典權等編纂：《重修臺灣省通志》卷九《人物志·人物傳篇》（南投：臺灣省文獻委員會，1998年6月）。

78. 黃新憲著：《臺灣書院與鄉學》（北京：九州出版社，2002年11月）。

79. 彭瑞金總編纂：《重修清水鎮志》（臺中市清水區：臺中市清水區公所，2013年8月）。

80. 程大學總主編：《西螺鎮志》（雲林縣西螺鎮：雲林縣西螺鎮公所，2000年2月）。

81. 楊遠浪、詹德隆編纂：《臺北市志》卷八《文化志·勝蹟篇》（臺北：臺北市政府，1988年6月）。

82. 詹雅能著：《明志書院沿革志》（新竹：新竹市政府，2002年10月）。

83. 新莊市志編輯委員會編：《新莊市志》（臺北縣新莊市：臺北縣新莊市公所，1998 年 2 月）。

84. 臺灣銀行經濟研究室編：《臺灣教育碑記》（臺北：臺灣銀行經濟研究室，1959 年 7 月）。

85. 臺灣銀行經濟研究室編：《安平縣雜記》（臺北：臺灣銀行經濟研究室，1959 年 8 月）。

86. 臺灣銀行經濟研究室編：《嘉義管內采訪冊》（臺北：臺灣銀行經濟研究室，1959 年 9 月）。

87. 臺灣銀行經濟研究室編：《清一統志臺灣府》（臺北：臺灣銀行經濟研究室，1960 年 2 月）。

88. 臺灣銀行經濟研究室編：《臺案彙錄辛集》（臺北：臺灣銀行經濟研究室，1964 年 12 月）。

89. 臺灣銀行經濟研究室編：《臺灣中部碑文集成》（臺北：臺灣銀行經濟研究室，1962 年 9 月）。

90. 臺灣銀行經濟研究室編：《臺灣南部碑文集成》（臺北：臺灣銀行經濟研究室，1966 年 3 月）。

91. 臺灣省文獻委員會譯編：《臺灣慣習記事（中譯本）第貳卷上》（臺中：臺灣省文獻委員會，1986 年 6 月）。

92. 臺灣省文獻委員會採集組編校：《臺南縣鄉土史料》（南投：臺灣省文獻委員會，2000 年 7 月）。

93. 臺灣省政府編印：《中華民國的書院》（南投：臺灣省政府，2014 年 4 月）。

94. 彰化縣政府編印：《彰化孔廟簡介》（彰化：彰化縣政府，1978 年 9 月）。

95. 廖漢臣、沈耀初纂修：《臺南縣志》卷八《人物志》（臺南縣新營市：臺南縣政府，1980 年 6 月）。

96. 廖美玉主編：《第二屆臺灣儒學國際學術研討會論文集》（臺南：國立成功大學中國文學系，1999 年 12 月）。

97. 廖瑞銘總編纂：《大甲鎮志》（臺中縣大甲鎮：臺中縣大甲鎮公所，2009 年 1 月）。

98. 魯迅撰：《中國小說史略》（北京：人民文學出版社，1973 年 12 月，《魯迅全集》本）。

99. 鄧孔昭著：《臺灣通史辨誤（增訂本）》（臺北：自立晚報出版社，1991 年 7 月）。

100. 鄧洪波著：《中國書院史》（臺北：國立臺灣大學出版中心，2005 年 6 月）。

101. 衛惠林、林衡立、余錦泉原修，洪敏麟整修：《臺灣省通志》卷八《同胄志》（臺中：臺灣省文獻委員會，1972 年 6 月）。

102. 鄭喜夫編纂：《重修臺灣省通志》卷八《職官志‧文職表篇》（南投：臺灣省文獻委員會，1993 年 6 月）。

103. 鄭瑞明總編纂：《重修路竹鄉志》（高雄縣路竹鄉：高雄縣路竹鄉公所，2010 年 12 月）。

104. 潘朝陽著：《明清臺灣儒學論》（臺北：臺灣學生書局，2001 年 10 月）。

105. 潘朝陽著：《臺灣儒學的傳統與現代》（臺北：國立臺灣大學出版中心，2008 年 9 月）。

106. 蔡相煇總編纂：《芬園鄉志》（彰化縣芬園鄉：彰化縣芬園鄉公所，1998 年 3 月）。

107. 盧世標纂修：《宜蘭縣志》卷八《人物志》（宜蘭縣宜蘭市：宜蘭縣文獻委員會，1962 年 6 月）。

108. 錢穆撰：《論語新解》（臺北：聯經出版事業公司，1994 年 9 月，《錢賓四先生全集》本）。

109. 賴志彰、魏德文、高傳棋著：《竹塹古地圖調查研究》（新竹：新竹市政府，2003 年 12 月）。

110. 賴澤涵總編纂：《新修桃園縣志》（桃園縣桃園市：桃園縣政府，2010 年 9 月）。

111. 樹林市志編審及諮詢委員會編：《樹林市志》（臺北縣樹林市：臺北縣樹林市公所，2001 年 7 月）。

112. 樹林市志編審及諮詢委員會編：《樹林市志》（臺北縣樹林市：臺北縣樹林市公所，2010 年 10 月）。

113. 戴文鋒著：《重修屏東縣志‧民間信仰卷》（屏東縣屏東市：屏東縣政府，2014 年 11 月）。

114. 謝宏昌、丘爲君主筆：《鹽水鎮志》（臺南縣鹽水鎮：臺南縣鹽水鎮公所，1998 年 2 月）。

115. 謝瑞隆、林德隆總編纂：《中壢市發展史》（桃園縣中壢市：桃園縣中壢市公所，2009 年 6 月）。

116. 〔日〕安居香山、中村璋八輯：《緯書集成》（石家莊：河北人民出版社，1994 年 12 月）。

三、期刊論文（依姓氏筆畫及出版年份排序）

1. 丁榕萍：〈清代教育與臺灣儒學〉，《花蓮師專學報》14 期（1983 年 10 月），頁 11～35。

2. 王惠琛：〈清代臺灣府縣廳學的設立與發展〉，《南臺科技大學學報》26 期（2002 年 3 月），頁 167～185。

3. 王月華：〈清代宦臺謝金鑾的史學與文學作品〉，《臺灣文獻》56 卷 3 期

（2005 年 9 月），頁 243～263。

4. 王幼華：〈清代竹塹流寓文人查元鼎考述〉，《聯大學報》11 卷 1 期（2014 年 6 月），頁 27～49。

5. 史貽輝：〈略談福州瘟神五靈公〉，《天道》6-7 期（1974 年 4、5 月），頁 19～21。

6. 田啓文：〈文章與人品並臻──鄭用鑑散文的道德理念與實踐〉，《興國學報》5 期（2006 年 1 月），頁 279～295。

7. 李南海、趙家慶：〈大肚趙氏家族之遷臺與磺溪書院的建立〉，《史聯雜誌》13 期（1988 年 12 月），頁 43～47。

8. 李芳如：〈雲林地區清代書院研究〉，《社會科教學研究》5 期（1995 年 12 月），頁 44～84。

9. 李祖基：〈冒籍：清代臺灣的科舉移民〉，《廈門大學學報（哲學社會科學版）》2011 年 1 期，頁 62～69。

10. 李建德：〈清代全真道龍門派之瘟醮探析──以科儀、聖班、文檢爲觀察核心（上）〉，《武廟宗教文化雜誌》10 期（2016 年 10 月），頁 4～12。

11. 李建德：〈清代全真道龍門派之瘟醮探析──以科儀、聖班、文檢爲觀察核心（下）〉，《武廟宗教文化雜誌》11 期（2017 年 4 月），頁 4～10。

12. 汪毅夫：〈臺灣府城訪古記〉，《炎黃縱橫》2010 年 2 期，頁 6～8。

13. 吳學明：〈北臺第一書院──泰山明志書院沿革之研究〉，《臺北文獻》直字 86 期（1988 年 12 月），頁 103～118。

14. 吳進安：〈清領時期臺灣書院教育的儒學思想〉，《漢學研究集刊》1 期（2005 年 12 月），頁 111～131。

15. 吳進安：〈清朝臺灣儒學中的朱子學意涵與詮釋〉，《漢學研究集刊》8 期（2009 年 6 月），頁 53～75。

16. 吳煬和：〈敬字崇文──苗栗客家敬字風俗〉，《苗栗文獻》52 期（2013 年 11 月），頁 59～87。

17. 何培夫：〈楊廷理知府治臺風範〉，《高雄文獻》13 期（1983 年 1 月），頁 63～97。何培夫：〈楊廷理開蘭治績及其風範〉，《臺灣文獻》34 卷 3 期（1983 年 9 月），頁 93～114。

18. 何振良：〈略論孔廟與閩臺文化交流〉，《泉州師範學院學報（社會科學）》28 卷 1 期（2010 年 1 月），頁 14～19。

19. 金燦、吳振芝：〈清代臺灣地方科舉之研究〉，《國立成功大學歷史學報》5 期（1978 年 7 月），頁 1～48。

20. 周宗賢：〈清代臺灣節孝烈婦的旌表研究〉，《臺北文獻》35 期（1976 年 3 月），頁 113～155。

21. 周宗賢：〈龍潭聖蹟亭小史〉，《史化》23 期（1994 年 6 月），頁 41～47。

22. 林文龍：〈開臺翰林曾維楨與白沙坑福神〉，《臺灣文獻》27 卷 4 期（1976 年 12 月），頁 103～106。

23. 林文龍：〈記臺灣的敬惜字紙民俗〉，《臺灣風物》34 卷 2 期（1984 年 6 月），頁 29～60。

24. 林文龍：〈彰化白沙書院興廢考〉，《臺灣文獻》35 卷 3 期（1984 年 9 月），頁 11～35。

25. 林文龍：〈臺灣兩會魁──黃驤雲與許南英〉，《臺南文化》34 期（1992 年 12 月），頁 1～17。

26. 林文龍：〈周鍾瑄被誣案及其諸羅任內政績〉，《臺南文化》41 期（1996 年 7 月），頁 1～25。

27. 林朝成、盧其薇：〈從鰲峰書院到海東書院：論清代臺灣朱子學的二個向度〉，《東華漢學》9 期（2009 年 6 月），頁 281～324。

28. 林孟輝：〈從書院學規看清代臺灣書院的儒學教育宗旨〉，《孔孟月刊》37 卷 6 月（1999 年 2 月），頁 10～19。

29. 林孟輝：〈清代臺灣書院的儒學教育內涵試探〉，《中華文化月刊》233 期（1999 年 8 月），頁 58～80。

30. 林慶弧：〈臺灣儒學與書院的藏書：以清代方志為中心〉，《臺灣文獻》66 卷 2 期（2015 年 6 月），頁 1～37。

31. 林耀潾：〈陳璸的儒學思想與實踐──以臺灣縣及臺廈道任內為範圍的考察〉，《孔孟學報》75 期（1998 年 3 月），頁 93～114。

32. 林耀潾：〈清臺灣縣學教諭鄭兼才的儒學思想與實踐〉，《成大中文學報》6 期（1998 年 5 月），頁 129～148。

33. 林良哲、袁興言：〈清代以前歷史建築──未完成的省會臺灣府城計畫〉，《臺中文獻》6 期（2003 年 3 月），頁 37～50。

34. 林良哲、袁興言：〈日治時期歷史建築──「臺中」的正式登場與殖民者的現代化市區實驗〉，《臺中文獻》6 期（2003 年 3 月），頁 51～148。

35. 林淑慧：〈竹塹文人鄭用錫、鄭用鑑散文的文化意涵及其題材特色〉，《中國學術年刊》26 期（2004 年 9 月），頁 173～204、頁 238。

36. 林淑慧：〈儒教與風俗──施瓊芳、施士洁散文所呈現的文化面向〉，《東華漢學》8 期（2008 年 12 月），頁 141～173。

37. 林美秀：〈清領時期吳德功儒學價值觀念的形成〉，《興大人文學報》44 期（2010 年 6 月），頁 111～138。

38. 卓克華：〈石頭營聖蹟亭與南部古道之歷史研究〉，《高市文獻》7 卷 3 期（1995 年 3 月），頁 1～54。

39. 卓克華：〈鹿谷聖蹟亭與古道碑碣的研究〉，《南投文獻叢輯》41 期（1996年 12 月），頁 2～21。

40. 邱敏勇：〈大稻埕舉人陳霞林事蹟考〉，《臺北文獻》直字 87 期（1989年 3 月），頁 189～204。

41. 邱延洲：〈鳳山地區送書灰儀式的初步考察〉，《高雄文獻》3 卷 3 期（2013年 9 月），頁 111～126。

42. 邱惠芬：〈胡承珙宦臺事蹟及書寫研究〉，《中國文哲研究通訊》25 卷 2期（2015 年 6 月），頁 23～56。

43. 柯榮三：〈《全臺詩》蔡廷蘭〈請急賑歌〉之商榷——以版本及典故為主的考述〉，《臺灣研究集刊》2006 年 2 期，頁 89～96。

44. 洪素香：〈試由碑記探論陳璸對清代臺灣府縣學與書院之貢獻及影響——以《臺灣教育碑記》、《臺灣南部碑文集成》為研究範圍〉，《人文社會學報》49 卷 1 期（2015 年 4 月），頁 27～47。

45. 施順生：〈臺灣地區敬字亭稱謂之探討〉，《中國文化大學中文學報》15期（2007 年 10 月），頁 117～168。

46. 施順生：〈臺灣宜蘭陳姓鑒湖堂及登瀛書院惜字亭〉，《閩臺文化交流》2010年 2 期，頁 71～78。

47. 施順生：〈臺北市的敬字亭及其恭送聖蹟之儀式〉，《中國文化大學中文學報》24 期（2012 年 4 月），頁 63～98。

48. 姜守誠：〈試論明清文獻中所見閩臺王醮儀式〉，《宗教學研究》2012 年第 1 期，頁 249～255。

49. 烈：〈關西鎮文獻採訪錄〉，《新竹文獻會通訊》五號（1953 年 8 月），頁4。

50. 孫準植：〈清代臺灣之義學〉，《國史館館刊》15 期（1993 年 12 月），頁22～44。

51. 張勝彥：〈清代臺灣書院制度初探（上）〉，《食貨月刊》6 卷 3 期（1976年 6 月），頁 95～107。

52. 張勝彥：〈清代臺灣書院制度初探（下）〉，《食貨月刊》6 卷 4 期（1976年 7 月），頁 144～154。

53. 張德南：〈學界山斗鄭用鑑〉，《臺北文獻》直字 93 號（1990 年 9 月），頁 131～140。

54. 張靜茹：〈試論鄧傳安建構在臺儒學系譜的意圖——以倡建鹿港文開書院始末為例〉，《國文學報》41 期（2007 年 6 月），頁 37～72。

55. 張耀宗：〈晚清時期臺灣「番秀才」形成與功能之研究〉，《高雄師大學報》35 期（2013 年 12 月），頁 91～104。

56. 張耀宗：〈牡丹社事件後清代臺灣原住民義學的發展〉，《市北教育學刊》

46 期（2014 年 12 月），頁 79～96。

57. 張清芳：〈儒家知識份子理想與政府官員職責的較完美結合——評陳璸的臺灣文教實踐活動對今人的啟示〉，《人文研究學報》49 卷 1 期（2015 年 4 月），頁 19～26。

58. 陳名實：〈臺南孔廟與儒學傳承〉，《福建史志》2010 年 4 期，頁 50～54。

59. 陳昭瑛：〈臺灣書院學規中的朱子學〉，《孔學與人生》27 期（2004 年 2 月），頁 57～63。

60. 陳昭瑛：〈臺灣的文昌帝君信仰與儒家道統意識〉，《臺大文史哲學報》46 期（1997 年 6 月），頁 173，175～197。

61. 陳炎正：〈文英書院探源〉，《中縣文獻》10 期（2004 年 6 月），頁 97～102。

62. 陳運棟：〈山城文獻初祖——芸閣山人吳子光舉人〉，《苗栗文獻》1 期（2001 年 3 月），頁 80～82。

63. 郭嘉雄：〈清代臺灣書院沿革初稿〉，《臺灣文獻》38 卷 2 期（1987 年 6 月），頁 165～216。

64. 許惠玟：〈清代臺灣詩中儒學傳承與文昌信仰的關係〉，《東海大學文學院學報》46 卷（2007 年 7 月），頁 95～120。

65. 黃傳心：〈虎尾沿革概略〉，《雲林文獻》2 卷 2 期（1953 年 6 月），頁 94。

66. 黃秀政：〈書院與臺灣社會〉，《臺灣文獻》31 卷 3 期（1980 年 9 月），頁 10～18。

67. 黃美娥：〈明志書院的教育家——鄭用鑑〉，《竹塹文獻》5 期（1997 年 10 月），頁 53～74。

68. 黃麗生：〈清代邊區儒學的發展與特質：臺灣書院與內蒙古書院的比較〉，《臺灣師大歷史學報》34 期（2005 年 12 月），頁 97～135。

69. 黃麗生：〈近代臺灣客家儒紳海洋意識的轉變：從吳子光到丘逢甲〉，《海洋文化學刊》2 期（2006 年 12 月），頁 123～173。

70. 黃新憲：〈清代臺灣「敬惜字紙」習俗探討〉，《東南學術》2009 年 5 期，頁 143～151。

71. 黃淑清：〈談臺灣孔廟與清代儒學〉，《臺北文獻》直字 91 期（1990 年 3 月），頁 95～104。

72. 單文經：〈一八九五年以前鹿港教育史初探〉，《教育研究集刊》40 輯（1998 年 1 月），頁 113～142。

73. 傅寶玉：〈文教與社會力：敬字亭與客家社會意象的建構〉，《思與言》43 卷 2 期（2005 年 6 月），頁 77～118。

74. 彭煥勝、吳正龍：〈清代彰化縣儒學的建置與組織〉，《教育研究集刊》49

輯 3 期（2003 年 9 月），頁 113～141。

75. 彭煥勝、吳正龍：〈清代彰化縣儒學的生員教育〉，《教育研究集刊》51 輯 3 期（2005 年 9 月），頁 53～82。

76. 湯熙勇：〈清代臺灣教育研究之一———巡臺御史對臺灣科舉教育的貢獻〉，《史聯雜誌》17 期（1990 年 9 月），頁 99～117。

77. 楊仁江：〈臺北市黃氏及周氏節孝坊之研究（上）〉，《臺北文獻》85 期（1988 年 9 月），頁 1～62。

78. 楊仁江：〈臺北市黃氏及周氏節孝坊之研究〉，《臺北文獻》86 期（1988 年 12 月），頁 119～134。

79. 楊護源：〈北市書院初探———以學海書院爲中心〉，《臺北文獻》直字 128 期（1999 年 6 月），頁 87～106。

80. 楊齊福：〈清代臺灣舉人之概論〉，《臺灣研究》2007 年 5 期，頁 60～64。

81. 楊齊福：〈試論清代臺灣舉人之詩歌〉，《福建師範大學學報（哲學社會科學版）》2010 年 5 期，頁 86～94。

82. 詹德隆：〈臺灣知府蔣元樞政績述略〉，《臺灣文獻》42 卷 2 期（1991 年 6 月），頁 225～240。

83. 葉憲峻：〈清代臺灣儒學教育設施〉，《臺中師院學報》14 期（1999 年 6 月），頁 187～203。

84. 葉憲峻：〈清代臺灣的社學與義學〉，《臺中師院學報》18 卷 2 期（2004 年 12 月），頁 45～69。

85. 葉憲峻：〈清代臺灣儒學與孔廟之設置〉，《社會科教育研究》13 期（2008 年 12 月），頁 185～206。

86. 葉憲峻、吳俊瑯：〈清代北投堡登瀛書院之組織與經費〉，《社會科教育研究》13 期（2008 年 12 月），頁 223～243。

87. 潘亦江：〈玉峰書院與徐德欽〉，《嘉義市文獻》8 期（1992 年 8 月），頁 69～70。

88. 潘朝陽：〈書院：儒教在地方的傳播形式〉，《鵝湖》21 卷 5 期（1995 年 11 月），頁 27～38。

89. 潘朝陽：〈地方儒士興學設教的傳統及其意義———以臺灣爲例的詮釋〉，《鵝湖學誌》17 期（1996 年 12 月），頁 1～40。

90. 潘朝陽：〈從儒家的雙元對峙性論清代臺灣儒家的性質〉，《臺灣東亞文明研究學刊》3 卷 1 期（2006 年 6 月），頁 97～134。

91. 劉曉東：〈「紫薇郎」探說———兼探述先賢陳維英生平〉，《臺北文獻》直字 66 期（1983 年 12 月），頁 57～76。

92. 劉正一：〈清朝六堆貞節孝婦系列專題〉，《六堆風雲雜誌》44 期（1993

年 2 月），頁 6～12。

93. 劉振維：〈宜蘭仰山書院之始末及其基本精神〉，《漢學研究》22 卷 1 期（2004 年 6 月），頁 253～280。

94. 劉振維：〈彰化鹿港文開書院儒學精神之研究〉，《朝陽人文社會學刊》3 卷 2 期（2005 年 12 月），頁 27～56。

95. 劉振維：〈論臺北艋舺學海書院的儒學精神〉，《朝陽人文社會學刊》5 卷 2 期（2007 年 12 月），頁 59～93。

96. 劉振維：〈臺南海東書院之始末及其基本精神〉，《朝陽人文社會學刊》6 卷 1 期（2008 年 6 月），頁 279～322。

97. 劉振維：〈論清代臺灣書院學規的精神及其對現代教育的啓示〉，《哲學與文化》35 卷 9 期（2008 年 9 月），頁 107～127。

98. 劉振維：〈彰化白沙書院之始末及其基本精神〉，《止善》6 期（2009 年 6 月），頁 89～110。

99. 劉振維：〈澎湖文石書院的始末及其基本精神〉，《止善》7 期（2009 年 12 月），頁 71～98。

100. 蔣素芝：〈康雍乾時期臺灣書院教育探究〉，《船山學刊》2010 年 1 期，頁 155～158。

101. 蔣素芝：〈清代臺灣土番社學再探討〉，《樂山師範學院學報》22 卷 7 期（2007 年 7 月），頁 83～85。

102. 蔡志展：〈鹿港清代碑記及科名人物之研究〉，《社會科教育研究》1 期（1996 年 12 月），頁 53～85。

103. 謝碧連：〈府城臺南父子雙進士——施瓊芳、施士洁〉，《臺南文化》53 期（2002 年 10 月），頁 43～63。

104. 謝貴文：〈清代鳳山知縣宋永清的政績〉，《高市文獻》18 卷 1 期（2005 年 3 月），頁 29～39。

105. 謝聰輝：〈南臺灣和瘟送船儀式的傳承與其道法析論〉，《民俗曲藝》184 期（2014 年 6 月），頁 9～57。

106. 戴淑珍：〈百年前鸞書《化民新新》之社會關懷與道德規範〉，《竹塹文獻雜誌》35 期（2005 年 12 月），頁 85～100。

107. 顧敏耀：〈臺灣清領時期經學發展考察〉，《興大中文學報》29 期（2011 年 6 月），頁 193～212。

108. 不題撰人：〈寺廟祭神一覽（二）：臺北州之部（下）〉，《南瀛佛教》13 卷 3 期（昭和十年〔1935〕3 月），頁 38～41。

109. 〔美〕康豹（Paul Katz）：〈屏東縣東港鎮的迎王祭典：臺灣瘟神與王爺信仰之分析〉，《中央研究院民族學研究所集刊》70 期（1991 年 3 月），頁 95～211。

四、學位論文（依姓氏筆畫及出版年份排序）

1. 王惠琛：《清代臺灣科舉制度的研究》（臺南：國立成功大學歷史語言研究所碩士論文，1990 年 7 月）。

2. 王上丘：《清代臺灣中部書院之研究》（嘉義：國立嘉義大學史地學系碩士論文，2012 年 7 月）。

3. 尤隨終：《明鄭至日治時期（1661～1945）臺灣儒學之研究》（臺北縣石碇鄉：華梵大學東方人文思想研究所碩士論文，2005 年 5 月）。

4. 李朝凱：《清代至日治時期臺灣文昌信仰與地方社會》（臺中：逢甲大學歷史與文物管理研究所碩士論文，2006 年 7 月）。

5. 吳依倫：《清代臺灣地區文昌廟的調查研究》（臺北：國立臺北科技大學建築與都市設計研究所碩士論文，2006 年 6 月）。

6. 吳俊瑯：《草屯登瀛書院之研究》（臺中：國立臺中教育大學社會科教育學系碩士論文，2009 年 6 月）。

7. 吳煬和：《文教、信仰與文化傳播——臺灣六堆敬字風俗研究》（花蓮縣壽豐鄉：國立東華大學民間文學研究所博士論文，2010 年 6 月）。

8. 何治萱：《從書院教育到公學校教育：清末到日治時期苗栗地方社會的變遷（1889～1927）》（新竹：國立交通大學客家社會與文化在職專班碩士論文，2009 年 6 月）。

9. 林孟輝：《清代臺灣學校教育與儒學教化研究》（臺南：國立成功大學中國文學系碩士論文，1999 年 6 月）。

10. 林姵君：《板橋大觀書社之探究》（臺北：中國文化大學史學研究所碩士論文，2004 年 6 月）。

11. 周民慧：《清代大觀義學》（花蓮：國立花蓮教育大學語文科教育學系教學碩士論文，2006 年 6 月）。

12. 周惠豐：《清代在臺書院（1683～1895）之研究》（臺北縣石碇鄉：華梵大學東方思想研究所碩士論文，2008 年 1 月）。

13. 邱緗伶：《清代臺灣教化思維與施爲——以《臺灣教育碑記》爲中心之研究》（高雄：國立高雄師範大學臺灣歷史文化及語言研究所碩士論文，2012 年 7 月）。

14. 施玉柔：《臺灣的書院之社會功能及文化特色》（高雄：國立高雄師範大學經學研究所碩士論文，2009 年 7 月）。

15. 洪素香：《清代臺灣儒學詩研究》（高雄：國立高雄師範大學國文學系博士論文，2011 年 6 月）。

16. 徐婉翎：《臺南市文昌帝君信仰之研究》（臺南：國立臺南大學臺灣文化研究所碩士論文，2008 年 6 月）。

17. 張懷文：《清代竹塹儒學發展之研究》（臺北：臺北市立教育大學社會科學教育學系碩士論文，2008 年 1 月）。

18. 張伊琮：《苗栗文昌祠之研究》（新竹：玄奘大學宗教學系在職專班碩士論文，2011 年 5 月）。

19. 許世穎：《清代臺灣書院之研究》（臺北：臺北市立師範學院初等教育研究所碩士論文，1996 年 6 月）。

20. 許楓萱：《清代明志書院研究》（臺北：國立臺灣師範大學教育研究所碩士論文，2004 年 6 月）。

21. 陳紫屏：《清代臺灣學海書院研究》（臺北：國立臺灣師範大學教育研究所碩士論文，2004 年 6 月）。

22. 陳照明：《清代噶瑪蘭儒學發展之研究》（臺北：臺北市立師範學院社會科教育研究所碩士論文，2004 年 7 月）。

23. 陳瑞霞：《從書院到鸞堂：以苗栗西湖劉家的地方精英角色扮演為例（1752～1945）》（新竹：國立交通大學客家社會與文化在職專班碩士論文，2008 年 6 月）。

24. 陳露茜：《清領時期臺灣書院的儒學思想研究》（雲林縣斗六市：國立雲林科技大學漢學資料整理研究所碩士論文，2014 年 1 月）。

25. 曾蕙雯：《清代臺灣啟蒙教育研究（1684～1895）》（臺北：國立臺灣師範大學教育學系碩士論文，2000 年 6 月）。

26. 黃淑怡：《清代臺灣海東書院之研究》（嘉義縣民雄鄉：國立中正大學教育學研究所碩士論文，2008 年 7 月）。

27. 黃琮禾：《北部臺灣文昌祠之研究》（臺北縣三峽鎮：國立臺北大學民俗藝術研究所碩士論文，2008 年 1 月）。

28. 黃君名：《臺灣書院的功能性研究》（臺南：國立臺南大學臺灣文化研究所教學碩士論文，2010 年 6 月）。

29. 葉憲峻：《清代臺灣教育之建置與發展》（臺北：中國文化大學史學研究所博士論文，2003 年 6 月）。

30. 楊秀靜：《由臺灣書院祭祀觀察儒學與民間祭拜之交涉》（雲林縣斗六市：國立雲林科技大學漢學資料整理研究所碩士論文，2011 年 6 月）。

31. 詹竣凱：《大甲溪流域文昌信仰暨寺廟踏查研究》（新竹：玄奘大學宗教學系在職專班碩士論文，2013 年 6 月）。

32. 廖堂智：《清代臺灣書院文化場域研究》（臺中：國立中興大學中國文學系碩士論文，2006 年 7 月）。

33. 廖錦梅：《犁頭店文昌祠信仰與文教活動研究》（臺中：國立中興大學臺灣文學研究所碩士論文，2010 年 6 月）。

34. 趙文君：《磺溪書院之研究》（彰化縣大村鄉：大葉大學設計暨藝術學院

在職專班碩士論文，2011 年 6 月）。

35. 潘豐慶：《清代臺灣書院的儒學教育及其影響之研究》（高雄：國立高雄師範大學國文學系碩士論文，2010 年 6 月）。

36. 蔡慧怡：《臺灣惜字風俗之研究——以南部六堆客家村為例》（臺南：國立臺南大學鄉土文化研究所碩士論文，2003 年 6 月）。

37. 蔡佳純：《現代書院的文化特色與社會功能——以員林鎮興賢書院為例》（彰化縣大村鄉：大葉大學設計暨藝術學院在職專班碩士論文，2013 年 6 月）。

38. 蔣嫣娟：《臺灣文昌信仰與考試文化之研究——以新莊文昌祠為例》（臺北：國立臺北教育大學臺灣文化研究所碩士論文，2009 年 1 月）。

39. 蘇純婉：《清代臺灣儒學中「氣類」意識的轉化與在地實踐——以鳳山縣為考察範圍》（臺南：國立成功大學中國文學系碩士論文，2010 年 7 月）。

五、多媒體及網路資料庫

1. 人名權威·人物傳記資料查詢資料庫（網址：http://archive.ihp.sinica.edu.tw/ttsweb/html_name/search.php，最後查詢日期：2017 年 4 月 19 日）。

2. 全國法規資料庫（網址：http://law.moj.gov.tw/Index.aspx，最後查詢日期：2015 年 8 月 1 日）。

3. 全臺詩·智慧型全臺詩知識庫網站（網址：http://140.133.9.112/twpx/b/b02.htm，最後查詢日期：2016 年 10 月 21 日）。

4. 行政院客家委員會「臺灣客庄文化數位典藏」資料庫（網址：http://archives.hakka.gov.tw/category_list.php，最後查詢日期：2016 年 10 月 1 日）。

5. 臺灣百年歷史地圖網站（網址：http://gissrv4.sinica.edu.tw/gis/twhgis/，最後查詢日期：2015 年 8 月 1 日）。

6. 臺灣日日新報資料庫（網址：http://120.107.160.17/，最後查詢日期：2016 年 12 月 30 日）。

7. 國立臺灣大學圖書館「淡新檔案」資料庫（網址：http://dtrap.lib.ntu.edu.tw/DTRAP/browse?corpus=%E6%B7%A1%E6%96%B0%E6%AA%94%E6%A1%88，最後查詢日期：2016 年 10 月 1 日）。

8. 羅烈師：〈驚法戒煙：痛苦的覺悟〉，《客響電子報》26 期（2014 年 9 月 25 日刊載）。